Hubert Wolf

# Konklave

Hubert Wolf

# Konklave

*Die Geheimnisse der Papstwahl*

C.H.Beck

Mit 47 Abbildungen

© Verlag C.H.Beck oHG, München 2017
Satz: Fotosatz Amann, Memmingen
Druck u. Bindung: CPI – Ebner und Spiegel, Ulm
Umschlaggestaltung: Rothfos & Gabler
Umschlagabbildung: Die Tiara von Papst Johannes XXIII., die er zu seiner
Krönung 1958 von den Bürgern von Bergamo als Geschenk erhielt
© picture alliance/dpa
Printed in Germany
ISBN 978 3 406 70717 9

www.chbeck.de

# Inhalt

# Wie Weihnachten:
# Das Mysterium der Papstwahl

*Habemus Papam: Wenn wie hier bei der Wahl Pius' XII. am 2. März 1939 weißer Rauch aus dem Kamin der Sixtinischen Kapelle aufsteigt, haben die Kardinäle im Konklave einen neuen Papst gewählt.*

Die Wahl eines neuen Papstes fasziniert die Menschen, egal ob sie katholisch sind oder nicht. Eine Milliarde Zuschauer weltweit verfolgten 2005 an den Bildschirmen die Beisetzung Johannes Pauls II. und die Wahl Joseph Ratzingers zum Papst. Dessen Rücktritt als Benedikt XVI. 2013 schlug ein wie eine Bombe, denn nach sechshundert Jahren hatte zum ersten Mal wieder ein Oberhaupt der katholischen Kirche von dieser im Kirchenrecht prinzipiell gegebenen Möglichkeit Gebrauch gemacht. Und wieder einmal starrte wenig später die ganze Welt wie gebannt auf ein Kupferrohr auf dem Dach der Sixtinischen Kapelle, in der sich die Kardinäle zum Konklave versammelt hatten.

Aus dieser Wahl ging Jorge Mario Bergoglio als Papst hervor, der sich als erster Nachfolger des Apostelfürsten Petrus nach dem Armen aus Assisi Franziskus nannte. Die eingeschlossenen Papstwähler kommunizierten wieder einmal nur durch Rauchzeichen mit den gespannt wartenden Gläubigen und sonstigen Neugierigen draußen: Schwarzer Rauch bedeutet einen Wahlgang ohne Ergebnis, weißer Rauch hingegen kündigt eine erfolgreiche

Papstwahl an. Mehr Informationen dringen nicht nach außen. Zu twittern oder eine SMS zu schreiben, ist den Eminenzen ausdrücklich verboten. PCs, Laptops oder Tablets sind tabu. Die Kardinäle dürfen auch keine Tageszeitungen oder sonstige Journale lesen, sie dürfen weder Radio hören noch fernsehen, geschweige denn im Internet surfen.

Die Papstwahl soll eine wirklich geheime Wahl sein, vielleicht die einzige geheime Wahl auf der Welt, die diesen Namen verdient: die Wähler allein mit sich und ihrem Gott versammelt unter Michelangelos Jüngstem Gericht in der Sixtina. Auch wenn das Gemälde seit der letzten Restaurierung in Pastellfarben leuchtet und nicht mehr ganz so bedrohlich dunkel wirkt wie zuvor, macht es jedem Kardinal, der seine Stimme abgibt, doch deutlich: Christus wird den strafen, der seine Entscheidung aus eigennützigen Gründen trifft. Die ewige Verdammnis droht denen, die nicht den zum Papst wählen, den Gott haben will. Ewige Seligkeit wird dagegen den Kardinälen sichtbar vor Augen geführt, die Gottes Willen folgen. Deshalb schreitet ein Kardinal nach dem anderen in der Reihenfolge der Ernennung, den ausgefüllten Stimmzettel in der rechten Hand hochhaltend, von seinem Platz aus auf den Altar unter Michelangelos Fresko zu und sagt, bevor er sein Votum in die Wahlurne wirft: «Ich rufe Christus, den Herrn, als Zeugen an, der mein Richter sein wird, dass ich denjenigen wähle, dem ich nach dem Willen Gottes meine Stimme geben muss.»[1]

Aber wie stellen die Kardinäle fest, was Gott gefällig ist und seinem Urteil entspricht? Wie können sie sicher sein, den Richtigen zum Papst zu wählen? Reden sie miteinander darüber? Oder sprechen sie im Gebet ausschließlich mit Gott? Wird hier, wie bei jedem anderen Wahlakt auch, politisch taktiert, koaliert, intrigiert und bestochen? Oder ist die Papstwahl doch im Letzten ein frommer Akt, ein einziger Gottesdienst, eine fast endlose Folge von Heiligen Messen, Psalmgebeten und Gesängen mit Wahleinlagen?

Wer wäre nicht gerne dabei und würde sich den Blick in das große Geheimnis einiges kosten lassen? Wer würde nicht gerne Mäuschen spielen, wenn mit dem Ruf «Extra omnes!» alle hinausmüssen, die nicht dazugehören, die Türen der Sixtina verschlossen werden und die Kardinäle schließlich unter sich sind? Wer würde nicht gerne wissen, welcher Kardinal welchen Kandidaten in welchem Wahlgang gewählt hat und wie sich die Stimmenverhältnisse der einzelnen Prätendenten im Verlauf des Konklaves entwickelt haben? Immerhin sind die draußen Gebliebenen durch den

*Im Kaminofen der Sixtina werden nach jedem zweiten Wahlgang die Stimmzettel und alle anderen Wahlunterlagen verbrannt.*

Kamin auf dem Dach der Sixtina über die Zahl der Wahlgänge informiert, denn nach jedem zweiten Wahlgang werden Rauchzeichen gegeben. Die Stimmzettel werden im Kanonenofen der Sixtinischen Kapelle verbrannt, zusammen mit allen möglichen Aufzeichnungen der Kardinäle. Nichts soll die Geheimhaltung der Wahl gefährden. Nichts soll später den Historikern Gelegenheit geben, offizielle Unterlagen einer Papstwahl einzusehen. Die geheimste aller geheimen Wahlen soll ein Geheimnis bleiben, auch in tausend Jahren – so will es die derzeit geltende Papstwahlordnung.

Wir hätten gerne gewusst, ob Jorge Mario Bergoglio wirklich schon 2005 eine Chance auf die Mehrheit gehabt hätte, es aber nicht auf eine langandauernde Kampfabstimmung mit Joseph Ratzinger ankommen lassen wollte. Höchst interessant wäre auch, ob es während der Beerdigungsmesse, die Joseph Ratzinger als Kardinaldekan auf dem Petersplatz für Johannes

Paul II. zelebrierte, tatsächlich einen Schlüsselmoment gab, als der Wind oder vielleicht doch der Hauch des Heiligen Geistes das Evangelienbuch aufblätterte, das auf dem schlichten Holzsarg des verstorbenen Papstes lag. Die Skepsis vieler Kardinäle gegenüber dem gefürchteten obersten Glaubenswächter soll in diesem Moment in sich zusammengebrochen sein. Ratzinger schien plötzlich nicht nur zum scharfen Hirtenhund zu taugen, sondern auch zum Hirten.

Wir hätten gerne gewusst, ob die Kardinäle in einem Augenblick frommer Anwandlung mit Bergoglio wirklich einen Reformer zum Papst wählen wollten, beeindruckt durch die tiefe Krise, in die Vatileaks, Vatikanbankaffäre, Missbrauchsskandal und nicht zuletzt der Rücktritt Benedikts XVI. Kirche und Papsttum gestürzt hatten, und in der Hoffnung, ein Mann vom anderen Ende der Welt werde endlich Ordnung schaffen im Chaos der Römischen Kurie. Oder war der Argentinier für viele Wähler doch bloß ein schon betagter Herr und deshalb ein geeigneter, weil voraussichtlich nur kurz regierender Übergangspapst? Dann hätten die Kardinäle die Entscheidung über den richtigen Weg der Kirche in die Zukunft wieder einmal nur vertagt, wie schon so oft in der Kirchengeschichte. Aber wie der Pontifikat Johannes' XXIII. gezeigt hat, sind gerade vermeintliche Übergangspäpste für Überraschungen gut. Sie bewegen in fünf Jahren mitunter mehr als andere in fünfundzwanzig. Das hat die Einberufung des Zweiten Vatikanischen Konzils durch Johannes XXIII. im Jahr 1959 eindrücklich vor Augen geführt, und damit konnte bei seiner Wahl wirklich niemand rechnen.

Die Antworten auf all diese Fragen bleiben Spekulation, auch wenn immer wieder der eine oder andere Kardinal absichtlich oder nebenbei Details aus dem Konklave ausplaudert und damit Gefahr läuft, Geheimnisverrat zu begehen, der die Exkommunikation zur Folge hätte, den Ausschluss aus der Gemeinschaft der Kirche. Und selbst wenn etwas nach außen dringt: Objektiv überprüfbar sind diese Informationen meistens nicht. Aber genau das macht Papstwahlen so interessant. Während moderne Medien alles in die Öffentlichkeit zerren und mitunter selbst Top-Secret-Informationen der Geheimdienste im Internet bequem nachzulesen sind, entzieht sich das Konklave dem Trend zur Transparenz. Geschickt wird die Aufmerksamkeit der Weltöffentlichkeit auf das Verborgene gelenkt. Es ist die gelungene «Inszenierung des Geheimen» schlechthin, wie es Günther Wassilowsky treffend formuliert hat.[2] Denn gerade das, was verborgen und keusch bedeckt ist, regt die Fantasie an und bietet eine einmalige Projektionsfläche für

Verschwörungstheorien und Wunschträume, für Thriller und Hollywood-Filme.

Die Papstwahl ist ein festgefügter Ablauf von symbolischen Handlungen, der nicht nur im Hinblick auf die gespannte Erwartung der Bescherung mehr mit Weihnachten zu tun hat, als man zunächst vermutet. Doch wann es zur Bescherung kommt, ist in diesem Fall völlig unklar. Und die Anzahl der schwarzen Rauchzeichen sagt nichts darüber aus, ob sich die Kardinäle womöglich gerade schon im letzten Akt befinden. Erst der weiße Rauch zeigt, dass dieser Teil des Theatrum sacrum, des heiligen Theaters, zu einem Ende gekommen ist. Wer Papst geworden ist und welchen Namen er angenommen hat, wissen wir dann immer noch nicht. Wir müssen demütig weiter warten, bis sich endlich auf der mittleren äußeren Loggia der Peterskirche eine Tür öffnet. Im «Drehbuch» der Papstwahl, dem *Ordo Rituum Conclavis,* steht, dass das gläubige Volk auf dem Petersplatz freudig applaudiert, wenn ihm der neue Pontifex maximus präsentiert wird. Eine Akklamation als Zeichen der Zustimmung ist schön, aber nicht notwendig für die Gültigkeit der Wahl, denn wir können nichts mehr ändern: In dem Moment, in dem der Gewählte die Wahl annimmt, ist er der Papst, ohne weitere Rituale, Weihen und Segnungen. Electio facit Papam, die Wahl macht den Papst, und Ende. Auch wenn alle eisig schwiegen, änderte das nichts mehr. Wer wäre aber nicht freudig bewegt in diesem Augenblick? Wer könnte sich der frommen oder weniger frommen Gruppendynamik in der einmaligen Atmosphäre des Petersplatzes zwischen Berninis Kolonnaden entziehen? Es steckt an, wenn alle jubeln.

Endlich ist es so weit: Der Kardinalprotodiakon als der Dienstälteste aus der Statusgruppe der Kardinaldiakone tritt auf den mittleren Balkon der Petersbasilika. Er hat natürlich auch die Bischofsweihe und nicht nur die Diakonenweihe – wer kann diese Logik höchster Kirchenämter wirklich verstehen? Die Tür geht auf, und er spricht den erwarteten und erlösenden Satz: «Habemus Papam.» Wir haben einen Papst. Dann kommt eine kleine Kunstpause, ein retardierendes Moment, bevor er «alta voce», mit erhobener Stimme, das Geheimnis lüftet.[3] Er nennt zunächst den Tauf- und Geburtsnamen des Gewählten, dann den Namen, den der neue Papst künftig tragen wird. Gestaltungsspielraum oder Gelegenheit zu einem persönlichen Wort hat der Kardinalprotodiakon trotz seines monumentalen Titels nicht. Er rezitiert wie in der Liturgie eine feststehende Formel, in die er nur die aktuellen Namen einfügt.

Bei der letzten Papstwahl trat Jean-Louis Kardinal Tauran am 13. März 2013 um 20.13 Uhr vor die Menge und verkündete die erfolgreiche Wahl Kardinal Bergoglios zum Papst, der sich den Namen Franziskus zugelegt hatte. Dann brandete nach einem Moment des Zögerns – hatte man den Namen des Gewählten richtig verstanden: Jorge Mario wie? Doch wieder ein Italiener? Nein, nein, der Argentinier! – Beifall auf. Es folgt der entscheidende Augenblick. Der neue Papst tritt auf die Loggia des Petersdoms. Er ist der einzige, dem das strenge Ritual einen gewissen Spielraum gibt. Er ist schließlich der Papst, unfehlbar, Inhaber des universalen Primats in der Kirche und damit auch oberster Herr über Ritus und Liturgie. Fest steht nur, dass er am Schluss seines ersten öffentlichen Auftritts den großen Segen spenden muss: «Urbi et orbi», der Stadt und dem Erdkreis. Franziskus kommt anders als Benedikt XVI. ganz in Weiß, ganz schlicht, ohne die Monzetta, den purpurroten Schulterumhang. Er sagt ganz weltlich Buonasera, Guten Abend, statt einen feierlichen liturgischen Gruß zu entbieten. Er winkt nicht wie ein Sieger, ist nicht huldvoll wie ein Triumphator, sondern verneigt sich demütig vor seinem Volk und bittet es um sein Gebet, bevor er für das Volk um Gottes Segen bittet. Dann ist es nach wenigen Sätzen mit dem Gestaltungsspielraum auch schon wieder vorbei. Jetzt greift das Ritual: «Et benedictio Dei omnipotentis …»[4] – es segne Euch der Allmächtige Gott, der Vater, der Sohn und der Heilige Geist, und schon verschwindet der neue Papst wieder hinter der Tür der Mittelloggia. Der Auftritt dauerte nur wenige Minuten, aber diese haben sich gelohnt: Man war Teil eines gewaltigen, uralten Rituals. Man war mittendrin, spürte in diesem Moment vielleicht den Hauch der Ewigkeit – einen Augenblick, in dem Gott Weltgeschichte schreibt.

Und dann erinnert man sich plötzlich an den Satz, den der Kardinalprotodiakon vor dem «Habemus Papam» gesagt hat: «Annuntio vobis gaudium magnum.»[5] Das kennt man doch aus dem Weihnachtsevangelium, in dem Lukas von der Geburt Jesu im Stall von Bethlehem erzählt. Hier spricht der Verkündigungsengel jenen bedeutungsschweren Satz: «Ich verkündige Euch eine große Freude», genau wie der Diakon auf der Loggia. Was der Kardinal nicht mehr sagt, geht bei Lukas so weiter: «… eine Freude, die dem ganzen Volk zuteilwerden soll. Denn Euch ist heute in der Stadt König Davids der Retter geboren, der Erlöser, der Herr.»[6] Das klingt auf dem Balkon des Petersdoms zumindest mit an, auch wenn es nicht ausdrücklich formuliert wird.

Und jetzt wird klar, was da gerade auf der Loggia des Petersdoms eigentlich inszeniert worden ist. Heute ist der Welt ein neuer Christus geschenkt worden, lautet die Botschaft. Der Papst ist nach der Lehre der katholischen Kirche der «alter Christus», der neue Christus. Und lautet nicht sein wichtigster Titel «Vicarius Christi», Stellvertreter Jesu Christi auf Erden? Dahinter steht ein ungeheurer Anspruch: Wer den Papst hört, der hört Christus. Die Rituale der Papstwahl sollen die Verheißung erneuern, die mit der Geburt Christi verbunden ist. Sie stellen über alle Krisen und Brüche hinweg symbolisch Kontinuität und Sicherheit her und verheißen Hoffnung und Heil. Das Papsttum als Amt lebt ewig, auch wenn der einzelne Papst als Person sterben muss: Das sind die zwei Körper des Papstes, ebenso wie die zwei Körper des Königs, von denen in der historischen Wissenschaft seit Ernst Kantorowicz so viel die Rede ist.

Dieser Ewigkeitswert des Papsttums soll durch die scheinbare Unveränderlichkeit von Verfahren und Symbolen der Papstwahl sowie der Amtseinsetzung des Vicarius Christi und Nachfolgers des Apostelfürsten Petrus dargestellt werden. Die Rituale vermitteln in der Tat erfolgreich den Anschein von Ewigkeit, sodass nicht wenige auf dem Petersplatz und zu Hause vor dem Fernseher glauben, ein zwei Jahrtausende altes Ritual miterlebt zu haben.

Gegen die voranschreitende «Entzauberung der Welt» (Max Weber) wird so ein starker Gegenimpuls der Verzauberung gesetzt, auch wenn dieser möglicherweise nur von kurzer Dauer ist. «In dieser Symbiose archaisch erscheinender Rituale und modernster Kommunikationsformen ist die anziehende Wirkung, profaner gesprochen der hohe Nachrichtenwert, begründet, den das Papsttum gegenwärtig bis weit über die Grenzen der katholischen Kirche ausübt», wie der Historiker René Schlott in einer Studie über die Medialisierung des Papsttodes feststellt, deren Ergebnisse ohne Weiteres auf das Thema Papstwahl und Konklave übertragen werden können.[7]

Heute scheinen eine ganze Reihe von Elementen wesensmäßig zur Papstwahl zu gehören: Der Papst wird im Konklave gewählt, die Kardinäle sind die einzigen Papstwähler, gewählt wird stets in Rom, gewählt wird immer ein Kardinal, der neue Papst gibt sich stets einen neuen Namen, die ideale Bühne für dieses heilige Schauspiel ist der Vatikan oder genauer: die Sixtinische Kapelle, die Loggia der Petersbasilika, das Petrusgrab unter dem Papstaltar und der Petersplatz. Das Einzige, was sich wirklich geändert hat, ist die Nationalität der Päpste: Bis 1978 wurden so gut wie immer Italiener gewählt.

1978 war es zum ersten Mal ein Pole, dann 2005 ein Deutscher und jetzt 2013 sogar ein Lateinamerikaner, aus römischer Sicht: ein Mann vom Ende der Welt.

Warum es 1978 nach über viereinhalb Jahrhunderten zur Wahl des ersten Nichtitalieners gekommen ist, darüber kann man wieder nur spekulieren. Da es keine historisch zuverlässigen Quellen über die letzten Papstwahlen gibt, die genau beschreiben, was hinter den verschlossenen Pforten der Sixtinischen Kapelle wirklich geschah, bleibt den Neugierigen im Grunde nur noch eine Möglichkeit: ein Blick auf die Regeln einer Papstwahl. Es liegen nämlich sehr differenzierte rechtliche und liturgische Vorschriften dazu vor, wie diese abzulaufen hat, sowohl was das technische Verfahren als auch was das Zeremoniell beziehungsweise den gottesdienstlichen Ritus betrifft.

Die derzeit geltende Papstwahlordnung findet sich in der Apostolischen Konstitution *Universi Dominici gregis*, die Johannes Paul II. am 22. Februar 1996, dem Fest der Cathedra Petri, erlassen hat. Dazu kommen die liturgischen Ausführungsbestimmungen zu dieser rechtlichen Verordnung, die sich in drei Ritualbüchern finden. Im Heiligen Jahr 2000 erschien zunächst der *Ordo exsequiarum Romani Pontificis*. Hierbei handelt es sich um die Totenliturgie, die von den Zeremonien im Sterbezimmer des Papstes über die Aufbahrung seines Leichnams in der Petersbasilika und die neuntägigen Totengebete bis zum Requiem auf dem Petersplatz und zur Beisetzungsliturgie in der Krypta von Sankt Peter reicht. Im selben Jahr wurde auch der *Ordo Rituum Conclavis* veröffentlicht, der Verfahren und Zeremoniell des Konklaves von der Messe, in der die Kardinäle um den Beistand des Heiligen Geistes bitten, über den Einzug der Wähler ins Konklave und die Eidesleistung bis zu den eigentlichen Wahlgängen und zur Präsentation des neu gewählten Papstes auf der Loggia des Petersdoms regelt. Unmittelbar nach seiner Wahl zum Papst setzte Benedikt XVI. im April 2005 den noch von seinem Vorgänger in Auftrag gegebenen *Ordo Rituum pro ministerii Petrini initio Romae Episcopi* in Kraft. Hier finden sich die liturgischen Bestimmungen zur eigentlichen Amtseinsetzung des Papstes, insbesondere zur Einführungsmesse auf dem Petersplatz.

Die rechtlichen Vorschriften von *Universi Dominici gregis* wurden von Papst Benedikt XVI. in den Jahren 2007 und 2013 noch einmal geringfügig verändert und präzisiert. Bezeichnenderweise gibt es bislang weder rechtliche noch rituelle Vorschriften zum Rücktritt eines Papstes, obwohl diese

*Johannes Paul II.,*
*hier bei einer Auf-*
*nahme im Berliner*
*Olympiastadion 1996,*
*erließ in diesem Jahr*
*seine neue Papstwahl-*
*ordnung «Universi*
*Dominici gregis».*

Möglichkeit theoretisch immer bestanden hat. Weil ein solcher Schritt jedoch sechs Jahrhunderte lang nicht vorgekommen ist, hielt man es in Rom
offenbar nicht für notwendig, nähere Regelungen zu erlassen. Ob ein Hub-
schrauberflug in die päpstliche Sommerresidenz Castel Gandolfo in den
Albaner Bergen künftig zu den Ritualen des Amtsverzichts eines Papstes
gehören wird, bleibt abzuwarten.

Überraschenderweise hat mit Ausnahme Benedikts XV. (1914–1922) und
des Dreiunddreißig-Tage-Papstes Johannes Paul I. (1978) jeder der Päpste
des zwanzigsten und einundzwanzigsten Jahrhunderts Anlass gesehen,
eigene Bestimmungen für die Wahl seines Nachfolgers zu erlassen, während
vorher Modifizierungen meist nur alle paar Jahrhunderte notwendig erschienen und dann auch oft mit größeren zeitlichen Verzögerungen vor-

genommen wurden. Der Ewigkeitscharakter der Papstwahlen, der bei der Inszenierung des «Habemus Papam» auf dem Petersplatz entstehen sollte, bekommt durch diese schlichte, leicht recherchierbare Tatsache einen ersten Dämpfer.

Johannes Paul II. begründete im Jahr 1996 seine umfassende Reform mit der ungeheuren Dynamik der modernen Zeit, die unbedingt eine stetige Anpassung der Normen der Papstwahl verlange, um «den Anforderungen der jeweiligen besonderen historischen Situation zu entsprechen».[8] Der Papst beschwor zwar eine ungebrochene Kontinuität in der «Substanz und den Grundprinzipien» der Papstwahlordnung und versprach, in seiner Konstitution «nicht von der Linie der weisen und bis zum heutigen Tag geltenden verehrungswürdigen Tradition abzuweichen»,[9] sah aber zugleich im «Bewusstsein der veränderten Situation, in der die Kirche heute lebt», die Notwendigkeit und sogar die Pflicht zur «Überarbeitung» der Gesetze, die «die Besetzung des Bischöflichen Stuhles in Rom regeln».[10]

Damit räumte der Papst, für dessen Pontifikat in Glaubens- und Sittenfragen eher «ewige Wahrheiten» eine entscheidende Rolle spielten, dem Entwicklungsgedanken in der katholischen Kirche einen überraschend breiten Raum ein: Die historischen Veränderungen verlangten seiner Ansicht nach geradezu eine Anpassung der kirchlichen Vorschriften. Das ist keineswegs selbstverständlich. Nicht selten wurden in der Kirchengeschichte Reformen mit dem Argument, dass es schon immer so war, abgelehnt oder sogar grundsätzlich für unmöglich erklärt. Jesus Christus selbst habe die Kirche so gegründet, wie sie heute ist.

Dabei ist es in der Forschung umstritten, ab wann man den Bischof von Rom überhaupt als Papst bezeichnen und deshalb von einer Papstwahl sprechen darf. Ursprünglich stammt der Titel «Papst» aus dem östlichen Teil des Römischen Reiches und wurde von zahlreichen Äbten und Bischöfen verwendet. Seit der zweiten Hälfte des vierten Jahrhunderts wurden auch der Bischof von Rom und die Patriarchen von Konstantinopel, Alexandrien, Antiochien und Jerusalem als Papst bezeichnet. Diese fünf bildeten gemeinsam die Spitze der Gesamtkirche und wurden deshalb als Pentarchie, als Fünferherrschaft, bezeichnet. Im Verlauf des fünften Jahrhunderts beanspruchte der römische Bischof den Titel Papst für den Bereich der westlichen Kirche exklusiv, aber erst im Verlauf des elften Jahrhunderts setzten sich dann *papa* und *papatus*, also Papst und Papsttum, neben anderen Titeln wie Pontifex Romanus, Apostolicus oder Vicarius Christi für den Bischof von Rom als Alleinstellungsmerkmal durch. In evangelischer Perspektive kann «im Sinn der Definition von Papsttum als Anspruch der römischen Bischöfe … als Nachfolger und Erben des Petrus auf die Leitung und den Jurisdiktions- und Lehrprimat in der Gesamtkirche … von Papsttum im eigentlichen Sinne erst seit dem Mittelalter und nur für das lateinische Abendland gesprochen werden; für die Alte Kirche handelt es sich um die Geschichte des römischen Bischofsamtes und der christlichen stadtrömischen Gemeinde».[11] Diese begrifflichen Klarstellungen gilt es zu bedenken, wenn im Folgenden vereinfachend von «Papst» und «Papstwahl» die Rede ist.

Dieses Buch widmet sich der Spannung zwischen Veränderung und Beharrung, zwischen Anpassung an die neue Zeit und Festhalten an der verehrungswürdigen Tradition, die auch Johannes Paul II. in seiner Papstwahlordnung von 1996 benannt hat. Dazu werden die am häufigsten gestellten Fragen zur Papstwahl beantwortet: Wer wählt den Papst und verfügt damit über das aktive Wahlrecht? Wer kann überhaupt Papst werden? Wo wird der Papst gewählt? Wie wird der Papst gewählt? Was macht den Papst zum Papst? Wie geheim sind die Papstwahlen wirklich? Wie funktioniert ein Papstrücktritt und welchen Status hat ein Papst, der dem Petrusamt entsagt hat? Und schlussendlich: Wie könnten Papstwahlen der Zukunft aussehen?

Ein Blick in zwei Jahrtausende Papst- und Kirchengeschichte wird bei jeder Frage zeigen, inwieweit sich Johannes Paul II. tatsächlich an die «verehrungswürdige» Tradition gehalten hat und wo und aus welchen Gründen er davon abgewichen ist.

# 1. Wer wählt den Papst?

# Jesus übergibt die Schlüssel

In der Nähe der Stadt Caesarea Philippi, knapp fünfzig Kilometer nördlich des Sees Genezareth, fragte Jesus im Jahr 33 seine Jünger: «Für wen halten die Leute den Menschensohn? Sie sagten: Die einen für Johannes den Täufer, andere für Elija, wieder andere für Jeremia oder sonst einen Propheten. Da sagte er zu ihnen: Ihr aber, für wen haltet ihr mich? Simon Petrus antwortete: Du bist der Messias, der Sohn des lebendigen Gottes! Jesus sagte zu ihm: Selig bist du, Simon Barjona; denn nicht Fleisch und Blut haben dir das offenbart, sondern mein Vater im Himmel. Ich aber sage dir: Du bist Petrus, und auf diesen Felsen werde ich meine Kirche bauen, und die Mächte der Unterwelt werden sie nicht überwältigen. Ich werde dir die Schlüssel des Himmelreichs geben; was du auf Erden binden wirst, das wird auch im Himmel gebunden sein, und was du auf Erden lösen wirst, das wird auch im Himmel gelöst sein.»[1]

Wer den ersten Papst gewählt hat, das wissen zumindest katholische Christen ganz genau. Er wurde nicht in einem Konklave hinter den Mauern des Vatikan von rotgewandeten Kardinälen gewählt, sondern ganz öffentlich von Jesus Christus, dem Herrn, selbst eingesetzt. Dabei bekam er gleich noch einen neuen Namen, wie das auch heute bei Papstwahlen üblich ist: Aus Simon, dem Sohn des Jonas, wurde Petrus, der Fels. Und von diesem wurde das Papstamt in einer ununterbrochenen Reihenfolge von einem Nachfolger zum anderen bis zum heutigen Papst Franziskus weitergegeben. Eine lückenlose Sukzession sichert die Tradition.

Das steht jedenfalls so in der dogmatischen Konstitution *Pastor aeternus*, die das Erste Vatikanische Konzil am 18. Juli 1870 verabschiedet hat. Sie enthält das Dogma von der Unfehlbarkeit des Papstes und von seinem Jurisdiktionsprimat über die ganze Kirche, das alle Katholiken, wollen sie katholisch sein, genauso wie die Geschichte des Petrus aus dem Matthäusevangelium zu glauben haben. Die Argumentation in diesem Dokument erfolgt in vier Schritten: 1. Christus, der Herr, hat den Primat über die ganze Kirche «unmittelbar und direkt dem seligen Apostel Petrus verheißen und übertragen». 2. Der Primat des Petrus dauert in den römischen Päpsten fort: «Wer immer Petrus auf diesem Stuhl folgt, erhält gemäß der Stiftung Christi

*Nach katholischer Vorstellung begründet die Übergabe der Schlüssel des Himmelreiches durch Jesus Christus an den Apostel Petrus das Papstamt, das in ununterbrochener Sukzession bis heute von Papst zu Papst weitergegeben wird. Perugino verewigte die in Matthäus 16,18 f. beschriebene Szene 1482 im Rahmen eines Zyklus zum Leben Jesu auf der Nordwand der Sixtina.*

den Primat des Petrus über die gesamte Kirche.» 3. Dem Papst als «wahrem Stellvertreter Christi» sind alle Bischöfe und Gläubigen in allen Glaubens- und Sittenfragen, aber auch in allen Disziplinar- und Leitungsfragen «zur hierarchischen Unterordnung» und «zu echtem Gehorsam» verpflichtet. 4. In Glaubens- und Sittenfragen ist der Papst, wenn er *ex cathedra* – wört- lich: vom Lehrstuhl herab – spricht, unfehlbar. «Daher sind solche Defini- tionen des römischen Bischofs aus sich, nicht aber aufgrund der Zustim- mung der Kirche unabänderlich.»[2]

Historisch gesehen ist es jedoch nicht ganz so einfach. Petrus war zwei- fellos ein entscheidender Mann in der christlichen Urgemeinde. Daran be- steht in der exegetischen Forschung kein Zweifel. Er stammte aus Bethsaida in Galiläa, und Jesus hat ihn, zusammen mit seinem Bruder Andreas, als ersten Jünger berufen. Simon Petrus war den Evangelien zufolge nach Jesu Tod am Kreuz auch einer der ersten Zeugen der Auferstehung. Ob der Satz mit der Schlüsselübergabe, der sich in dem um das Jahr 80 entstandenen Matthäusevangelium befindet, tatsächlich von Jesus Christus stammt oder erst in eine spätere Phase der frühchristlichen Überlieferung gehört, ist bis heute insbesondere zwischen Protestanten und Katholiken umstritten. Aber ganz unabhängig davon, ob die Petrusverheißung auf den historischen Jesus selbst zurückgeht oder später entstanden ist, lässt sich aus ihr vielen Interpreten zufolge nicht ableiten, dass sie sich auch auf mögliche Nachfolger und ein mit ihnen im Zusammenhang stehendes Papstamt bezieht.

## Die Erfindung der apostolischen Sukzession

Folgt man dieser Lesart, dann wäre das Thema Papstwahl und aktives Wahlrecht bereits zu Ende, bevor es überhaupt richtig begonnen hat. Dann hätte es allenfalls einmal die Designation des Simon Petrus zum Felsengrund der Kirche gegeben. Jesus Christus wäre dann der einzige «Papstwähler» der ganzen Kirchengeschichte.

Wenn man in der Verheißung des Matthäusevangeliums dagegen doch die Grundlegung eines Petrusdienstes in der Kirche sieht, dann wären die einzig legitimen Papstwähler die jeweiligen Amtsinhaber, die ihre Nachfolger noch zu Lebzeiten durch Designation zu bestimmen hätten, so wie Jesus den Petrus. Dann müsste nur noch eine Brücke übers Mittelmeer geschlagen werden von Caesarea Philippi beziehungsweise Jerusalem nach Rom. Denn einen Papst gab es in der Jerusalemer Urgemeinde definitiv nicht. Vielmehr ist dieses Amt theologisch, historisch und kirchenrechtlich untrennbar mit der Funktion eines Bischofs von Rom verbunden.

Die theologische Lösung dieses Problems sieht so aus: Petrus wird zum Gründer der römischen Gemeinde, zumindest jedoch zum ersten Bischof der Hauptstadt des Römischen Reiches erklärt, der wiederum «Linus als den ersten in der fortdauernden Reihe seiner Nachfolger» einsetzte.[3] Damit wäre auch die zweite Papstwahl der Kirchengeschichte ganz nach biblischem Vorbild durch Designation erfolgt.

Diese Sicht auf den Beginn der Papstwahlen basiert auf drei Voraussetzungen: Erstens, dass Petrus tatsächlich in Rom war, zweitens, dass er auch Bischof dieser Gemeinde war, und drittens, dass er den Linus noch zu seinen Lebzeiten zum Nachfolger bestimmte. All diese drei Voraussetzungen sind aber in der kirchenhistorischen Forschung umstritten. Dass Petrus nach Rom kam und unter Kaiser Nero im Jahr 64 oder 67 den Märtyrertod erlitt, lässt sich historisch zwar nicht sicher beweisen, ist aber doch als wahrscheinlich anzusehen. Dass sich sein Grab tatsächlich unter der heutigen Petersbasilika befindet, wird ebenfalls infrage gestellt. Schriftliche Quellen dazu fehlen. Der archäologische Befund der Ausgrabungen weist lediglich darauf hin, dass sich hier das Grab eines wichtigen Christen aus dem ersten Jahrhundert befindet, das sich rasch zu einer Stätte der Verehrung entwickelte. Allerdings haben in den ersten Jahrhunderten des Christentums die vielen Gegner der römischen Kirche, auch die innerkirchlichen, den Ort des Petrusgrabes nie angezweifelt – dabei wäre das doch ein naheliegendes Argument gewesen, um die wachsenden römischen Machtansprüche zurückzuweisen. Das spricht sehr dafür, dass der vatikanische Hügel tatsächlich der Ort ist, an dem Petrus beigesetzt wurde.

Aber Petrus hat die römische Gemeinde mit größter Wahrscheinlichkeit nicht gegründet. In der Hauptstadt des Römischen Reiches, diesem zentralen Umschlagplatz von Waren, Meinungen und religiösen Ideen, hatte das Christentum rasch Fuß gefasst, ohne dass die genauen Ursprünge historisch greifbar wären. Wahrscheinlich brachten Händler aus dem Osten auch ihre religiösen Überzeugungen mit. Als der Apostel Paulus im Jahr 56 seinen Brief an die Römer schrieb, existierte die römische Christengemeinde längst. Paulus will sie besuchen und endlich kennenlernen, er will die Christen in der Hauptstadt auch um Unterstützung für seine geplante Missionsreise nach Spanien bitten. Petrus, der sonst in den Paulusbriefen durchaus eine Rolle spielt, taucht im Römerbrief bezeichnenderweise nicht auf.

Das entscheidende Argument gegen einen Papst Petrus, der sein Amt an Papst Linus durch Designation weitergegeben hätte, liegt aber in der Ämter- und Leitungsstruktur der frühen Kirche begründet. Heute geht man selbstverständlich davon aus, das der Satz gilt: Ubi episcopus, ibi ecclesia – Wo ein Bischof ist, da gibt es eine Kirche, was zugleich bedeutet: ohne Bischof keine Kirche. Es gab im frühen Christentum aber zunächst ganz unterschiedliche Gemeindekonzepte mit Lehrern, Charismatikern, Wanderpredigern oder Vorstehern in einflussreichen Positionen. Auf jeden Fall existierte in Rom wie auch in den übrigen christlichen Gemeinden zur Zeit des Petrus noch kein Monepiskopat mit einem einzigen Bischof als alleinigem Vorsteher der Gemeinde. Vielmehr gab es zunächst ein kollegiales Leitungsamt. Eine Gruppe von Episkopen (wörtlich: Aufseher, davon abgeleitet: Bischöfen), die mancherorts auch Presbyter (wörtlich: Älteste, davon abgeleitet: Priester) genannt wurden, und Diakonen stand der Kirchengemeinde vor. «In dieser kollegialen Leitungsstruktur gab es natürlich keine Aufeinanderfolge einzelner, sondern jeweils die Auffüllung des Leitungsgremiums», wie der Kirchenhistoriker Norbert Brox treffend bemerkt hat.[4] Ob hier ein Selbstergänzungsrecht zum Tragen kam, also die Gruppe selbst immer dann, wenn eines ihrer Mitglieder starb oder wegen Krankheit ausschied, ein Gemeindemitglied bestimmte, in den Leiterkreis aufzurücken, oder ob alle Gläubigen der Gemeinde wählten, lässt sich nicht mehr eindeutig feststellen. In einem solchen kollektiven Leitungsgremium der römischen Gemeinde dürfte Petrus, als er nach Rom kam, eine wichtige Rolle gespielt haben. Der Bischof von Rom war er aber sicher nicht, weil es diesen einen Bischof damals nicht gab. Dann kann er aber auch seinen Nachfolger Linus nicht durch Designation eingesetzt haben. Als alleiniger «Papstwähler» scheidet er daher aus.

Der Monepiskopat – ein Bischof für eine Gemeinde beziehungsweise Diözese – begann sich im Osten des Reiches schon zu Beginn des zweiten Jahrhunderts zu etablieren, wie das Beispiel des Ignatius von Antiochien zeigt. Die Forschung stimmt aber darin überein, dass er für Rom erst nach 150 anzunehmen ist. Ignatius schreibt deshalb um 110 in seiner Eigenschaft als Bischof von Antiochien ausdrücklich nicht an den Bischof von Rom, sondern an die Kirche Gottes in der Hauptstadt, die «den Vorsitz in der Liebe führt».[5] «Man kann für die Zeit vor 140/150 nicht von einzelnen, aufeinanderfolgenden Bischöfen Roms ausgehen, die sich als Päpste der Gesamtkirche verstehen konnten.»[6] Eine Papstwahl kann es demzufolge in dieser Zeit nicht gegeben haben.

Wie kommt es aber dann, dass alle einschlägigen Papstgeschichten und insbesondere das offizielle Handbuch des Vatikan, das *Annuario Pontificio*, eine ununterbrochene Liste von 269 Päpsten bieten, die mit Petrus beginnt und beim gegenwärtigen Papst endet?

Das hängt eng mit der Situation der christlichen Kirche am Ende des zweiten Jahrhunderts zusammen. Immer wieder traten damals Gnostiker und Schwärmer auf, die behaupteten, über ein besonderes Geheimwissen zu verfügen, das über den Inhalt der Evangelien und der Apostelbriefe hinausgehe. Gegen diese angeblich tiefere Einsicht in den Glauben, die nur einer elitären Gruppe speziell Eingeweihter zugänglich sein sollte, setzten die sogenannten Apologeten auf die Heilige Schrift und die historisch fassbare Tradition. Zum christlichen Glauben gehörte demnach nur das, was in den Evangelien und den Briefen der Apostel niedergelegt oder von den Aposteln

*In der Basilika Sankt Paul vor den Mauern findet sich eine vollständige Reihe aller Papstportraits von Petrus bis heute. Natürlich nicht aufgenommen sind Gegenpäpste. So wird die Fiktion einer ununterbrochenen Sukzession im Petrusamt eindrucksvoll in Szene gesetzt. Die Medaillons zeigen von links nach rechts die Christus-Stellvertreter Petrus, Linus, Anaklet, Clemens, Evaristus und Alexander.*

sowie deren Schülern und Nachfolgern mündlich weitergegeben worden war. Nach diesem Prinzip von Sukzession und Tradition waren die Kirchen von besonderer Bedeutung, die sich auf einen Apostel oder Apostelschüler als Gründer zurückführen konnten, dessen Glaubenszeugnis durch eine ununterbrochene Traditionskette sicher bewahrt worden war.

In der Auseinandersetzung mit den Gnostikern setzte der Kirchenvater Irenäus, Bischof von Lyon, in seiner Schrift *Adversus haereses* – «Gegen die Häresien» – insbesondere auf die Kontinuität der römischen Kirche, in der die «apostolische» Überlieferung wie nirgendwo sonst authentisch bewahrt worden sei. «Denn mit dieser Kirche muss ihrer besonderen Gründungsautorität wegen jede andere Kirche übereinstimmen», schreibt Irenäus, weil hier «die Tradition, die auf die Apostel zurückgeht», durch eine ununterbrochene Reihe von Bischöfen «allezeit aufbewahrt worden» ist. Damit meinte er die Gründer der römischen Gemeinde, die Apostel Petrus und Paulus.[7]

«Als die seligen Apostel die Kirche also gegründet und erbaut hatten, legten sie dem Linus das Amt des Bischofs zur Leitung der Kirche in die Hände. Das ist der Linus, den Paulus in seinen Briefen an Timotheus erwähnt … Sein Nachfolger war Anaklet. Nach ihm bekam Clemens … das Bischofsamt. Er hatte noch die seligen Apostel gesehen und Kontakte zu ihnen gehabt … Auf diesen Clemens folgte Evaristus, auf Evaristus Alexander; dann war als sechster seit den Aposteln Sixtus im Amt, nach ihm Telesphorus, der auch ein sehr ruhmvolles Martyrium erlitt; dann Hyginus, dann Pius, nach diesem Aniket; nachdem auf Aniket Soter folgte, hat derzeit an zwölfter

Stelle seit den Aposteln Eleutheros das Bischofsamt inne. Das ist die Ordnung und das die Sukzession, in der die Überlieferung in der Kirche, die von den Aposteln herkommt, und die Verkündigung der Wahrheit auf uns gekommen sind. Und das ist der schlagendste Beweis dafür, dass es ein und derselbe lebenspendende Glaube ist, der in der Kirche seit der Zeit der Apostel bis heute aufbewahrt und in Wahrheit überliefert worden ist.»[8]

Irenäus von Lyon verfasste seine Schrift im Jahr 185. Der letzte römische Bischof in seiner Liste, Eleutheros, der wahrscheinlich von 174 bis 189 amtierte, dürfte ihm zumindest dem Namen nach bekannt gewesen sein. Damals hatte sich auch im Westen des Imperium Romanum der Monepiskopat in der Kirche weitgehend durchgesetzt. Für die übrigen Namen auf seiner römischen Bischofsliste dürfte Irenäus dagegen kaum über verlässliche Informationen verfügt haben. Ob er die Liste selbst zusammengestellt oder irgendwelche Vorlagen verwendet hat, ist umstritten. Jedenfalls projiziert Irenäus das Modell der Gemeindeleitung durch einen Bischof, wie es sich am Ende des zweiten Jahrhunderts etabliert hatte, bis in die Anfänge der Kirche zurück, in der es nachweislich kollektive Leitungsgremien gab, nach dem Motto: Wenn es zu seiner Zeit einen Bischof pro Gemeinde gab, musste es immer schon so gewesen sein.

Ob Linus, Anaklet, Clemens, Evaristus, Alexander, Sixtus, Telesphorus, Hyginus und Pius überhaupt existiert haben und ob sie in die Liste gelangt sind, weil sie eine bedeutende Rolle im Leitungsteam der römischen Gemeinde gespielt haben, steht dahin. Deshalb ist der Einschätzung von Norbert Brox zuzustimmen, die Liste des Irenäus sei ein «Konstrukt», das im «Interesse an der authentischen Apostolizität der gegenwärtigen kirchlichen Predigt» die Zeit bis zur «Einführung des monarchischen Episkopats in Rom» überbrücken sollte.[9]

Aber es wird interessanterweise nicht einfach die Linie von Petrus als erstem zu Eleutheros als dreizehntem «Papst» konstruiert, vielmehr setzten nach Meinung des Irenäus Petrus *und* Paulus als – angebliche – Gründer der römischen Gemeinde gemeinsam Linus als ersten Bischof ein. Von der Weitergabe der Schlüsselgewalt von Petrus auf Linus und einer Nachfolge im Petrusamt ist hier nicht ausdrücklich die Rede. Kurz: Es ging damals nicht um ein wie immer zu verstehendes Papstamt, sondern um das Bischofsamt in der Stadt Rom.

## Klerus, Volk und Kaiser

Bereits im Laufe des dritten Jahrhunderts versuchten die römischen Bischöfe immer wieder, eine Vorrangstellung in der Gesamtkirche einzunehmen. Sie beriefen sich dabei einerseits auf die Gründung ihrer Gemeinde durch Petrus und Paulus, andererseits auf deren Größe und Bedeutung in der Hauptstadt des Imperium Romanum. Sie konnten jedoch noch keinen Primatsanspruch durchsetzen; die katholische Kirche stellte sich als «Communio», als Netz gleichberechtigter Gemeinden, dar, die jeweils durch ihren Bischof repräsentiert wurden. Nach Bernhard Schimmelpfennig, einem der besten Kenner der antiken und mittelalterlichen Papstgeschichte, ist «das erste gesicherte Datum zur Geschichte der römischen Gemeinde erst aus dem dritten Jahrhundert überliefert: das Jahr 235. Alle früheren Daten sind fiktiv.»[10] Im Jahr 235 wurde Anterus zum Bischof von Rom gewählt, dessen Grab in den römischen Katakomben im neunzehnten Jahrhundert wiederentdeckt wurde.

Auch wenn für die erste Zeit des Monepiskopats in Rom keine eindeutigen Quellen vorliegen, ist davon auszugehen, dass der römische Bischof genauso ins Amt kam wie alle übrigen Bischöfe der damaligen Kirche: Er wurde von Klerus und Volk gewählt. Ein frühes aussagefähiges Zeugnis stammt aus der *Traditio apostolica*, einer altchristlichen Kirchenordnung vom Beginn des dritten Jahrhunderts. Diese spiegelt wahrscheinlich die damaligen römischen Gemeindeverhältnisse wider. Früher wurde sie Hippolyt von Rom zugeschrieben, der als Gegenpapst in die Geschichte eingegangen ist und als solcher für die Jahre 217 bis 235 in der offiziellen Papstliste steht. Die *Traditio apostolica* enthält unter anderem Regeln für die Wahl

und Weihe der Bischöfe und entsprechende Weihegebete. Hier heißt es:
«Der Bischof soll geweiht werden, nachdem er vom ganzen Volk gewählt
worden ist.»[11] Diese Sichtweise bestätigt auch der heilige Ambrosius von Mailand, der
396 schrieb: «Zu Recht geht ein solcher Mann aus der Wahl hervor, den die
gesamte Gemeinde gewählt hat. Zu Recht wird angenommen, dass derjenige durch göttliche Entscheidung gewählt wurde, den alle gefordert hatten.»[12] Wie verbreitet diese Position auch in späterer Zeit noch war, belegt
ein Zitat von Papst Leo I. dem Großen (440–461) aus der Mitte des fünften
Jahrhunderts: «Wer allen vorstehen soll, muss auch von allen gewählt werden.»[13]

Dieses Ideal des aktiven Wahlrechts für den Klerus und das gesamte
gläubige Volk funktionierte am ehesten bei einer überschaubaren Gemeinde.
Bei Tausenden von Mitgliedern lässt sich eine Wahlversammlung aller
Gläubigen jedoch kaum mehr organisieren. Deshalb spielten die Presbyter
und Diakone, aber auch die einflussreichen stadtrömischen Familien eine
immer größere Rolle bei der Bestimmung des römischen Bischofs. Die ein-
fachen Gläubigen durften nach der Wahl allenfalls noch applaudieren.

Seit der sogenannten Konstantinischen Wende von 313, nach der das
Christentum von einer verfolgten zu einer erlaubten Religionsgemeinschaft
und später sogar zur Staatsreligion wurde, trat ein weiterer äußerst einfluss-
reicher Bischofswähler auf den Plan: der römische Kaiser. Wenn der Grundsatz «Ein Kaiser, ein Reich, eine Religion, ein Gott» als Grundlage der Herrschaft erfolgreich umgesetzt werden sollte, konnte es den Kaisern nicht
gleichgültig sein, wer den wichtigsten Bischofsstuhl des Imperiums innehatte. Teilweise begnügten sich die Herrscher mit einer Bestätigung oder
Verwerfung der Wahl des Bischofs von Rom, teilweise nahmen sie aber auch
das Recht für sich in Anspruch, ihn direkt einzusetzen. So wurde Liberius
(352–366) im Jahr 355 von Constantius II. für abgesetzt erklärt und ins Exil
nach Thrakien geschickt, weil er in Fragen der Christologie, der Lehre über
die Person Christi, eine Position vertrat, die dem Kaiser nicht behagte. Constantius II. setzte daher die Wahl des römischen Diakons Felix zum Bischof
von Rom durch, der sich als Felix II. (355–365) aber nicht auf Dauer in Rom
etablierte, sodass Liberius schließlich zurückkehren konnte.

Dieser Einfluss der weltlichen Herrscher – seien es die west- oder oströmischen Kaiser, seien es germanische Könige wie Odoaker oder Ostgoten
wie Theoderich – blieb in den nächsten Jahrhunderten von entscheidender

Bedeutung. Alle Versuche der Päpste und der römischen Gemeinde, die kaiserlichen Rechte zurückzudrängen, hatten kaum Erfolg. Bezeichnend dafür ist das Dekret einer römischen Synode, die 499 unter Papst Symmachus (498–514) stattfand. Ein Jahr zuvor war es zu einer Doppelwahl gekommen. Eine Gruppe in Rom wählte Laurentius (498–506) zum Papst, der sich wieder stärker an den oströmischen Kaiser in Konstantinopel annähern wollte. Eine andere Partei der römischen Gemeinde dagegen erhob Symmachus, der eine größere Unabhängigkeit Roms von Konstantinopel anstrebte. Der Ostgotenkönig Theoderich, der damals in Italien herrschte, erklärte Symmachus zum rechtmäßigen Papst mit dem Argument, dieser sei früher als sein Gegenspieler zum Kleriker geweiht und außerdem von einer Mehrheit gewählt worden. Für gültige kirchliche Wahlen galt bis dahin das Prinzip der Einstimmigkeit. Zumindest aber sollte Einmütigkeit erreicht werden. Eine Mehrheit der Wähler reichte für die Übernahme des Bischofsamtes oder einer anderen kirchlichen Leitungsfunktion nicht aus. Hinter der angestrebten «Unanimitas» steckte die Angst vor Spaltung und Streit. In der Kirche sollte alles im Konsens geregelt werden. Entweder, indem man so lange verhandelte, bis sich alle auf einen Kandidaten einigen konnten, oder, indem es durch «einmütiges Hervorbrechen des Heiligen Geistes» zu einer sogenannten Inspirationswahl kam und das ganze Volk einstimmig einen Kandidaten zum Bischof proklamierte.

Auf der Synode von 499 ließ Symmachus seine eigene Wahl, die den Mangel hatte, entgegen der kirchlichen Tradition nicht einmütig gewesen zu sein, im Nachhinein durch einen Beschluss sanktionieren: In der Regel «soll bei einhelliger Wahl durch die gesamte Geistlichkeit der Gewählte geweiht werden; wenn man sich aber, wie es zu geschehen pflegt, für verschiedene Kandidaten ereifert, sollen die Stimmen der Mehrheit siegen».[14] Damit wurde zugleich – und das ist entscheidend – zumindest dem Anspruch nach das aktive Wahlrecht auf den Klerus eingeschränkt, von einer wie auch immer gearteten Mitwirkung des gläubigen Volkes ist keine Rede mehr.

Darüber hinaus bestimmte die Synode, dass der Papst seinen Nachfolger in der Regel selbst designieren sollte. Nur bei einem unerwarteten Tod des Papstes sollten ausnahmsweise die römischen Kleriker den Nachfolger wählen dürfen. Auf diese Weise wollte die Synode nicht zuletzt den Einfluss der weltlichen Herrscher massiv einschränken. Das war jedoch Wunschdenken. Tatsächlich konnten die Päpste das Designationsrecht für ihre Nachfolger nicht durchsetzen. Wenn sie es versuchten, wurden sie von der weltlichen Obrigkeit stets umgehend in ihre Schranken verwiesen. Ein sprechendes Beispiel ist Papst Bonifaz II. (530–532), der 532 wegen «Majestätsbeleidigung» verurteilt wurde, weil er den Diakon Vigilius «zu seinem Nachfolger bestimmt» hatte.[15]

Seit Kaiser Justinian Italien nach langen Kriegen im Jahr 554 zu einer oströmischen Provinz gemacht hatte, standen auch die Päpste unter byzantinischer Herrschaft. Ohne die Zustimmung der Kaiser in Konstantinopel konnte niemand mehr den Stuhl Petri besteigen. Nach einer Papstwahl musste jeweils eine Wahlanzeige an den Bosporus beziehungsweise an den Vertreter des oströmischen Kaisers in Italien, den Exarchen von Ravenna, geschickt werden. Bei Zweifeln an der Rechtgläubigkeit oder der politischen Zuverlässigkeit des Gewählten wurde dieser nicht selten zum Kaiser nach Konstantinopel zitiert. Wenn er die Bedenken nicht ausräumen konnte, erhielt er die kaiserliche Bestätigung nicht und konnte sein Amt nicht antreten.

## In der Hand römischer Clans

Im Laufe des achten Jahrhunderts gelang es jedoch den großen stadtrömischen Familien immer mehr, das Papstamt ihrer eigenen Machtpolitik zu unterwerfen. Mit Mord, Folterungen, Grausamkeiten aller Art und Bestechungen setzten die bedeutenden Clans, oft im Wechsel, einen der ihren durch. Nach dem Tod Pauls I. (757–767) kam es wieder einmal zu einer Doppelwahl, die Naseabschneiden und Augenausstechen zur Folge hatte. Stephan III. (768–772), der sich bei diesem Hauen und Stechen schließlich durchsetzte, versuchte im Jahr 769, durch ein Papstwahlgesetz den Einfluss der Spitzen der weltlichen und geistlichen Verwaltung Roms, die sich aus den einflussreichen Familien rekrutierte, drastisch einzuschränken. Nur der höhere römische Klerus sollte künftig noch das aktive Wahlrecht besitzen, das passive Wahlrecht sollte auf die Kardinalpriester und Kardinaldiakone der Stadt beschränkt sein.

Eine praktische Wirkung entfaltete dieses Papstwahlgesetz jedoch kaum. Die Papstwahlen der folgenden Jahrhunderte wurden von zwei Faktoren dominiert: Entweder bestimmten die römischen Familien – insbesondere die Crescentier und Tusculaner – weiterhin mit regelrechten Mafiamethoden, wer auf dem Stuhl Petri saß, oder die fränkischen Könige beziehungsweise deutschen Kaiser und Könige setzten den Papst ein.

Vor allem im «dunklen Jahrhundert», dem «saeculum obscurum», ging es in Rom drunter und drüber. Von 882 bis 1046 – unterbrochen durch Interventionen der Ottonen – versuchte die jeweils in Rom regierende Familie auch den Stuhl Petri mit einem Mitglied des eigenen Clans zu besetzen, um die ganze Macht in der Stadt und im Kirchenstaat in die Hand zu bekommen. Die geistliche Eignung des Kandidaten spielte keine Rolle mehr, er musste nur das richtige «Parteibuch» haben, sprich zur Familie gehören. Durch die erbitterte Konkurrenz der Clans und ihr rücksichtsloses Vorgehen kam es zu häufigen Wechseln im Papstamt und zu Schismen. Nicht selten konkurrierten zwei oder gar drei Päpste – jeweils von einer Familie unterstützt – um den Stuhl Petri. Ihre Lebenserwartung war gering.

Während der 164 Jahre von 882 bis 1046 amtierten nicht weniger als fünfundvierzig Päpste, was einer durchschnittlichen Regierungsdauer von gerade einmal dreieinhalb Jahren entspricht. Fünfzehn dieser Päpste wurden abgesetzt, vierzehn wurden ermordet oder starben im Kerker, sieben wurden aus Rom verbannt. Der Wechsel im römischen Bischofsamt erfolgte meist nicht durch natürliches Ableben und anschließende Wahl des Nachfolgers. Vielmehr inszenierten Parteigänger der mächtigen Familien tumultartige Papstabsetzungen und ebensolche Einsetzungen. Meistens wurde der ganze kuriale Apparat, vom Kanzler bis zum Koch, gleich mit ausgewechselt. Denn wem konnte ein auf solche Weise eingesetzter Papst schon trauen?

Die Rolle, die Kaiser und Könige in Rom spielen konnten, hing in erster Linie von der Situation zu Hause nördlich der Alpen ab. Musste ein Herrscher sich dort gegen mächtige Widersacher erst mühsam durchsetzen, blieb keine Zeit, sich um Rom zu kümmern. Zwar besaßen die Frankenkönige und ihre Nachfolger formal den Titel eines «Patricius Romanus», eines Schutzherrn des Papstes und der römischen Kirche. Sie konnten diese Funktion aber nur hin und wieder ausüben. Während etwa Karl der Große in Rom sehr präsent war, verzichtete sein Sohn Ludwig der Fromme 817 auf jede Einmischung bei den Papstwahlen. Ein kaiserliches Vorschlagsrecht oder eine Bestätigung des Gewählten hielt er nicht mehr für notwendig. Eine bloße Wahlanzeige als Formsache sollte genügen. Kaiser Lothar I. versuchte 823, das Ruder noch einmal herumzureißen, um den Einfluss des stadtrömischen Adels zurückzudrängen. Der kanonisch Gewählte sollte erst dann die Bischofsweihe und damit das Papstamt erhalten, wenn er in Gegenwart des kaiserlichen Gesandten und des Volkes dem Kaiser den Treueid geschworen hatte. Mit dem Niedergang der Karolinger bekamen die stadtrömischen Familien erneut Oberwasser.

Erst Otto der Große konnte 962 wieder in Rom eingreifen. Er setzte Papst Johannes XII. (955–964) ab, der ihn zum Kaiser gekrönt hatte, und zwar wegen geistlichen Amtsmissbrauchs. Der Papst hatte angeblich einen Diakon im Pferdestall geweiht und gegen Geld einem zehnjährigen Jungen die Bischofsweihe gespendet. Außerdem wurden ihm weitere Schändlichkeiten aller Art vorgeworfen: Johannes XII. soll, was Klerikern verboten war, an Treibjagden teilgenommen und zudem mehrfach die Ehe gebrochen haben. Den päpstlichen Palast verwandelte er seinen Gegnern zufolge in ein «Bordell und Freudenhaus», dazu kam der «Missbrauch der Witwe Anna und ihrer Enkelin».[16] Als neuen Papst installierte der Kaiser Leo VIII. (963–965). Otto zog ab, die Römer setzten Leo VIII. wieder ab und Johannes XII. wieder ein. Der Kaiser kam zurück und setzte Johannes XII. ab und Leo VIII. ein – und so weiter. Das Ganze wiederholte sich dreimal.

Otto der Große bestimmte 962 in einem Privileg, ein neuer Papst dürfe nur in Gegenwart der kaiserlichen Gesandten gewählt und erst nach Ablegung des Treueides in sein Amt eingeführt werden. Das ließ sich jedoch kaum durchsetzen. Nach dem Tod Ottos III. im Jahr 1002 kam die römische Adelsherrschaft wieder voll zum Zug. Auch das Papstamt wurde erneut zum Gegenstand der Machtkämpfe zwischen Crescentiern und Tusculanern, bis es 1046 auf der Synode von Sutri zu einem epochalen Eingriff kam. Nicht weniger als drei Päpste stritten zu dieser Zeit um den Stuhl Petri. Alle drei wurden jeweils von einer Adelsclique unterstützt. Benedikt IX. – ein Tusculaner – war 1032 mit gerade zwölf Jahren als Papst eingesetzt worden. Er war eine Marionette in der Hand der Familie. Sein lasterhafter Lebenswandel wird in den Quellen ausführlich beschrieben. Im September 1044 zwang ein Aufstand gegen die Tusculaner den Papst zur Flucht aus Rom. An seiner Stelle installierten die Crescentier im Januar 1045 Silvester III., den Benedikt IX. nach wenigen Monaten wieder aus Rom vertrieb. Die Lage blieb aber explosiv. Deshalb war Benedikt IX. bereit, abzudanken, sofern man ihm das Papstamt für gutes Gold abkaufte. Nach einer entsprechenden Zahlung wurde im Sommer 1045 Gregor VI. zum Papst erhoben. Benedikt IX. und Silvester III. waren jetzt aber doch nicht bereit, auf das Amt zu verzichten.

## Die Geburt der päpstlichen Kurie

Genau in diesem Moment kam Heinrich III. aus dem Haus der Salier nach Italien, hauptsächlich, um sich zum Kaiser krönen zu lassen. Auf einer Synode in Sutri, einer Stadt fünfzig Kilometer nördlich von Rom, setzte er alle drei Päpste ab und mit Bischof Suitger von Bamberg am Weihnachtstag des Jahres 1046 einen neuen Papst ein. Suitger nannte sich Clemens II. und krönte Heinrich III. unmittelbar nach der eigenen Inthronisation zum Kaiser. Dennoch konnte er nur ein Jahr regieren. Auch die folgenden Päpste wurden jeweils direkt vom Kaiser eingesetzt. Damit knüpfte Heinrich III. einerseits an die Tradition Karls des Großen und der Ottonen an, die ihrerseits ganz selbstverständlich Päpste ab- und eingesetzt hatten. Andererseits führte er aber zwei grundlegende Neuerungen ein, die für die Geschichte der Papstwahl von Bedeutung werden sollten: Er ernannte keine Italiener mehr, sondern «Deutsche» aus der kirchlichen Reformbewegung zum Papst, und, das ist noch wichtiger, er versuchte, der Kirchenreform in Rom Kontinuität zu verschaffen, indem er um den Papst herum einen ständigen Senat installierte, der einsame Entscheidungen verhindern sollte.

Dazu griff er auf das in Rom bereits vorhandene Institut der Kardinäle zurück. Kardinäle gab es ursprünglich auch an zahlreichen anderen Bischofskirchen. Abgeleitet ist der Begriff von der Türangel einer solchen Hauptkirche – italienisch: cardo. Der Titel wurde den Klerikern, also Diakonen und Priestern, die an einer solchen Kirche mit und für den Bischof Dienst taten, als Auszeichnung verliehen. Schließlich setzte sich der Titel Kardinal exklusiv für römische Geistliche durch. Zunächst gab es fünfundzwanzig, später achtundzwanzig Kardinalpriester, die als Pfarrer der stadtrömischen Pfarreien Dienst taten. Dazu kamen sieben, später zwölf Kardinaldiakone, die als «Caritas-Direktoren» in den Stadtbezirken tätig waren.[17] Schließlich sind die sieben Kardinalbischöfe zu nennen. Diese leiteten nicht nur ihre Diözesen im Umland von Rom, die suburbikarischen Bistümer, sondern mussten, jeder an einem bestimmten Wochentag (daher sieben!), dem Papst beim Gottesdienst in dessen Bischofskirche, der Lateranbasilika, assistieren.

Aus diesen liturgischen oder sozial-caritativen Einzelkämpfern formte Heinrich III. ein Kollegium, das entscheidend an der Verwaltung und der

*Papst Nikolaus II. ließ 1059 seine an sich ungültige Wahl zum Papst im Nachhinein legitimieren, indem er das Papstwahlrecht in einem Dekret den Kardinälen übertrug und die Inthronisation auf dem Bischofsstuhl des Lateran für nicht mehr unbedingt notwendig erklärte.*

Kirchenpolitik der Päpste beteiligt wurde. Vielleicht darf man in dieser Reform sogar den Beginn der Römischen Kurie als eigenständiger Institution sehen. Das Kardinalskollegium etablierte sich immer mehr als Senat des Papstes und Träger der Kontinuität der Reformideen, zumal der Kaiser die Kardinalsstellen ebenfalls weitgehend mit Vertretern der lothringisch-deutschen Reformpartei besetzte. Den Reformern ging es vor allem um die Unabhängigkeit von Papsttum und Kirche von weltlichen Einmischungen und um einen Kampf gegen die Verleihung geistlicher Ämter für Geld sowie gegen die Priesterehe. Damit hatte Heinrich III. ein neues Entscheidungs- und Handlungszentrum installiert, das zukünftig nicht nur in der Regierung der Kirche eine entscheidende Rolle spielte, sondern auch bei der Papstwahl. Es hielt nicht nur, wie von Heinrich III. intendiert, die stadtrömischen Adelscliquen in Schach, sondern schaltete bald auch den Einfluss des Kaisers auf die Besetzung des römischen Bischofsstuhls aus und reduzierte die Mitwirkung von Klerus und Volk Roms auf den feierlichen Jubel nach der Wahl. Zunächst schien sich aber noch einmal das Designationsrecht des Kaisers durchzusetzen. Heinrich III. ernannte nicht nur Clemens II. (1046/47), sondern auch Damasus II. (1048), Leo IX. (1049–1054) und Viktor II. (1055–1057), hatte aber mit der Amtsdauer seiner Kandidaten kein besonderes Glück. Auch die Erhebung des zufällig in Rom anwesenden Friedrich von Lothringen durch die Reformer aus dem neuen Kardinalskollegium und seine Installation als Stephan IX. (1057/58) war im Sinne der Kaiserin Agnes, die nach dem Tod ihres Mannes für ihren noch unmündigen Sohn regierte. Als Stephan IX. jedoch überraschend während einer Reise durch Tuszien verstarb, nutzten die Tusculaner ihre Chance und setzten Bischof Johannes von Velletri als Benedikt X. (1058/59) zum Papst ein. Er wurde, wie vorgeschrieben, in der Lateranbasilika auf der Cathedra des römischen Bischofs inthronisiert. Diese Erhebung erkannten fünf der sieben Kardinalbischöfe jedoch nicht an. Sie flohen aus Rom nach Siena und wählten dort den aus Burgund stammenden Bischof Gerhard von Florenz, der den Namen Nikolaus II. annahm. Es gelang diesem schließlich, sich gegen Benedikt X. politisch und militärisch durchzusetzen.

Damit hatten zum ersten Mal in der Geschichte der Kirche Kardinäle einen Papst gewählt. Diese Wahl stellte aber in mehrfacher Hinsicht einen Bruch mit der Tradition dar und war nach dem Herkommen schlicht ungültig. Denn zum einen hatte die Wahl des römischen Bischofs außerhalb Roms stattgefunden. Klerus und Volk hatten damit nicht einmal theoretisch die Möglichkeit gehabt, nach erfolgter Wahl zu akklamieren, was bislang zumindest formell für die Gültigkeit einer Papstwahl notwendig gewesen war. Und zum anderen hatte keine Inthronisation in der Bischofskirche des Papstes, der Lateranbasilika, stattgefunden. Ein Bischof konnte nach dem damaligen Kirchenrecht sein Amt aber nur übernehmen, indem er auf dem Bischofsstuhl seiner Kirche Platz nahm. Deshalb berief Nikolaus II., nachdem er seinen Konkurrenten ausgeschaltet hatte, umgehend eine Synode in den Lateran ein, die seine an sich ungültige Wahl im Nachhinein sanktionieren sollte. Dies geschah im berühmten Papstwahldekret von 1059, der vielleicht wichtigsten Zäsur der Geschichte der Papstwahl im Hinblick auf das aktive Wahlrecht.

# Das Dekret von 1059 und das Wahlrecht der Kardinäle

Das Papstwahlrecht wurde in dem Dekret von 1059 erstmals exklusiv auf die Kardinäle übertragen, wobei den Kardinalbischöfen eine Vorauswahl zukam. Nikolaus II. ordnete an, «dass beim Tod des Bischofs dieser universalen römischen Kirche zunächst die Kardinalbischöfe mit höchst sorgfältiger Überlegung beraten sollen, dass sie dann möglichst bald die Kardinalkleriker zu sich heranziehen sollen und dass der übrige Klerus und das Volk erst anschließend zum Konsens der neuen Wahl herbeikommen sollen; damit sich nicht die Krankheit der Käuflichkeit bei irgendeiner Gelegenheit einschleicht, bestimmen wir also, dass gottesfürchtige Männer bei der Wahl des nun zu erhebenden Papstes den Vortritt haben, die übrigen aber folgen sollen».[18]

Normalerweise konnte ein Bischof nach dem damals geltenden Kirchenrecht nur ins Amt kommen, wenn der zuständige Metropolit als Leiter der entsprechenden Kirchenprovinz die Wahl bestätigte. «Da nun aber der apostolische Stuhl alle Kirchen der Welt übertrifft und deshalb keinen Metropoliten über sich haben kann, nehmen ohne Zweifel die Kardinalbischöfe die Stellung des Metropoliten ein, und sie erheben den erwählten Papst auf die Höhe des apostolischen Sitzes.» Damit kontrollierten die Kardinalbischöfe als Metropoliten die Kardinalbischöfe als Papstwähler. Eine aktive Mitwirkung des Kaisers an der Papstwahl oder gar ein Designationsrecht wurde ausgeschlossen. Diesem wurde in einer juristisch schwammigen Formulierung lediglich «honor et reverentia», die schuldige Ehre und Ergebenheit, zugesichert. Die Kandidaten sollten in der Regel Römer sein. Wenn am Tiber aber kein geeigneter Mann zu finden war, sollte jemand «aus einer anderen Kirche gewählt werden».

In der Regel hatte die Wahl in Rom selbst stattzufinden. Falls aber wieder Pressionen des Stadtadels zu befürchten waren – das Papstwahldekret spricht von der «Verworfenheit falscher und ungerechter Menschen», die «in der Stadt selbst eine echte und unverfälschte und uneigennützige Wahl» unmöglich machten –, dann konnten die Kardinalbischöfe zusammen «mit den frommen Klerikern und katholischen Laien, auch wenn es nur wenige sind», jeden ihnen geeignet erscheinenden Ort festlegen. Schließlich – und das ist entscheidend – war der Gewählte mit der Annahme der Wahl sofort Papst und verfügte ab diesem Zeitpunkt über alle Vollmachten des Amtes. Er musste dazu nicht erst in seiner Bischofskirche, der römischen Lateranbasilika, inthronisiert werden. «Damit war die Papstwahl nicht nur formalisiert und verfahrensmäßig geregelt, sondern auch deutlich von den Traditionen einer Bischofswahl abgehoben» – wie der Historiker Klaus Herbers die Bedeutung des Papstwahldekrets treffend zusammenfasst.[19] Die rechtliche Einschränkung des aktiven Wahlrechts auf die Kardinalbischöfe bedeutet nicht, dass die Praxis nach 1059 unmittelbar dieser neuen Norm gefolgt wäre. Bereits nach dem Tod Nikolaus' II. im Juli 1061 kam es erneut zu einem Schisma. Die Kardinäle wählten Bischof Anselm von Lucca, der sich Alexander II. (1061–1073) nannte, Kaiserin Agnes dagegen designierte Bischof Cadalus von Parma, der sich den Namen Honorius II. (1061–1064) gab. Nach heftigen, auch militärischen Auseinandersetzungen siegte schließlich Alexander II., vor allem auch, weil er die Unterstützung der Bischöfe der Reichskirche fand. Damit war der Einfluss des Kaisers auf die Papstwahlen zumindest vorerst ausgeschaltet.

Aber ausgerechnet bei der Erhebung des Kardinaldiakons Hildebrand zu Papst Gregor VII. (1073–1085) fand das Papstwahldekret keine Anwendung. Dem wichtigsten Reformpapst, der den Text von 1059 maßgeblich mit entworfen hatte, blieb das stets äußerst peinlich. Alexander II. war noch nicht beigesetzt, was eigentlich Voraussetzung für die Regelung der Nachfolge war, da proklamierte das römische Volk, als der Trauerzug an der Kirche San Pietro in Vincoli vorbeikam, Hildebrand auch schon tumultartig zum Papst. Er wurde als Gregor VII. umgehend in dieser Kirche inthronisiert. Mit seinem Namen verbunden bleibt der berühmte *Dictatus Papae*, mit dem er im Jahr 1075 in einer Art Regierungsprogramm erstmals in umfassender Weise den päpstlichen Primat innerhalb der Kirche und gegenüber den weltlichen Herrschern formulierte. Zwei Jahre später zwang er König Heinrich IV. zum Bußgang nach Canossa.

Trotzdem setzte sich mit der Zeit das ausschließliche Wahlrecht der Kardinäle durch. Das Kardinalkollegium aus Kardinalbischöfen, Kardinalpriestern und Kardinaldiakonen wurde zum einzig legitimen Wahlorgan des Papstes. Es kam zwar immer wieder zu Doppelwahlen, wenn die Eminenzen sich nicht auf einen Kandidaten einigen konnten, doch dass das aktive Papstwahlrecht exklusiv dem Kardinalkollegium zustand, wurde bald allgemein anerkannt und bis heute so gut wie nicht mehr infrage gestellt.

Nur zweimal geriet das exklusive Wahlrecht der Kardinäle nach dem zwölften Jahrhundert grundsätzlich in die Diskussion, zum einen auf dem Konstanzer Konzil, zum anderen während des Pontifikats Pauls VI.

## Das Konstanzer Modell: Ein Konzil wählt den Papst

Von 1309 bis 1376 residierten die Päpste in ununterbrochener Folge im südfranzösischen Avignon und gerieten in Abhängigkeit von der französischen Krone. Diese Zeit wird deshalb in der Historiografie nicht selten als «Babylonische Gefangenschaft» der Päpste bezeichnet. Gregor XI., Papst seit 1370, kehrte schließlich 1377 nicht zuletzt auf Betreiben der heiligen Katharina von Siena nach Rom zurück, um den Sitz des Papsttums wieder an seinen angestammten Ort zu verlegen. Doch er starb bereits im März 1378. Darauf kam es zum längsten Papstschisma der Kirchengeschichte, das bis 1417 dauerte und die ganze abendländische Christenheit in zwei Lager spaltete. Zunächst schien aber alles seinen normalen Gang zu gehen. Das für die Papstwahl zuständige Gremium, das Kardinalskollegium, versammelte sich in Rom; sechzehn Kardinäle, davon elf Franzosen, vier Italiener und ein Spanier, nahmen teil. Deshalb befürchteten die Römer, es würde erneut ein französischer Papst gewählt. Sie setzten die Kardinäle unter Druck, sodass diese am 18. April 1378 den Neapolitaner Bartolomeo Prignano, einen Nichtkardinal, zum Papst wählten. Er war Erzbischof von Bari und Chef der päpstlichen Kanzlei gewesen und nannte sich Urban VI. Alle Kardinäle huldigten ihm nach der Wahl und verschickten entsprechende Wahlanzeigen.

Im Laufe von wenigen Monaten verließen aber alle Kardinäle den von ihnen gewählten Papst und warfen ihm vor, er sei unfähig, sein Amt vernünftig auszuüben. Sie flohen aus Rom und wählten am 20. September 1378 in der Kathedrale von Fondi einen der ihren zum Papst, nämlich Kardinal Robert von Genf. Er nannte sich Clemens VII. Beide Päpste konnten sich halten. Urban VI. blieb in Rom, Clemens VII. nahm in Avignon Residenz. Die Frage nach der Rechtmäßigkeit des einen oder anderen ließ sich nicht eindeutig klären, weil anders als bei früheren Papstschismen das ganze Kardinalskollegium als rechtlich zuständiges Wahlgremium zwei Päpste gewählt hatte. Für Urban VI. wurde ins Feld geführt: Er sei der zuerst gewählte Papst, und die Kardinäle hätten erst nach seinem Tod oder Rücktritt erneut wählen dürfen; trotz des Drucks auf das Konklave hätten ihn die Kardinäle hinterher über Monate als Papst behandelt, wodurch sie die möglichen Mängel des Wahlaktes saniert hätten. Außerdem habe seine Wahl am richtigen Ort, in Rom, stattgefunden. Für Clemens VII. sprach, dass alle Kardinäle von Urban VI. abfielen und ihn für unfähig hielten, das Papstamt auszuüben – ein solcher «Personenirrtum» mache eine Wahl genauso ungültig wie eine unter falschen Annahmen geschlossene Ehe. Schließlich wurde betont, dass fast die ganze Kurie von Rom zu Clemens VII. nach Avignon übergelaufen sei.

Verschiedene Wege, das Schisma zu lösen, wurden erwogen. Via facti, das heißt die militärische oder politische Lösung, misslang. Via iustitiae, der Rechtsweg: Ein Schiedsgericht sollte die Sache entscheiden, beide Parteien konnten sich aber nicht auf einen neutralen Schiedsrichter einigen. Via cessionis, die Rücktrittslösung: Einer oder beide Päpste hatten zurückzutreten, aber keiner war bereit, diesen Schritt als Erster zu gehen. Via discussionis, der Weg des Gesprächs: Die Päpste sollten sich treffen und miteinander diskutieren. Tatsächlich machten sie sich von Avignon und Rom aus auf den Weg, aber beide verließ wenige Kilometer vor dem geplanten Treffpunkt in Norditalien der Mut, und sie kehrten wieder um. Alle Versuche scheiterten. So bildeten sich zwei Papstreihen: In Rom folgten auf Urban VI. (1378–1389) Bonifaz IX. (1389–1404), Innozenz VII. (1404–1406) und Gregor XII. (1406–1415), in Avignon auf Clemens VII. (1378–1394) Benedikt XIII. (1394–1423). Die ganze Kirche spaltete sich in zwei Lager.

Schließlich blieb nur noch ein Ausweg: das ökumenische Konzil als Repräsentation der Gesamtkirche. Bis dahin hatte es nur monarchische Konzilien gegeben. Diese standen entweder unter der Leitung der römischen Kaiser – wie die großen Kirchenversammlungen der Alten Kirche, beginnend mit dem Konzil von Nizäa von 325, die das Glaubensbekenntnis ausformulierten – oder wurden von den Päpsten als römische Haussynoden dominiert – wie die Laterankonzilien. Beide Konzilstypen schieden jedoch aus, weil es an der Wende vom vierzehnten zum fünfzehnten Jahrhundert weder einen allgemein anerkannten Papst noch einen starken Kaiser nach Konstantins Vorbild gab. Und klar war auch: Ein Konzil, das über den Papst beziehungsweise die Päpste richten sollte, musste über diesen stehen. Ein solches wirklich konziliares Konzil, das weder unter der Oberhoheit des Papstes noch unter der Kontrolle des Kaisers stand, sondern selbst die oberste Instanz der Kirche darstellte, war in den einschlägigen kirchlichen Rechtstraktaten schon lange vorgedacht, aber noch nie praktiziert worden. Ein erster Versuch in dieser Richtung wurde 1409 mit dem Konzil in Pisa unternommen. Kardinäle aus Rom und Avignon trafen sich mit Bischöfen, Äbten und Theologen und setzten beide konkurrierenden Päpste ab, Gregor XII. in Rom und Benedikt XIII. in Avignon. Daraufhin wählten vierundzwanzig anwesende Kardinäle den Erzbischof von Mailand Petrus Philargis zum Papst, der sich Alexander V. (1409/1410) nannte. Da er bald nach seiner Wahl starb, blieb ihm keine Zeit, sich durchzusetzen. Die Pisaner Kardinäle wählten daraufhin Kardinal Baldassare Cossa zum Papst, der den Namen Johannes XXIII. annahm – nicht zu verwechseln mit dem gleichnamigen Papst des zwanzigsten Jahrhunderts. Aus der «verfluchten Zweiheit» war die «verfluchte Dreiheit» geworden. Jetzt gab es Päpste in Rom, in Avignon und in Pisa. Es gab drei Kardinalskollegien, drei päpstliche Kurien und drei Obödienzen, also Anhängerschaften und Herrschaftsbereiche.

Eine endgültige Lösung des Schismas brachte erst das Konzil von Konstanz (1414–1418). Hier gelang es dem deutschen König Sigismund, die europäischen Mächte in eine verbindliche Lösung einzubeziehen. Das war notwendig, denn die unterschiedlichen Päpste konnten sich nur infolge massiver politischer Unterstützung halten. Außerdem stellte der König dem Kirchenparlament seine exekutive Macht zur Verfügung. Er sorgte für die Umsetzung der Beschlüsse, führte die notwendigen diplomatischen Verhandlungen mit den unterschiedlichen europäischen Staaten und schützte die Konzilsväter vor politischen Pressionen. Dabei kam ihm auch die Tatsache zu Hilfe, dass er in der Reichsstadt Konstanz die Polizeigewalt innehatte.

Das Konzil musste zunächst seine Oberhoheit über die Päpste erklären, denn es brauchte die Kompetenz, über Päpste zu urteilen, sie gegebenenfalls abzusetzen und einen neuen Papst zu wählen. Daher verabschiedete das Konstanzer Konzil am 6. April 1415 das berühmte Dekret *Haec Sancta*, in dem es heißt: «Diese heilige Synode zu Konstanz … erklärt erstens, dass sie, im Heiligen Geist rechtmäßig versammelt, ein allgemeines Konzil abhaltend und die katholische Kirche repräsentierend, von Christus unmittelbar Vollmacht hat. Ihr ist ein jeder, welchen Standes und welcher Würde auch immer, einschließlich der päpstlichen, in all dem, was sich auf den Glauben bezieht, auf die Ausrottung des besagten Schismas und auf die Reform der Kirche an Haupt und Gliedern, zu gehorchen verpflichtet. Desgleichen

*Der am 11. November 1417 vom Konstanzer Konzil und nicht allein vom Kardinalskollegium gewählte Papst Martin V. musste als Kardinaldiakon erst zum Priester und dann zum Bischof geweiht werden. Er bekam dabei die Bischofsmitra übergeben ...*

erklärt sie, dass ein jeder, welcher Stellung, welchen Standes und welcher Würde auch immer, auch falls es eine päpstliche geben sollte, der den Geboten, Satzungen oder Anordnungen oder Vorschriften dieser heiligen Synode und eines jeden anderen rechtmäßig versammelten allgemeinen Konzils in den genannten oder auf sie bezüglichen Stücken den Gehorsam verweigert, sofern er nicht davon Abstand nimmt, einer entsprechenden Buße unterworfen und gehörig bestraft wird, wobei nötigenfalls auch zu anderen Rechtsmitteln gegriffen wird.»[20]

Auf dieser rechtlichen Basis nahm das Konzil den Rücktritt des römischen Papstes Gregor XII. an, der wieder in den Stand der Kardinalbischöfe zurücktrat, und setzte die anderen beiden Päpste, Benedikt XIII. und Johannes XXIII. (senior), ab. Damit sich bei der Papstwahl kein Land benachteiligt fühlen konnte, führte das Konzil eine ganz neue Form der Papstwahl ein. Das aktive Wahlrecht erhielt ein konziliares Wahlkollegium, dem sechs Gruppen von Wählern angehörten: neben dem Kardinalskollegium mit dreiundzwanzig Mitgliedern jeweils sechs Vertreter der fünf Konzils-

*... und wurde dann in einem separaten liturgischen Akt mit der Tiara zum Papst gekrönt, wie der Chronist des Konzils, Ulrich Richental, in seiner Chronik anschaulich illustriert.*

nationen (Spanien, Italien, Frankreich, Deutschland und England). Nur wer sowohl im gesamten Wahlgremium als auch im Kardinalskollegium als auch in jeder einzelnen Nation eine Zweidrittelmehrheit erreichte, sollte zum Papst gewählt sein. Dem Kardinalskollegium allein traute man diese Repräsentation der Gesamtkirche nicht mehr zu.

Am 11. November 1417 wählte das konziliare Papstwahlgremium den Kardinaldiakon Oddo Colonna zum Papst. Nach dem Tagesheiligen Martin nannte er sich Martin V. (1417–1431). Es gelang dem Konzil – abgesehen von einigen Nachhutgefechten –, die Einheit der Kirche wieder herzustellen. Auf Martin V. folgt eine ununterbrochene Reihe von Päpsten bis zum heutigen Amtsinhaber.

Wenn diese Kontinuität hervorgehoben wird, wird schnell vergessen, dass es ein Konzil war, das drei konkurrierende Päpste absetzte und einen allgemein anerkannten Papst wählte, und nicht das Kardinalskollegium, das dieses Schisma durch seine doppelte Wahl im Jahr 1378 erst ausgelöst hatte. Darum spräche auch heute manches für ein konziliares Wahlgremium nach

Konstanzer Vorbild, das die Kardinäle mit einschließt, aber die Weltkirche und ihre «Nationen» besser repräsentiert.

Allerdings ist das Konstanzer Modell seit 1417 nie mehr angewandt worden. Die Angst der Päpste und Kardinäle vor einem mächtigen Kontrollorgan war zu groß. Das aktive Papstwahlrecht liegt seither wieder ausschließlich beim Kardinalskollegium. Lediglich im Umfeld des Zweiten Vatikanischen Konzils (1962–1965) und im Zusammenhang mit dem von ihm vertretenen Kirchenbild vom wandernden Gottesvolk gab es noch einmal Diskussionen, ob es noch zeitgemäß sei, das aktive Wahlrecht auf die Kardinäle zu beschränken. So sprachen sich etwa Léon-Joseph Kardinal Suenens, Erzbischof von Mecheln, und Salvatore Baldassari, Erzbischof von Ravenna, für eine Wahl des Papstes durch die Bischöfe anstelle der Kardinäle aus. Andere votierten für ein gemischtes Wahlgremium aus den Kurienkardinälen, den Vorsitzenden der nationalen Bischofskonferenzen und einigen Laien.

Auch Papst Paul VI. (1963–1978) scheint sich Gedanken in diese Richtung gemacht zu haben. So legte er im Geheimen Konsistorium am 5. März 1973 den versammelten Kardinälen in einer Ansprache die Frage vor, ob man das Kardinalskollegium bei einer anstehenden Papstwahl um die Patriarchen der mit Rom unierten Ostkirchen und die fünfzehn Mitglieder des Rates des Generalsekretariates der Bischofssynode erweitern sollte, um eine stärkere Repräsentation der Weltkirche im Wahlgremium zu erreichen. Die Konservativen befürchteten, die «progressistische Partei» werde sich durchsetzen, da auch der «regierende Papst ... selbst reformerischen Vorstellungen nachhing».[21]

Deshalb war in diesen Kreisen die Erleichterung, bei den Reformern hingegen die Enttäuschung groß, als Paul VI. in seiner Konstitution *Romano Pontifico eligendo* von 1975 überraschenderweise alles beim Alten ließ und allein dem Kardinalskollegium das Papstwahlrecht vorbehielt. Das Hauptargument, das der Papst anführte, lautete: Das Wahlgremium müsse beim Eintritt der Sedisvakanz sofort handlungsfähig sein. Dazu dürfe es nicht erst mühsam gebildet werden und sollte auch eine überschaubare Größe behalten. Diese legte Paul VI. auf einhundertzwanzig wahlberechtigte Kardinäle fest, indem er den über achtzigjährigen Eminenzen das aktive Wahlrecht entzog.

## Hinter der Fassade der Tradition: Die Wahlordnung von 1996

Für die derzeit geltende Papstwahlordnung *Universi Dominici gregis* von 1996 steht die Frage des aktiven Wahlrechtes außerhalb jeder Diskussion: Das Recht der Papstwahl kommt ausschließlich den Kardinälen der Römischen Kirche zu. Johannes Paul II. (1978–2005) bestätigte das ausdrücklich und berief sich dabei auf eine «tausendjährige Praxis».[22] Dieses exklusive Recht des Kardinalskollegiums soll auch dann in Geltung bleiben, wenn beim Tod oder Rücktritt eines Papstes gerade ein Ökumenisches Konzil oder eine Bischofssynode in Rom tagen sollte. Da diese beiden Versammlungen von Bischöfen aus der ganzen Welt eher als adäquate Repräsentation der katholischen Weltkirche angesehen werden könnten als die gerade einmal einhundertzwanzig wahlberechtigten Kardinäle, wäre es in der Tat naheliegend gewesen, ihnen das Papstwahlrecht zuzubilligen. Die alte Angst der Päpste, die ihre monarchische Stellung durch kollegiale und konziliare Kontrollorgane immer gefährdet sahen, dürfte den Hintergrund für die Absage an diese Möglichkeit bilden. Auch nachdem Johannes XXIII. (1958–1963) während des Zweiten Vatikanischen Konzils verstorben war, hatte nicht das Konzil, sondern das Kardinalskollegium dessen Nachfolger Paul VI. gewählt.

Johannes Paul II. war sich der Problematik bewusst, dass das Kardinalskollegium die weltweite katholische Kirche nicht ausreichend repräsentieren könnte. Das zeigen Formulierungen in seiner Papstwahlordnung. Für ihn kommen im Kardinalskollegium aber «die beiden Aspekte, die die Gestalt und das Amt des Römischen Papstes charakterisieren, gleichsam in einer wunderbaren Synthese zum Ausdruck».[23] Die Kardinäle sind einerseits römisch, weil sie durch ihre Titelkirchen in Rom selbst oder in den sieben suburbikarischen Bistümern in der Umgebung der Stadt (Albano, Frascati, Ostia, Palestrina, Porto-Santa Rufina, Sabina-Poggio Mirteto und Velletri-Segni) eine enge rechtliche und spirituelle Beziehung zu der Stadt haben, deren Bischof sie wählen sollen. Andererseits repräsentieren die einhundertzwanzig wahlberechtigten Kardinäle inzwischen «ausreichend» – wie der Papst schreibt – alle Teile der Erde und die unterschiedlichen Kulturen, in denen Katholiken leben. Deshalb sind sie für Johannes Paul II. auch dazu in der Lage, als weltkirchliches Wahlgremium den Papst in seiner Funktion als «Pontifex der universalen Kirche» zu wählen.

Beide vom Papst angeführten Argumente überzeugen jedoch nur bedingt: Mit der eigentlichen Seelsorge in den Pfarreien ihrer römischen Titelkirchen haben weder die Kurienkardinäle noch die Eminenzen aus aller Herren Länder wirklich etwas zu tun, sodass die Purpurträger in dieser Hinsicht kaum die adäquaten Wähler des römischen Bischofs sind. Hier wären die eigentlichen Pfarrer der Diözese Rom geeigneter. Und wenn es um eine gerechte Repräsentation der Weltkirche geht, dann müsste bei einhundertzwanzig wahlberechtigten Kardinälen und 1,2 Milliarden Katholiken weltweit auf zehn Millionen Katholiken ein Kardinal kommen. Legt man diesen Schlüssel an, dann sind Europa und insbesondere Italien im Kardinalskollegium immer noch deutlich überrepräsentiert, während bevölkerungs- und katholikenreiche Länder in Lateinamerika oder Afrika zu wenige Kardinäle stellen.

Johannes Paul II. übernahm die von Paul VI. eingeführte Bestimmung, dass Kardinäle nach Vollendung ihres achtzigsten Lebensjahres von der Papstwahl ausgeschlossen sind. Diese Entscheidung war als Traditionsbruch angesehen worden und hatte für heftige Diskussionen gesorgt. Die Eminenzen jenseits der Altersgrenze waren verstimmt. Die Begründung Johannes Pauls II., er wolle «einem solch verehrungswürdigen Alter nicht auch noch die zusätzliche Last aufbürden, die in der Verantwortung besteht, jemanden zu wählen, der die Herde Christi in einer den Erfordernissen der Zeit gemäßen Weise führen muss», klingt denn auch sehr bemüht.[24] Hätte Johannes Paul II. diese Argumentation für sich selbst ernst genommen, dann hätte er angesichts seiner schweren Erkrankung und zunehmenden Regierungsunfähigkeit lange vor seinem Tod wegen der Last des «verehrungswürdigen Alters» zurücktreten müssen.

Johannes Paul II. verweist auf die tausendjährige Tradition der Papstwahl durch das Kardinalskollegium. Damit sind wir etwa im Jahr 1000. Wer im ersten Jahrtausend der Kirchengeschichte den Papst bestimmt hat, darauf geht *Universi Dominici gregis* mit keinem Wort ein. Man kann aber aus dem Wortlaut schließen, dass es jedenfalls nicht das Kardinalskollegium war. Denn wenn diese «verehrungswürdige Tradition» älter wäre oder sich sogar auf Jesus Christus selbst zurückführen ließe, hätte der Papst auf diese Argumente für die Einschränkung des aktiven Wahlrechts auf die römischen Purpurträger sicher nicht verzichtet. Immerhin ist damit zugestanden, dass die Kardinäle nicht immer die exklusiven Wähler des Papstes waren.

# 2. Wer kann überhaupt Papst werden?

# Die Leichensynode von Rom

Rom, im Januar im Jahre des Herrn 897, das saeculum obscurum, das «dunkle Jahrhundert», ist gerade fünfzehn Jahre alt. Es gehört zur Tagesordnung, dass Päpste abgesetzt und verbannt, entführt oder ermordet werden. Zwei miteinander konkurrierende Päpste sind nichts Ungewöhnliches. Die Römer sind einiges gewöhnt in der Zeit, als sich die römischen Clans der Crescentier und Tusculaner mit Mafiamethoden bekämpfen und die Päpste zu Marionetten in ihrem Intrigenspiel machen. Aber das, was Papst Stephan VI. im Januar 897 veranstaltet, lässt selbst hartgesottene Beobachter der römischen Szenerie schaudern.

Die Rede ist von einem gruseligen Schauprozess, der als Leichensynode in die Papstgeschichte eingegangen ist. Auf der Anklagebank sitzt Papst Formosus. Nur ist der Angeklagte schon seit neun Monaten tot. Formosus ist nach einem für die damalige Zeit ungewöhnlich langen Pontifikat von viereinhalb Jahren am 4. April 896 gestorben und in Sankt Peter feierlich bestattet worden. Sein Nachfolger Bonifaz VI. wurde während eines Volksaufstands auf den Papstthron gesetzt, starb aber bereits nach einem Pontifikat von gerade einmal zwei Wochen. Daraufhin erhob im Mai desselben Jahres Kaiser Wido II. aus dem Haus Spoleto, der im Grunde ein italienischer Kleinfürst war, Stephan VI. zum Papst.

Stephan VI. lässt die verwesende, stinkende Leiche des Formosus ausgraben und mit den päpstlichen Pontifikalgewändern bekleiden. So gewandet und mit Papstkrone auf dem Haupt wird Formosus auf den päpstlichen Thron gesetzt. Nachdem er auf diese Weise symbolisch sein Amt wieder übernommen hat, wird ihm der Prozess gemacht. Ein römischer Diakon leiht ihm seine Stimme. Die Vorwürfe reichen von Meineid und unsittlichem Lebenswandel bis hin zur Ungültigkeit seiner Wahl zum Papst. Selbstverständlich steht das Urteil in diesem Schauprozess, der in der damals üblichen Form einer Synode abgehalten wird, von Anfang an fest. Es lautet schuldig in allen Punkten der Anklage und wird auf schaurig-spektakuläre Weise in aller Öffentlichkeit vollzogen.

Nach der Urteilsverkündung wird die Leiche des Formosus vom päpstlichen Thron heruntergestoßen. Als Zeichen für seine unrechtmäßige Wahl und ungültige Amtsführung reißt man ihm die päpstlichen Gewänder vom verfaulten Leib. Dann werden ihm drei Finger der rechten Hand abgehackt, was als Symbol für die Meineide, die er angeblich mit dieser Hand geschworen hat, aber auch für die Ungültigkeit seiner sakramentalen und rechtlichen Handlungen gilt. Anschließend wird die Leiche über die Schwelle der Peterskirche ins Freie gezerrt und dort enthauptet. Ein kirchliches Begräbnis wird Formosus verweigert. Vielmehr wird die Leiche in Stücke gehackt und in den Tiber geworfen. Formosus hat nicht nur seinen Platz in dieser Welt, sondern auch seine ewige Seligkeit verloren – das ist die unmissverständliche Botschaft. Außerdem soll es nach dem Willen Stephans VI. kein Grab geben und damit keinen Ort, der an Formosus erinnert. Sein Andenken soll ausgetilgt werden: Damnatio memoriae.[1]

Was veranlasste Papst Stephan VI. zu dieser schaurigen Kadaversynode, die alles bislang Dagewesene in den Schatten stellte? Die Antwort auf diese Frage hängt eng mit der Gültigkeit von Stephans VI. eigener Wahl zum Papst zusammen. Er war vor seiner Erhebung zum Bischof von Rom Bischof von Anagni im südlichen Latium gewesen. Die Bischofsweihe hatte ihm aber niemand anderes als Papst Formosus gespendet, der seinerseits vor seiner Papstwahl Bischof von Porto gewesen war.

Neben einer Reihe anderer politischer Aspekte war das der eigentliche Knackpunkt des Prozesses, denn seit dem Konzil von Nizäa von 325 war es Klerikern grundsätzlich verboten, von einer Diözese in eine andere zu wechseln. Diese «widerrechtliche Gewohnheit» sei «gänzlich abzuschaffen», beschlossen die Konzilsväter. Sollte jemand trotz der Entscheidung des Konzils etwas Derartiges versuchen, werde «der Vorgang ganz und gar für ungültig erklärt und der Betreffende wieder in die Kirche zurückversetzt, zu deren Bischof, Priester oder Diakon er ordiniert war».[2] Wer jedoch in eine andere Diözese wechsle und nicht bereit sei, in sein Ursprungsbistum zurückzukehren, der sei «ausgeschlossen», legte ein Kanon fest.[3] Exkommunikation und damit Verlust des ewigen Seelenheils war das Strafmaß.

Damit hatten die Konzilsväter jeden Wechsel eines Bischofs von einem Bischofsstuhl auf einen anderen für unmöglich erklärt. Durch das Sakrament der Bischofsweihe entstand ein nicht auflösbares Band zwischen dem Bischof und seiner Diözese, das dem Eheband zwischen Mann und Frau entsprach. Eine Translation von einem Bistum zum anderen war nicht nur rechtlich ungültig, sondern galt als «Ehebruch» und Verstoß gegen den Glauben.

*Stephan VI. lässt 897 den Leichnam seines Vorgängers Formosus exhumieren und über ihn eine schaurige Kadaversynode halten, die den Historienmaler Jean-Paul Laurens 1870 zu diesem Gemälde angeregt hat.*

Bischof Stephan von Anagni konnte also deshalb nicht Bischof von Rom werden, weil er mit der Diözese von Anagni sakramental und unauflösbar verbunden war. Über sechs Jahrhunderte hatte man sich bei der Papstwahl tatsächlich an die Vorschriften des Konzils von Nizäa gehalten. Entscheidungen eines Ökumenischen Konzils waren nicht so einfach zu ignorieren oder über den Haufen zu werfen. Da sich das Translationsverbot nicht nur auf Bischöfe, sondern auch auf Priester und Diakone bezog, konnten eigentlich nur Kleriker der römischen Gemeinde selbst Bischof von Rom werden – oder Laien aus Rom oder sonst einer christlichen Gemeinde. Ein Diakon aus Mailand oder ein Priester aus Trier durfte genauso wenig zum Papst gewählt werden wie ein auswärtiger Bischof. Mitunter wurden tatsächlich nichtrömische Christen, vereinzelt auch Laien gewählt, zumeist beschränkte sich das passive Wahlrecht jedoch auf römische Diakone, die aufgrund ihrer Funktion ohnehin in einer engen Beziehung zum jeweiligen römischen Bischof standen.

Erst gegen Ende des neunten Jahrhunderts wurde das Translationsverbot als Karrierehindernis immer mehr infrage gestellt. Ehrgeiz und Machtstreben waren auch die entscheidenden Motive Stephans VI. für die Abhaltung der Leichensynode. Dazu hatte er eine geniale Idee: Wenn eine römische Synode als höchste Gerichtsinstanz der Kirche feststellen würde, dass Formosus nicht rechtmäßig Bischof von Rom und damit gültig Papst gewesen war, dann wären auch alle rechtlichen und sakramentalen Akte ungültig, die er während seiner Amtszeit vorgenommen hatte. Dann wäre auch die Bischofsweihe nichtig, die Formosus Stephan für das Bistum Anagni gespendet hatte, und dann hätte Stephan VI., der vor seiner Bischofsweihe in Anagni zur römischen Gemeinde gehört hatte, bei seiner Wahl zum Papst das passive Wahlrecht besessen, und er wäre wirklich der legitime Bischof von Rom und rechtmäßige Papst.

Dieses Ziel erreichte er auf der Kadaversynode mit zwei Anklagepunkten. Stephan VI. griff zum einen auf die Standardvorwürfe gegen unliebsame höhere Kleriker zurück. Insbesondere wurde Formosus Simonie zur Last gelegt, der Kauf eines geistlichen Amtes durch Geld, außerdem ein unwürdiger Lebenswandel, also sexuelle Ausschweifungen. Zum anderen stellten die Richter verbindlich fest, Formosus sei vor seiner Papstwahl Bischof von Porto gewesen, er habe damit gegen das Translationsverbot verstoßen und geistlichen Ehebruch begangen. Dadurch waren seine Amtsführung als Bischof von Rom und jeder einzelne Akt, also auch Stephans Bischofsweihe in Anagni, von vornherein ungültig, Stephans VI. eigene Papstwahl aber gültig. Nur um dieses für ihn lebenswichtige Urteil möglichst öffentlichkeitswirksam zu inszenieren und den Römern zu versinnbildlichen, führte er den makabren Schauprozess samt grausiger Urteilsvollstreckung durch. Durch die Leichensynode sicherte er sich den Papstthron.

Stephan VI. konnte seinen Erfolg allerdings nicht lange genießen. Nicht zuletzt wegen der Grausamkeiten der Leichensynode wurde er schon im August 897 von den Anhängern des Formosus gestürzt, in den Kerker geworfen und unter nicht geklärten Umständen erdrosselt. Sein Nachfolger Romanus regierte nur wenige Wochen. Dessen Nachfolger Theodor II., der im Dezember 897 für zwanzig Tage Papst war, rehabilitierte Formosus. Dessen Nachfolger wiederum, Johannes IX. (898–900), der sich in seinem ersten Amtsjahr mit dem Gegenpapst Sergius III. (898) herumschlagen musste, sorgte schließlich für eine würdige Wiederbeisetzung des Formosus in dessen ursprünglichem Papstgrab in der Peterskirche. Der Legende nach hatte ein frommer Mönch die Leichenteile aus dem Tiber geborgen und versteckt.

# Tausend Jahre Ehebruch

Formosus und Stephan VI. waren nicht die ersten Päpste, bei deren Wahl das Translationsverbot missachtet wurde. Zum ersten Mal wurde gegen die Vorschriften des Konzils von Nizäa verstoßen, als am 16. Dezember 882 der Bischof von Caere in Etrurien zum Papst Marinus I. gewählt wurde. Die *Regesta Pontificium Romanorum* halten dazu lapidar fest: «Marinus, vorher Bischof, ist gegen die kirchenrechtlichen Vorschriften gewählt worden.»[4] Auch die Wahl Johannes' X. (914–928), der vorher Erzbischof von Ravenna gewesen war, galt als «illegitima et contra auctoritate canonum facta», also als ungültig, weil gegen die Autorität eines Konzilsbeschlusses erfolgt, ebenso wie die Wahl Johannes' XIII. (965–972), der vorher Bischof von Narni gewesen war.[5] Dennoch gelten heute all diese Päpste der römischen Lehre und der offiziellen Papstreihe zufolge als rechtmäßig.

Im Verlauf des elften und zwölften Jahrhunderts setzte sich die Wahl von Bischöfen zum Papst immer mehr durch. Das war ein fortwährender Bruch des geltenden Kirchenrechts und eine ständige Übertretung eines Konzilsbeschlusses, der als Äußerung des feierlichen Lehramtes der Kirche galt. Immerhin scheint lange Zeit noch ein gewisses Unrechtsbewusstsein bei den Papstwählern vorhanden gewesen zu sein, wie eine Quelle aus dem Jahr 1088 zeigt. Die Kardinäle seien sich darüber klar gewesen, bei der Wahl Odo de Lagerys «contra canones» gehandelt zu haben, weil sie mit dem Kardinalbischof von Ostia einen Bischof zum Papst erhoben hatten.[6] Dieser nannte sich Urban II. (1088–1099), erfand die Kreuzzüge und wurde trotz seiner eigentlich ungültigen Wahl seliggesprochen.

Die Vorschriften des Konzils von Nizäa wurden nie explizit aufgehoben. Wie sollte man auch eine feierliche Entscheidung des kirchlichen Lehramtes verändern? Das ist nach der Doktrin von der ununterbrochenen Einheitlichkeit und Widerspruchsfreiheit der kirchlichen Lehre kaum möglich. Faktisch aber wurde das Translationsverbot bald fortwährend missachtet: Seit dem Hochmittelalter gab es kaum noch einen Papst, der nicht durch den Wechsel auf den römischen Bischofsstuhl Ehebruch mit seinem ursprünglichen Bistum beging, mit dem er doch durch ein sakramentales Band als *sposo*, als Bräutigam, unauflösbar verbunden blieb.

Im Laufe der Neuzeit wurden aber immerhin noch sieben Kardinäle zum Papst gewählt, ohne dass sie vorher die Bischofsweihe empfangen hatten: Pius III. (1503), Leo X. (1513–1521), Clemens VIII. (1592–1605), Clemens XIV. (1769–1774), Pius VI. (1775–1799) und schließlich Gregor XVI. (1831–1846). Dies war bis zu den Reformen Johannes' XXIII. (junior) ohne Umstände möglich, weil bis dahin nicht jeder Kardinal automatisch Bischof sein musste.

## Warum es doch keine Päpstin gab

Im Zusammenhang mit der Frage, wer überhaupt zum Papst gewählt werden kann, ist selbstredend auch das Geschlecht des Papstes anzusprechen. Die «Mulier Papa» (Elisabeth Gössmann), der weibliche Papst, spielt eine große Rolle bei den teilweise heftigen Diskussionen über die Zulassung von Frauen zu kirchlichen Ämtern. Bücher, die zu Bestsellern wurden, Spielfilme, die ein Millionenpublikum in die Kinos lockten, und TV-Dokumentationen mit hervorragenden Einschaltquoten machten eine Frau weit über den kirchlichen Bereich hinaus weltberühmt: die angebliche Päpstin Johanna. Ihre Legende ist rasch erzählt: Im Frühjahr 858 leitete Papst Johannes VIII. eine Prozession in der Nähe des Lateranpalastes. In einer Gasse geriet der Zug ins Stocken. Der Papst stürzte zu Boden und gebar unter heftigen Geburtswehen mitten auf der Straße ein Kind – denn er war eine Frau.

Johanna stammte der Legende zufolge aus der Nähe von Mainz und erhielt von ihrem Vater, einem Priester, eine gründliche Bildung in den klassischen Sprachen, in Philosophie und Theologie, sodass sie als junger Mann verkleidet zum Studium nach Athen gehen konnte. Danach kam sie als «Johannes Anglicus» nach Rom, wo sie wegen ihres Wissens und ihrer Tüchtigkeit eine glänzende Karriere an der Kurie machte. Im September 855 wurde Johannes Anglicus zum Nachfolger von Leo IV. gewählt und nannte sich Johannes VIII. In ihrem zweieinhalbjährigen Pontifikat soll die Päpstin zahlreiche Liebschaften gehabt haben. Ihre Schwangerschaft konnte sie aber unter den päpstlichen Gewändern gut verstecken. Nach der Niederkunft während der Prozession soll sie schließlich von der aufgebrachten und sich betrogen fühlenden Volksmenge gesteinigt worden sein.

Es handelt sich um eine gute Geschichte, die aber nichts anderes als eine Erfindung ist. Gründliche historische Studien, auch und gerade von evan-

*Legende von der Päpstin Johanna: Papst Johannes VIII. kommt während einer Prozession zu Fall und gebiert als Päpstin Johanna ein Kind, wie dieser Stich aus dem sechzehnten Jahrhundert illustriert.*

gelischen Historikern, haben die Existenz einer Päpstin Johanna eindeutig widerlegt. Von den zahlreichen Belegen, die gegen die Historizität der Päpstin sprechen, seien hier nur zwei angeführt. Zum einen: Wenn es im April 858 tatsächlich zu dem geschilderten Skandal erster Ordnung gekommen wäre, hätte sich dieser einmalige Vorfall in zeitgenössischen Quellen niederschlagen müssen. Das ist aber nicht der Fall. Vielmehr taucht die Legende vom weiblichen Papst erst vierhundert Jahre später in der Mitte des dreizehnten Jahrhunderts auf. Zum anderen weist die Papstliste an der Stelle, an der man die Päpstin Johanna einschieben will, keine Lücken auf. Für sie ist schlicht kein Platz. Auch der Versuch, ihr Pontifikat zu verschieben und Johannes VIII. (872–882) mit Johanna gleichzusetzen, vermag nicht zu überzeugen.[7]

Damit ist der historische Präzedenzfall des Frauenpapsttums nicht gegeben. Auch kirchenrechtlich scheint kein Weg zu einem passiven Wahlrecht von Frauen bei der Papstwahl zu führen. Da nach der von Johannes Paul II. eingeschärften Lehre nur Männer zum Priester geweiht werden können und der zum Papst Gewählte die Bischofsweihe empfangen muss, können Frauen nicht gewählt werden.

## Selbstverständlich nur Kardinäle

In der geltenden Papstwahlordnung von 1996 finden sich bezeichnenderweise keinerlei ausdrückliche Bestimmungen über das passive Wahlrecht, von Frauen als möglichen Kandidaten ist schon gar nicht die Rede. Vielmehr geht Johannes Paul II. davon aus, dass der nach Auszählung der Stimmen mit qualifizierter Mehrheit gewählte Kandidat in der Regel im Konklave selbst anwesend ist, denn sonst könnte man ihn nicht unmittelbar fragen: «Nimmst du deine kanonische Wahl zum Summus Pontifex an?»[8] Das kann aber nur ein Kardinal sein, weil allen anderen Personen der Zutritt zum Wahlakt selbst verboten ist. Und jeder Kardinal muss seit den Vorschriften Johannes' XXIII. auch die Bischofsweihe empfangen haben.

Für den unwahrscheinlichen Fall, dass «der Gewählte sich außerhalb der Vatikanstadt befindet», sieht die Wahlordnung *Universi Dominici gregis* vor, dass der Substitut des Staatssekretariates diesen geheim aufsucht und möglichst rasch zur Sixtinischen Kapelle bringt.[9] «Soziale Kommunikationsmittel» darf er aus Gründen der Geheimhaltung nicht einsetzen.[10] Telefon, Telefax, E-Mail oder SMS sind also verboten. Der Substitut muss sich daher «persönlich» zum Gewählten begeben, auch wenn er sich gerade am Ende der Welt aufhalten sollte. Bis zu seiner Ankunft wird das Konklave fortgesetzt. Nach der erhofften Annahme der Wahl muss geprüft werden, ob der Gewählte bereits die Bischofsweihe empfangen hat. Falls «dem Erwählten der bischöfliche Charakter noch fehlt», ist ihm, sobald er nach Rom kommt, vom Kardinaldekan umgehend die Bischofsweihe zu spenden.[11]

Es ist nach *Universi Dominici gregis* also zumindest theoretisch möglich, einen Nichtkardinal, ja sogar einen Nichtbischof zum Papst zu wählen. Die Praxis aber sieht anders aus. Kandidaten sind faktisch nur die Kardinäle – also allesamt Bischöfe, die entweder irgendwo in der Welt einem Bistum vorstehen oder an der Kurie tätig sind – und sonst niemand. Benedikt XVI. spricht in seinen Ergänzungen des Reglements Johannes Pauls II. aus dem Jahr 2007 sogar ausdrücklich davon, dass im Falle einer notwendig werdenden Stichwahl «nur noch die beiden Kardinäle, die im Skrutinium die größte Anzahl von Stimmen erhalten haben, das passive Wahlrecht besitzen sollen» und für diesen letzten Wahlgang zugleich das aktive verlieren.[12]

Tatsächlich sind seit sechseinhalb Jahrhunderten ausschließlich Kardinäle Papst geworden. Der letzte Nichtkardinal war 1378 der Kurienerzbischof Bartolomeo Prignano, der als Urban VI. das große Abendländische Schisma verursachte. Im Mittelalter und der Frühen Neuzeit wurden meistens Vertreter höherer Schichten, in der Regel Adlige, zum Papst gewählt. Soziale Aufsteiger waren eher die Ausnahme. Diese stammten dann meistens aus einer der großen kirchlichen Ordensgemeinschaften, waren etwa Benediktiner oder Franziskaner. Franziskus hingegen ist der erste Papst aus dem Jesuitenorden.

In der Frühen Neuzeit hat man aufgrund der engen sozialen Verflechtungen in der römischen Mikropolitik und des ausgeprägten Patronagewesens sogar davon gesprochen, dass nicht eine bestimmte Person Papst geworden sei, sondern eine Familie den Papstthron bestiegen habe. Erst nach der Französischen Revolution kam es zu einer Entfeudalisierung des Papsttums, die auch Kandidaten bürgerlicher Herkunft den Aufstieg zum Papstamt ermöglichte. Eine solide theologische und kirchenrechtliche Ausbildung und praktische Erfahrungen in der Seelsorge, die über viele Jahrhunderte nur bedingt eine Rolle gespielt hatten, wurden seit dem neunzehnten Jahrhundert zur unverzichtbaren Voraussetzung für eine erfolgreiche Kandidatur. Hier lassen sich immerhin erste Ansätze für eine Professionalisierung des Papstamtes erkennen.

Der Wortlaut der Konstitution Johannes Pauls II. legt des Weiteren nahe, dass ein Papstkandidat mindestens die Priesterweihe empfangen haben muss. Von Laien und Diakonen ist explizit nicht die Rede. Im *Ordo Rituum Conclavis* fehlen ebenso wie in *Universi Dominici gregis* Vorschriften zu Kandidaten, die weder zu Diakonen noch zu Priestern geweiht sind.

Pius XII. (1939–1958) hatte dagegen in Paragraf 107 seiner Papstwahlordnung *Vacantis Apostolicae Sedis* vom 8. Dezember 1945 die Möglichkeit der Wahl eines Laien noch ausdrücklich berücksichtigt und zusätzlich 1957 erklärt: «Wenn ein Laie zum Papst gewählt wird, kann er die Wahl nur unter der Bedingung annehmen, dass er geeignet ist, die Weihen zu empfangen, und auch gewillt, sich weihen zu lassen.»[13] Damit kann prinzipiell jeder männliche, getaufte, nicht verheiratete Laie, der geeignet und bereit ist, das Sakrament der Weihe in seinen drei Stufen – Diakon, Priester, Bischof – zu empfangen, Papst werden.

Da der Gewählte die Bischofsweihe empfangen können muss, müssten dafür eigentlich die einschlägigen Bedingungen des allgemeinen Kirchenrechts gelten. Diese sind im *Codex Iuris Canonici*, dem derzeit gültigen kirchlichen Gesetzbuch von 1983, geregelt:

«Hinsichtlich der Eignung der Kandidaten für das Bischofsamt wird gefordert, dass der Betreffende

1. sich auszeichnet durch festen Glauben, gute Sitten, Frömmigkeit, Seeleneifer, Lebensweisheit, Klugheit sowie menschliche Tugenden und die übrigen Eigenschaften besitzt, die ihn für die Wahrnehmung des Amtes, um das es geht, geeignet machen;
2. einen guten Ruf hat;
3. wenigstens fünfunddreißig Jahre alt ist;
4. wenigstens seit fünf Jahren Priester ist;
5. den Doktorgrad oder wenigstens den Grad des Lizentiaten in der Heiligen Schrift, in der Theologie oder im kanonischen Recht an einer vom Apostolischen Stuhl anerkannten Hochschuleinrichtung erworben hat oder wenigstens in diesen Disziplinen wirklich erfahren ist.»[14]

Im Falle der Papstwahl wird jedoch, wie neuere kirchenrechtliche Studien betonen, nur bedingt auf diese Kriterien Rücksicht genommen. Insbesondere die Vorschrift, dass der Kandidat seit fünf Jahren Priester sein muss, findet keine Anwendung. Vielmehr wird dem entsprechenden Kandidaten die Bischofsweihe, falls er sie noch nicht empfangen hat, ohne viel Federlesens erteilt.

Insgesamt ist die von Johannes Paul II. erlassene Papstwahlordnung bemüht, die Bedeutung der Bischofsweihe herauszustellen. Im *Codex Iuris Canonici* aus dem Jahr 1917 – dem Vorgänger des kirchlichen Gesetzbuches von 1983 – hatte es in Kanon 219 noch geheißen, es sei göttlichen Rechts, dass der Papst mit der gültig vollzogenen Wahl unmittelbar die höchste und volle Jurisdiktionsgewalt erlange. Die geltende Papstwahlordnung *Universi Dominici gregis* bestätigt diese Glaubenslehre selbstredend, bindet aber die Annahme der Papstwahl und die Bischofsweihe disziplinarisch eng zusammen. Das dahinterstehende Bemühen, den bischöflichen Charakter der Papstgewalt zu unterstreichen, führt allerdings ebenso wie die fehlende Erwähnung der Diakonen- und Priesterweihe in den entsprechenden Nummern 63 bis 65 des *Ordo Rituum Conclavis* von 2000 zu einem Verschweigen der an sich weiterhin bestehenden Möglichkeit, dass auch Diakone oder männliche Laien prinzipiell zum Papst gewählt werden können. Eine Tendenz zur Klerikalisierung respektive Episkopalisierung ist jedenfalls klar erkennbar.

Trotz dieser verbleibenden Minimalchance: Fakt ist, dass seit Langem stets ein Kardinal, der bereits Bischof ist, zum Papst gewählt wird. Auch die Spekulationen in Presse und Fernsehen über die einschlägigen Listen mit den Papabili, den aussichtsreichsten Kandidaten, enthalten regelmäßig ausschließlich Namen von Kardinälen. Damit wird der Bruch, der sich in der Geschichte der Papstwahlen seit dem neunten Jahrhundert im Hinblick auf das passive Wahlrecht vollzogen hat, noch einmal deutlich. Ursprünglich war eine vorhandene Bischofsweihe das entscheidende Hindernis für die Papstwahl, heute erscheint sie faktisch als Voraussetzung. Ursprünglich galt das Eheband zwischen Bischof und Diözese als unauflöslich, heute sind «Zweit- und Drittehen» bei Bischöfen und auch beim Papst die Regel. Ursprünglich stammten die Bischöfe von Rom zumeist aus dem Klerus (Priester und Diakone) der römischen Gemeinde, heute spielt dieser Aspekt keine Rolle mehr.

Ein Gutes hat der Bruch mit den Vorschriften des Konzils von Nizäa immerhin: Ein ehrgeiziger Kardinal, der anderswo bereits Bischof ist und Bischof von Rom und damit Papst werden will, braucht zumindest keine schaurige Leichensynode mehr abzuhalten, um sein Ziel zu erreichen.

# 3. Wo wird der Papst gewählt?

# Die Erfindung des Konklaves

Viterbo, Papstpalast, 29. November 1268. Papst Clemens IV. ist nach einem Pontifikat von knapp vier Jahren gestorben. Der Papst hat sich häufig in der etwa achtzig Kilometer nördlich von Rom im Latium gelegenen Stadt Viterbo in seinem dortigen Palazzo aufgehalten. Um sich endgültig vom Einfluss der Staufer zu befreien, hat er die Kirche und das Papsttum an Frankreich angenähert. So belehnte er den Franzosen Karl I. von Anjou mit dem ehemals von den Staufern gehaltenen Neapel und billigte die Ermordung des letzten Staufers, des jugendlichen Konradin, im Oktober 1268 – vielleicht gab er sogar den Auftrag dazu? Diese frankophile Politik war im Kardinalskollegium umstritten.

Wie damals üblich, findet die Papstwahl nun an dem Ort statt, an dem der Vorgänger gestorben ist und wo sich zumeist auch dessen Hofstaat und die meisten Kardinäle befinden. Die zwanzig Purpurträger – das entspricht der damals üblichen Zahl – versammeln sich deshalb ab Mitte Dezember in der Kathedrale von Viterbo, um einen neuen Papst zu wählen oder zumindest so zu tun. Die meisten von ihnen residieren ebenfalls vor Ort und verfügen dort über ansehnliche Stadtpaläste, in denen es sich gut leben und Hof halten lässt. Sie können und wollen sich aber nicht auf einen Nachfolger des Apostelfürsten Petrus einigen. Ghibellinen und Guelfen, Stauferanhänger und Staufergegner blockieren sich gegenseitig. Die Eminenzen sind zudem massivem Druck von außen ausgesetzt, vor allem durch die Gesandten Frankreichs und anderer Mächte. Die Diplomaten aus aller Herren Länder geben sich in den Kardinalspalästen im wahrsten Sinne des Wortes die Klinke in die Hand. Versprechungen werden gemacht, Drohungen ausgesprochen, Säckchen mit Gold und Edelsteinen wechseln den Besitzer.

Also begeben sich die Kardinäle weiterhin täglich in die Kathedrale und tun so, als ob sie einen Papst wählen wollten, kehren nach kurzer Zeit unverrichteter Dinge in ihre Paläste zurück und lassen es sich gut gehen. Insbesondere tun sie sich an den Einkünften des Kirchenstaates gütlich, die eigentlich dem Papst zukommen. Je länger es keinen Papst gibt, desto mehr können die Eminenzen diese Privilegien genießen. Auch aus eigennützigen Gründen haben sie es nicht eilig, mit dem Wahlgeschäft an ein Ende zu kommen.

*Nachdem die Kardinäle drei Jahre lang erfolglos versucht haben, einen Papst zu wählen, lässt der Stadtpräfekt von Viterbo sie im Papstpalast einschließen, das Dach abdecken und ihnen Nahrung und Wasser entziehen. Unter der sengenden Hitze Mittelitaliens konnte so nach 1006 Tagen im Jahr 1271 ein neuer Papst gewählt werden: Das Konklave war erfunden.*

Als die Sache sich bereits über eineinhalb Jahre hinzieht und die Christenheit weiter sehnlichst auf einen Papst wartet, wird es den Stadtvätern von Viterbo zu bunt, die freilich auch nicht völlig uneigennützig handeln. Inzwischen sind bereits drei Papstwähler verstorben, einer hat sich abgesetzt, sodass nur noch sechzehn Kardinäle übrig sind. Im Juli 1270 lässt der Stadtpräfekt in einem ersten Schritt die Stadttore schließen. Damit soll verhindert werden, dass weitere Eminenzen aus Viterbo verschwinden und die Papstwahl ohne Ergebnis endet. So haben auch die politischen Gesandten keinen Zugang mehr zu den Papstwählern, womit die Kardinäle keinem Druck von außen mehr ausgesetzt sind.

Als diese Maßnahme keinen Erfolg zeigt, werden die sechzehn Kardinäle im Herbst 1270 mit sanfter Gewalt in den Papstpalast verbracht und dort streng bewacht. Jeder Kontakt mit der Außenwelt wird verhindert. Doch weiterhin vergeht ein Monat nach dem anderen ohne Ergebnis. Die sechzehn Eminenzen lassen sich Tag für Tag erlesene Speisen und ausgesuchte Weine liefern, an Geld mangelt es ihnen schließlich nicht. Daher beschließt man im Frühjahr 1271, die Versorgung mit Lebensmitteln zu verringern. Die Zeiten der Gelage sind vorbei. Als es im Sommer 1271 nach mehr als zweieinhalb Jahren immer noch keinen Papst gibt, werden die Kardinäle auf Wasser und Brot gesetzt und all ihre Einkünfte konfisziert. Aber auch das hat keine Wirkung. Daraufhin decken wütende Einwohner von Viterbo Anfang August das Dach des Papstpalastes ab, in dem die Kardinäle eingeschlossen sind. Die Eminenzen sind nun schutzlos den Unbilden der Witterung ausgesetzt, Wind, Regen und vor allem der erbarmungslosen Sommersonne Mittelitaliens. Als auch das die Wahl nicht beschleunigt, entzieht man ihnen das Brot und schließlich auch das Wasser. Und durch das wundersame Wirken des Heiligen Geistes, wie es später spöttisch heißt, wird nach genau 1006 Tagen der Sedisvakanz am 1. September 1271 mit Tedaldo Visconti, dem Erzdiakon von Lüttich, ein Nichtkardinal zum Papst gewählt. Dieser befindet sich gerade auf Pilgerfahrt im Heiligen Land, und es dauert Monate, ihn zu verständigen, sodass Visconti erst im Laufe des folgenden Jahres sein Amt als Gregor X. (1271–1276) antreten kann. Die längste Papstwahl der Kirchengeschichte ist damit zu Ende und das Konklave als idealer Ort der Papstwahl erfunden – jedenfalls nimmt die Stadt Viterbo dieses Patent bis heute für sich in Anspruch.[1]

## Die Regeln für das Konklave von 1274

Das Konklave als von der Außenwelt abgeschlossener Ort, als ein *con clavis*, mit Schlüsseln verschlossener Raum, stammt jedoch ursprünglich nicht aus dem kirchlichen Bereich. Es etablierte sich zunächst bei der Besetzung wichtiger Stadtämter in norditalienischen Kommunen. Nachdem auf ganz unterschiedliche Weise von der Stadtbevölkerung, den Gilden oder dem Rat Wahlmänner bestimmt worden waren, wurden diese für den eigentlichen Wahlakt in einen Raum eingeschlossen, um frei von äußeren Einflüssen, nur ihrem Gewissen verpflichtet, den besten Kandidaten wählen zu können. Solche weltlichen Konklaven sind, wie der Mediävist Hagen Keller gezeigt hat, für das zwölfte Jahrhundert beispielsweise in Pisa und Genua bezeugt. Aber auch der Doge von Venedig wurde damals in einem Konklave bestimmt.

Als Vorform eines Konklaves gilt die Wahl Coelestins IV. im Jahr 1241. Es gab damals nur zehn untereinander äußerst zerstrittene Kardinäle, die sich nicht auf einen Papst einigen konnten. Anhänger der beiden mächtigsten Familien Roms, der Orsini und der Colonna, hielten sich im Heiligen Kollegium die Waage und blockierten sich gegenseitig. Daraufhin ließ Matteo Orsini, der mächtigste Mann Roms, die Kardinäle in einem Palast auf dem Palatin ohne allen Komfort einschließen. Er hoffte, dieser Druck und die Angst vor weiteren Zwangsmaßnahmen würden die Eminenzen dazu bewegen, einen Orsini auf den Stuhl Petri zu erheben. Doch drei Monate lang passierte nichts. Als dann auch noch ein Kardinal starb, wählten die Kardinäle schließlich doch, aber mit Goffredo Castiglione einen Anhänger der Colonna, der allerdings gut zwei Wochen nach seiner Wahl bereits verstarb. Es dauerte dann fast zwei Jahre, bis sich die Kardinäle in langen Verhandlungen in Anagni – ohne Konklave – auf Innozenz IV. (1243–1254) als neuen Papst einigen konnten.

Gregor X. jedenfalls zog aus seiner eigenen, fast drei Jahre dauernden Wahl zum Papst umgehend Konsequenzen. Er ließ auf dem Zweiten Ökumenischen Konzil von Lyon 1274 das Konklave als den einzig legitimen «Ort», an dem der Papst gewählt werden konnte, verbindlich vorschreiben. In der fünften Sitzung vom 16. Juli 1274 verabschiedete das Konzil die Konstitution *Ubi periculum*, mit der die Gefahr weiterer lang andauernder Sedisvakanzen durch die verpflichtende Einführung des Konklaves gebannt werden sollte:

«Wo man eine große Gefahr erkennt, dort muss man ohne Zweifel entschieden eingreifen. Welchen schweren Schaden eine lang andauernde Vakanz der römischen Kirche bedeutet, wie viele und große Gefahren dahinter lauern, lehrten ein Blick in die Vergangenheit und eine sorgfältige Betrachtung ihrer Krisen. … Deshalb hegen wir die Absicht, bei den Bestimmungen zur Vermeidung von Uneinigkeit bei der Wahl des römischen Bischofs die Lücken, die sich in der Erfahrung gezeigt haben, mit der jetzigen Konstitution zu schließen, … und bestimmen mit Billigung des heiligen Konzils: Stirbt der Papst in der Stadt, in der er mit seiner Kurie residierte, so sind die in dieser Stadt anwesenden Kardinäle gehalten, nur zehn Tage auf die abwesenden Kardinäle zu warten.»

Nach dieser Einleitung folgen die entscheidenden Vorschriften für das Konklave, die im Wesentlichen bis Ende des zwanzigsten Jahrhunderts in Geltung blieben. «Nach Ablauf dieser Frist versammeln sich alle – unabhängig davon, ob die Abwesenden gekommen sind oder nicht – sofort im Palast, den der Papst bewohnt. Jeder begnügt sich jeweils mit nur einem Diener, einem Kleriker oder Laien seiner Wahl. Denen, die aus offensichtlicher Notlage darauf angewiesen sind, zwei Diener zu haben, gestatten wir sie unter gleicher Wahlfreiheit. Im Palast bewohnen alle gemeinsam ein einziges Gemach[2] ohne Zwischenwand oder sonstige Abtrennung. Unter Wahrung des freien Zugangs zur Toilette wird das Gemach von allen Seiten so verschlossen, dass es niemand betreten oder verlassen kann. Niemand erhält Zugang zu den Kardinälen oder Gelegenheit, mit ihnen Geheimgespräche zu führen. Umgekehrt lassen auch sie keine Besucher zu, mit Ausnahme derer, die mit Einverständnis aller dort anwesenden Kardinäle und nur in Angelegenheiten der bevorstehenden Wahl gerufen werden. Es ist niemandem erlaubt, den Kardinälen oder einem von ihnen eine Nachricht oder ein Schriftstück zu schicken. Wer zuwiderhandelt, indem er ein Schriftstück oder eine Nachricht schickt oder mit einem von ihnen ein Geheimgespräch führt, ist *ipso facto* exkommuniziert.»

Auch die Versorgung der Papstwähler wurde genau geregelt: «Im besagten Konklave belässt man ein passendes Fenster, durch das man den Kardinälen bequem das Lebensnotwendige reichen kann, ohne dass es jemandem den Zutritt zu ihnen ermöglicht. Sollte drei Tage nach dem besagten Einzug der Kardinäle in das Konklave noch kein Hirte für die Kirche bestellt worden sein – es sei ferne! –, dann müssen sie sich an jedem der nächsten fünf Tage beim Mittag- und Abendessen mit einem einzigen Gang zufriedengeben. Ist nach Ablauf dieser Frist die Besetzung immer noch nicht erfolgt, wird ihnen von da an nur noch Brot, Wein und Wasser gereicht, bis die Besetzung erfolgt ist. Solange das Besetzungsverfahren noch in der Schwebe ist, erhalten die Kardinäle nichts von der päpstlichen Kasse noch von anderen Einkünften, die der römischen Kirche während der Vakanz irgendwoher zufließen.»

Die rasche Wahl eines neuen Papstes muss das Einzige sein, worum es den Eminenzen gehen darf. «Die Kardinäle konzentrieren sich auf die Beschleunigung des Besetzungsvorgangs so sehr, dass sie sich auf keine andere Aufgabe einlassen, es sei denn, es träte eine so schwere Notlage ein, dass sie Maßnahmen zur Verteidigung des Territoriums der römischen Kirche oder eines Teils davon treffen müssten, oder es drohte eine so große, so offensichtliche Gefahr, dass alle einzelnen anwesenden Kardinäle einmütig beschlössen, man müsse ihr rasch begegnen. Hat ein Kardinal das Konklave nicht im beschriebenen Sinn betreten oder es nach dem Betreten ohne ersichtliche Krankheit wieder verlassen, schreiten die übrigen Kardinäle, ohne sich um seine Abwesenheit zu kümmern und ohne ihn überhaupt noch zum laufenden Wahlvorgang zuzulassen, in Freiheit zur Wahl des neuen Papstes.» Auch für den Fall, dass der römische Bischof außerhalb der Stadt, in der er mit seiner Kurie residierte, starb, waren die Kardinäle «gehalten, sich in der Stadt, in dessen Gebiet oder Bezirk der Papst gestorben ist, zu versammeln». Ansonsten galten für das Konklave dieselben Bestimmungen wie beschrieben.

Um das Konklave und seine strengen Regeln notfalls auch gegen renitente Kardinäle durchzusetzen, nahm Gregor X. die städtischen Obrigkeiten in die Pflicht. «Da es zu wenig ist, Recht zu setzen, wenn es niemanden gibt, der darüber wacht, bestimmen wir zusätzlich: Der Stadtobere sowie die übrigen Ratsherren und Beamten der Stadt, in der die Wahl des Papstes gefeiert werden soll, sorgen kraft der ihnen durch unsere Vollmacht und die Billigung dieses Konzils übertragenen Gewalt ohne List und Tücke dafür, dass alle einzeln aufgeführten Bestimmungen voll und ganz beachtet werden, ohne jedoch die Kardinäle über die erlassenen Bestimmungen hinaus einzuengen. Über die Beachtung dieser Bestimmungen legen sie, unmittelbar nachdem ihnen der Tod des Papstes zu Gehör gekommen ist, persönlich einen Eid vor dem zu diesem Zweck eigens versammelten Klerus und Volk der betreffenden Stadt ab. Gehen sie in den obigen Bestimmungen oder im Zusammenhang damit mit List vor oder halten sie diese nicht gewissenhaft ein, sind sie – unabhängig von Vorrang, Stellung oder Stand – unter Verlust aller Privilegien *eo ipso* exkommuniziert. Sie verlieren auf Dauer ihre Ehrenrechte, haben keinen Zugang mehr zu einer Dignität und werden zu keinem öffentlichen Amt mehr zugelassen. Darüber hinaus verlieren sie nach unserem Entscheid *ipso facto* alle Lehen und anderen Güter sowie alles Übrige, was sie von der römischen Kirche oder von sonstigen Kirchen besitzen. ... Die betreffende Stadt verfällt nicht nur dem Interdikt, sondern geht auch der bischöflichen Würde verlustig.»

Abschließend richtet die Konstitution einen eindringlichen Appell an die Kardinäle selbst: «Wenn im Übrigen ein ungeordneter Affekt den freien Willen gefangen hält oder eine zwingende Verpflichtung ihn zu einer bestimmten Entscheidung drängt, ist eine Wahl hinfällig; denn die Wahlfreiheit ist genommen. Deshalb beschwören wir die Kardinäle ‹bei der barmherzigen Liebe unseres Gottes› und bitten sie inständig um seines vergossenen kostbaren Blutes willen, sie mögen mit großer Aufmerksamkeit die ihnen obliegende Aufgabe bedenken, wenn es um die Kreierung des Stellvertreters

*Ein Betstuhl, ein Kreuz und ein achtzig Zentimeter breites Eisengestell als Bett: Mehr Komfort war den im Konklave eingeschlossenen Kardinälen bis 1978 nicht vergönnt, wie diese Fotografie der Zelle eines Kardinals vom Konklave, das zur Wahl Johannes Pauls II. führte, deutlich macht.*

Christi, des Nachfolgers Petri, des Lenkers der universalen Kirche und des Leiters der Herde des Herrn geht. Ohne alle ungeordnete persönliche Leidenschaft und unter Ausschluss allen Zwangs durch einen Vertrag, eine Übereinkunft oder Verpflichtung, und ohne jede Rücksicht auf eine Absprache oder Vereinbarung sollen die Kardinäle bei ihrer Überlegung den Blick nicht auf sich selbst oder die Ihren richten, nicht das Ihre suchen und nicht auf ihren persönlichen Vorteil bedacht sein. Vielmehr sind sie in ihrer Wahlentscheidung niemandem verpflichtet als Gott allein. Nur auf die Wahl konzentriert, sollen sie lauteren und freien Sinnes uneingeschränkt das öffentliche Wohl verfolgen, mit größtmöglichem Einsatz und Eifer nur darauf bedacht, durch ihren Dienst die nützliche und für die ganze Welt notwendige Wahl zu beschleunigen, indem sie der Kirche baldmöglichst einen geeigneten Bräutigam geben. Zuwiderhandelnde unterliegen der göttlichen Strafe. Ihre Schuld kann nur durch schwere Buße, die dafür getan wird, getilgt werden.»

Schließlich werden alle Wahlkapitulationen, also schriftliche Verträge mit Zugeständnissen für den Fall eines Wahlsieges, unter strengste Strafe gestellt. «Nichtsdestoweniger erklären wir alle Verträge, Übereinkünfte, Verpflichtungen, Absprachen und Vereinbarungen, seien sie eidlich oder sonst wie bekräftigt worden, für null und nichtig. Sie haben nach unserer Entscheidung keinerlei bindende Kraft, sodass niemand zu ihrer Befolgung in irgendeiner Form verpflichtet ist, noch jemand wegen ihrer Übertretung den Makel des Treubruchs befürchten muss.»[3]

Damit war 1274 das Konklave als der Ort der Papstwahl eingeführt. Die Frage nach einem abschließbaren Raum stellte sich ohnehin erst nach dem Papstwahldekret von 1059. Denn erst seither waren die Kardinäle und damit eine überschaubare, klar abgrenzbare Personengruppe die einzig legitimen Papstwähler, obwohl auch die Wahl durch Klerus und Volk oder die Designation des Papstes durch den Kaiser immer noch vorkamen.

Die Einführung des Konklaves scheint auf den ersten Blick eine einzige Erfolgsgeschichte zu sein. Es erfüllte immer wieder seinen Hauptzweck, sich endlos hinziehende Papstwahlen und Sedisvakanzen zu verhindern. Tatsächlich dauerten die letzten beiden Papstwahlen 2005 und 2013 nur zwei Tage. Johannes Paul I. wurde 1978 bereits am ersten Tag gewählt. Johannes Paul II. brauchte bei der zweiten Papstwahl dieses Jahres drei Tage. Keines der letzten zwölf Konklaven seit der Wahl Pius' IX. 1846 nahm mehr als vier Tage in Anspruch.

Aber trotz der strengen Regelung von 1274 gab es auch weiterhin lange sich hinziehende Papstwahlen. Als das Dekret *Ubi periculum* zunächst noch nicht angewandt wurde, dauerten einige der folgenden Wahlen wieder ein halbes Jahr oder deutlich mehr. Coelestin V. ging aus dem Konklave von 1294 erst nach 828 Tagen als Papst hervor. Am Beginn des vierzehnten Jahrhunderts gab es 1304 und 1314 bei den Wahlen Clemens' V. (1305–1314) und Johannes' XXII. (1316–1334) wegen politischer Blockaden im Kardinalskollegium Konklaven, die ein beziehungsweise drei Jahre dauerten. Zwar hatte die Regelung danach bis in die Reformationszeit den erhofften Beschleunigungseffekt – die Wahlen dauerten einen bis höchstens dreizehn Tage –, doch dann erhöhte sich die Dauer bis zur Mitte des neunzehnten Jahrhunderts wieder deutlich auf mindestens drei Wochen bis maximal 180 Tage. Die meisten Konklaven dauerten mehrere Monate. Dies dürfte wesentlich mit der noch zu besprechenden Reform Gregors XV. von 1621 zusammenhängen.

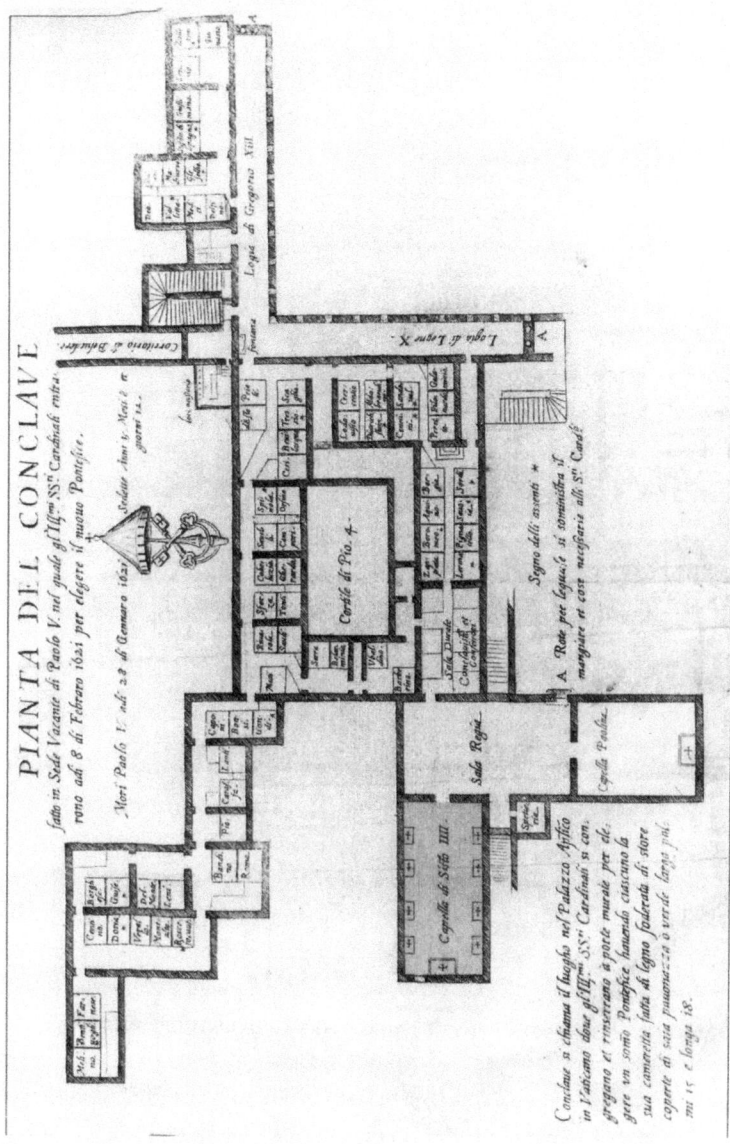

*Dieser Plan von 1621 zeigt den Bereich des Konklaves im Apostolischen Palast des Vatikan mit den kleinen Zellen der Kardinäle. Die Wahl fand bis dahin stets in der Cappella Paolina (unten Mitte Links) und noch nicht in der Sixtina (Links) statt.*

*Der Holzstich zeigt die in der Sixtina versammelten Kardinäle beim Konklave von 1878, aus dem Leo XIII. als Papst hervorging. Ein Kardinal wirft gerade seinen Stimmzettel in den Kelch, der als Urne dient. Über den Sitzplätzen der Eminenzen entlang der Wände sind Baldachine angebracht.*

## Von Viterbo bis zur Sixtina: Der Ort des Konklaves

Die Papstwahlen hatten im Altertum und dem frühen Mittelalter meistens in Rom, dort aber an ganz unterschiedlichen Orten stattgefunden, wobei die Lateranbasilika, Alt-Sankt Peter und andere wichtige römische Kirchen eine zentrale Rolle spielten. Nach 1059 wurde wiederholt auch außerhalb Roms gewählt, so 1088 in Terracina, 1119 in der Abteikirche von Cluny, 1185 in Verona, 1187 in Ferrara und Pisa, 1216 und 1264/65 in Perugia, 1243 in Anagni, 1254 in Neapel, 1261 und von 1268 bis 1271 in Viterbo. Damit fand die Papstwahl meistens an dem Ort statt, an dem der Papst gestorben war.

Nach dem Konzil von Lyon im Jahr 1274 dauerte es, wie bei der Rezeption der meisten kirchlichen Erlasse, eine ganze Weile, bis sich das Konklave als einziger Ort der Papstwahl wirklich etablieren konnte. Für die auf Gregor X. folgenden acht Papstwahlen bis zur Wahl Coelestins V. 1294 ist es eher unwahrscheinlich, dass die Kardinäle wirklich in einem Konklave ein-

geschlossen wurden. Die Vorschriften waren für die Eminenzen so drastisch, dass sie versuchten, bei den Nachfolgern Gregors X. umgehend wieder eine Abschaffung des Konklaves zu erreichen. Damit hatten sie zunächst
offenbar Erfolg.

Nach 1294 etablierte sich das Konklave jedoch fest. Während der Zeit
des Avignonesischen Exils der Päpste vom Beginn des vierzehnten Jahrhunderts bis 1377 fand es jeweils im Papstpalast von Avignon statt. Von der Mitte
des fünfzehnten bis zum Ende des achtzehnten Jahrhunderts bildete der
Apostolische Palast des Vatikan den Rahmen für die Konklaven, wobei der
eigentliche Wahlort zunächst noch nicht die Sixtinische Kapelle, sondern
die Paolina war. Erst im siebzehnten Jahrhundert setzte sich die Sixtina
endgültig durch. Die Konklavereform von 1621 wies dem Jüngsten Gericht
Michelangelos für die Gewissensentscheidung der Kardinäle seither eine
entscheidende Bedeutung zu. Lediglich das Konklave von 1799/1800, aus
dem Pius VII. als Papst hervorging, konnte nicht in Rom abgehalten werden, weil Napoleon den Kirchenstaat besetzt hatte. Deshalb wählten die
Kardinäle unter dem Schutz Österreichs den neuen Papst in Venedig, und
zwar in der Basilika San Giorgio Maggiore. Die vier folgenden Konklaven
1823, 1829, 1830/31 und 1846 fanden wieder in Rom statt, allerdings nicht im
Vatikanischen Palast und der Sixtinischen Kapelle, sondern im Quirinals-
palast, dem heutigen Amtssitz des italienischen Staatspräsidenten, der im
neunzehnten Jahrhundert die Hauptresidenz der Päpste in ihrer Hauptstadt
war. Nachdem italienische Truppen den Kirchenstaat und die Stadt Rom
1870 im Zuge des Risorgimento besetzt hatten, stand der Quirinal den Päpsten nicht mehr zur Verfügung. Ihnen verblieb nur noch der Vatikanische
Palast. Deshalb fanden seit der Wahl Leos XIII. im Jahr 1878 alle Papstwahlen wieder in der Sixtinischen Kapelle statt.

## Die Sakralisierung des Konklaves durch Johannes Paul II.

An der Sixtina als Ort der Papstwahl hielt auch Johannes Paul II. fest, der
1996 trotz aller Beschwörung geheiligter Traditionen eine umfassende Reform der Papstwahl verordnete. Für ihn ist das Konklave der einzige Ort, an
dem der Stellvertreter Jesu Christi auf Erden in einem wahrhaft geistlichen
Akt gewählt werden kann. «Besondere Aufmerksamkeit habe ich der alt-

ehrwürdigen Institution des Konklaves gewidmet: Die Vorschriften hierzu und das Verfahren sind geheiligt und festgelegt durch feierliche Anordnungen vieler meiner Vorgänger. Eine aufmerksame historische Erforschung bestätigt nicht nur wegen der Umstände, die zu ihrer Entstehung geführt haben, die Zweckmäßigkeit dieser Institution, sondern auch ihre bleibende Nützlichkeit für einen geordneten, raschen und geregelten Verlauf des Wahlaktes selbst, vor allem in Phasen von Spannungen und Unruhe.»[4] Johannes Paul II. setzte sich damit ausdrücklich über «Einwände vonseiten der Wissenschaft» hinweg. Er bestätigte das Konklave «trotz des Wissens um die Bewertung des Konklaves durch Theologen und Kirchenrechtler aller Zeiten, die diese Institution einmütig für eine gültige Wahl des Papstes von ihrer Natur her nicht für notwendig erachten».[5] Zugleich nahm er wichtige Neuerungen vor, insbesondere vergrößerte er den Konklavebereich. Das hatte sieben Jahrhunderte lang niemand gewagt.

Konklaven können seit der Reform von 1996 zwar nur noch im Vatikan stattfinden, aber das Konklave ist nicht mehr auf den Vatikanischen Palast begrenzt, sondern wird innerhalb der Vatikanstadt weiter ausgedehnt. «Wenn dieser Staat auch klein ist, so ist er doch ausreichend, um innerhalb seiner Mauern ... jene Abgeschiedenheit und folglich jene Sammlung zu garantieren, die solch eine für die gesamte Kirche lebenswichtige Handlung bei den Wählern erfordert.»[6] Ist schon in diesen Formulierungen die Tendenz zur Spiritualisierung deutlich erkennbar, so wird diese durch die Charakterisierung der Sixtinischen Kapelle, des eigentlichen Wahllokals, explizit gemacht. Unter dem Jüngsten Gericht Michelangelos könnten die Kardinäle «die inneren Eingebungen des Heiligen Geistes» in idealer Weise aufnehmen, so Johannes Paul II.: «Hier trägt alles dazu bei, das Bewusstsein der Gegenwart Gottes zu fördern, vor dessen Angesicht jeder eines Tages treten muss, um gerichtet zu werden.»[7]

Die Möglichkeit, dass der Vatikan durch ein Erdbeben zerstört oder durch feindliche Truppen besetzt werden und somit eine gültige Papstwahl nicht stattfinden könnte, sieht die Konstitution *Universi Dominici gregis* nicht vor, denn dort heißt es lapidar: «Das Konklave für die Wahl des Papstes erfolgt innerhalb des Gebietes der Vatikanstadt.»[8]

Für diese Exklusivität des Vatikan beziehungsweise der Sixtinischen Kapelle spricht ein weiterer Grund, der in der Art und Weise zu suchen ist, wie Johannes Paul II. den Petrusdienst ausübte. Da Johannes Paul II. anders als alle seine Vorgänger viel reiste – Alberto Melloni hat sogar von einem «no-

*Die Papstwahl ist für Johannes Paul II. eine Sache zwischen Gott und den Kardinälen. Deshalb bekräftigt er die Regelung, dass die Kardinäle ihre Stimme im Angesicht des Jüngsten Gerichts Michelangelos in der Sixtinischen Kapelle abgeben müssen.*

madischen Zug des Petrusamtes»[9] gesprochen –, war die Wahrscheinlichkeit eines Ablebens auf Reisen relativ hoch. Schon deshalb kam es nicht mehr infrage, das Konklave am Sterbeort des Papstes abzuhalten. Man stelle sich vor, der Papst würde auf einer kleinen karibischen Insel oder beim Besuch eines Saharastaates in Afrika sterben und es müsste dort eine Papstwahl organisiert werden. Johannes Paul II. wollte durch Rom als einzig möglichen Ort die Unabhängigkeit des Konklaves und seinen reibungslosen Verlauf sichern. Das Problem hatte sich in den Jahrhunderten zuvor praktisch nicht gestellt, weil die Päpste seit dem achtzehnten Jahrhundert Rom so gut wie nicht mehr verließen.

Für die Ausweitung des Konklavebereichs im Vatikan dürften die Erfahrungen der beiden Konklaven von 1978, an denen Johannes Paul II. selbst teilgenommen hatte, eine entscheidende Rolle gespielt haben. Damals zogen die Kardinäle in ein Konklave ein, bei dem nur die Sixtinische Kapelle und die unmittelbar angrenzenden Räumlichkeiten des Vatikanischen Palastes als Aufenthalts- und Schlafräume dienten. Einhundertzwanzig zumeist in fortgeschrittenem Alter stehende Wähler hier angemessen unterzubringen, war unmöglich. Die Betten waren zum Teil nur durch Vorhänge voneinander getrennt. Die sanitären und hygienischen Verhältnisse erwiesen sich als völlig unzureichend. Die Möglichkeit, frische Luft zu schnappen, bestand überhaupt nicht.

Deshalb legte Johannes Paul II. fest, dass in «bestimmten Bereichen und Gebäuden» der Vatikanstadt, die «Unbefugten verschlossen bleiben», für eine «angemessene Unterbringung und einen passenden Aufenthalt der wahlberechtigten Kardinäle» gesorgt werden sollte, und bestimmte das vatikanische Gästehaus Domus Sanctae Marthae als Wohn- und Schlafbereich für die Papstwähler.[10] In diesem als Hotel konzipierten Gebäude, das auf der linken Seite des Petersdoms hinter der Sakristei liegt und an die Vatikanischen Gärten angrenzt, bezieht jeder Kardinal ein Gastzimmer, hier werden auch die gemeinsamen Mahlzeiten eingenommen. Santa Marta wurde dadurch integrativer Bestandteil des Konklaves, wie der Konklaveplan zeigt, der anlässlich der Wahl Benedikts XVI. im Jahr 2005 erstellt wurde, als die neuen Bestimmungen erstmals angewandt wurden. Die Wähler werden mit Bussen die wenigen Hundert Meter von Santa Marta um den Chor der Petersbasilika herum zum Damasushof gefahren, von wo aus sie sich zu den Wahlgängen in die Sixtinische Kapelle begeben. Dabei verlassen sie den Konklavebereich nie. Dieser wird von der Schweizer Garde gesichert.

Angesichts dieser Ausweitung des Konklavebereichs verschärfte Johannes Paul II. die Geheimhaltungspflicht noch einmal in drastischer Weise. Da die Möglichkeiten zur Beeinflussung der Wähler durch die Medien und die Menschen, die – vom Busfahrer bis zum Koch – eigentlich mit der Wahl

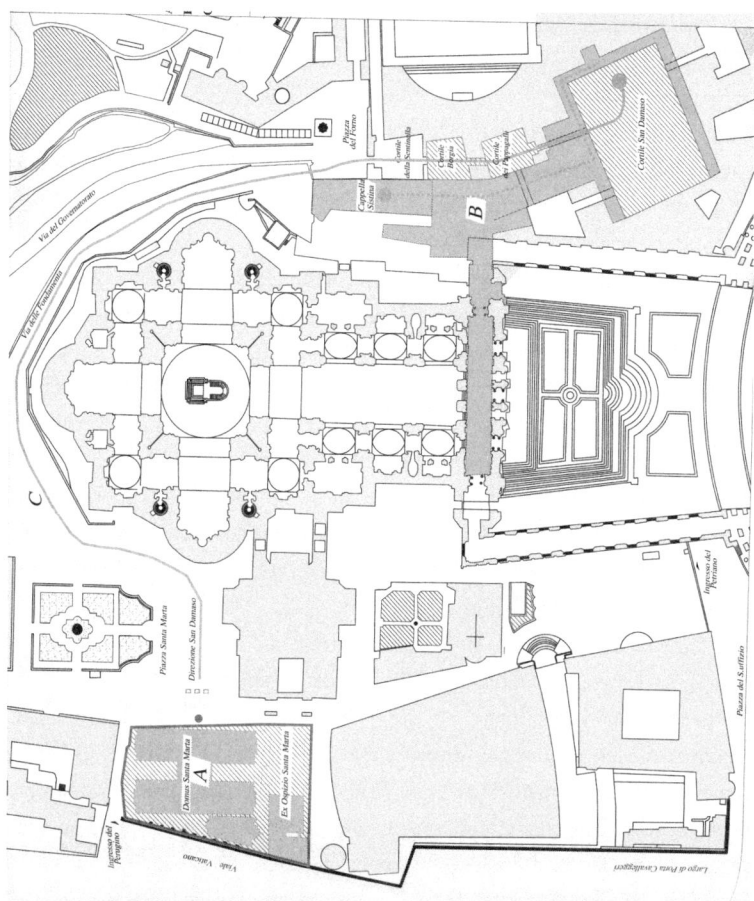

*Johannes Paul II. nahm eine Ausweitung des Konklavebereichs vor. Während er bisher nur Teile des Vatikanischen Palasts mit der Sixtinischen Kapelle umfasste (im Plan mit «B» markiert), gehört heute auch das Gästehaus Santa Marta («A») dazu. In diesem Hotel verfügen die einhundertzwanzig Papstwähler über komfortable Einzelzimmer mit eigenen Bädern. Auch der Weg zwischen Unterkunft und Wahlort («C»), der mit einem Bus zurückgelegt wird, gehört zum geschützten Konklavebereich.*

nichts zu tun haben, bei diesem «aufgeweichten» Konklave größer ist als bei den tatsächlich eingemauerten Kardinälen, wird den vatikanischen Angestellten nachdrücklich verboten, «wenn sie zufällig einem wahlberechtigten Kardinal begegnen, in welcher Form, mit welchem Mittel oder aus welchem Grund auch immer», mit diesem ein Gespräch zu suchen.[11]

Die Eminenzen selbst werden streng ermahnt, «sich bis zur öffentlichen Bekanntgabe der erfolgten Wahl jeglicher brieflicher und telefonischer Korrespondenz oder auch jeglicher Kommunikation nach außen mit welchen Mitteln auch immer» zu enthalten.[12] Gleichzeitig soll «mithilfe zuverlässiger und technisch kompetenter Personen» ein Ausspionieren des Konklaves und der einzelnen Kardinäle durch Wanzen und andere neuere Techniken verhindert werden. Sie haben «strenge Kontrollen vorzunehmen», damit nicht «auf heimtückische Weise audiovisuelle Hilfsmittel zur Wiedergabe und Übertragung nach außen installiert werden».[13] Außer den wahlberechtigten Kardinälen dürfen nach *Universi Dominici gregis* folgende Personen, die nach Ansicht des Papstes für den reibungslosen Verlauf unbedingt notwendig sind, im Konklavebereich anwesend sein: der Sekretär des Kardinalskollegiums, der päpstliche Zeremonienmeister mit zwei Mitarbeitern und zwei Ordensleuten der Päpstlichen Sakristei, ein Kleriker zur Unterstützung des Kardinaldekans, einige Ordenspriester verschiedener Muttersprachen als Beichtväter der Kardinäle, zwei Ärzte für Notfälle, Personal für Tischdienste und Reinigungskräfte.

Diese müssen in einem eigenen Eid einzeln bedingungsloses Stillschweigen versprechen. Er lautet: «Ich, N.N., verspreche und schwöre absolute Geheimhaltung gegenüber allen, die nicht zum Kollegium der wahlberechtigten Kardinäle gehören, und zwar auf ewig, wenn ich nicht eine ausdrückliche Sondererlaubnis des neu gewählten Papstes oder seiner Nachfolger erhalte, über alles, was direkt oder indirekt mit der Wahl und den Abstimmungen für die Wahl des Papstes zu tun hat. Ich verspreche und schwöre überdies, dass ich keinerlei Aufnahmegeräte benutze, sei es zur Registrierung von Stimmen oder von Bildern während der Zeit der Wahl innerhalb des Bereiches der Vatikanstadt, und insbesondere von dem, was direkt oder indirekt irgendwie mit den Wahlhandlungen selber zusammenhängt. Ich erkläre, dass ich diesen Eid in dem Bewusstsein leiste, dass eine Übertretung dessen meiner Person gegenüber zu jenen geistlichen und kanonischen Strafen führen wird, die der zukünftige Papst anzuwenden gedenkt. So wahr mir Gott helfe und diese heiligen Evangelien, die ich mit meiner Hand berühre.»[14]

Lange Zeit wurden die Papstwahlen zumeist als mehr oder weniger schmutziges Wahlgeschäft betrachtet, als eminent politischer Vorgang, in dem es um Macht und Einfluss ging. Das sahen auch die Wähler selbst so. Johannes Paul II. hingegen wollte aus der Papstwahl eine einzige große

Liturgie machen, eine ununterbrochene Folge von Gottesdiensten, von den Totengebeten und der Beisetzung des verstorbenen Papstes über das eigentliche Konklave und die feierliche Verkündigung des Wahlergebnisses auf der Loggia des Petersdoms bis hin zur feierlichen Heiligen Messe zu Beginn des Petrusdienstes auf dem Petersplatz. Deshalb wurde erstmals in der Geschichte für jeden dieser drei Akte – Beisetzung, Neuwahl und Amtseinführung – ein eigenes Rituale, ein liturgisches Buch mit Vorschriften für die jeweiligen Gottesdienste, erlassen. In Anbetracht des «heiligen Charakters» der Papstwahl, so Johannes Paul II., muss diese an einer geeigneten Stätte stattfinden, «an der sich zum einen die liturgischen Handlungen mit den rechtlichen Formalitäten verbinden lassen und es den Wählern zum anderen leichter gemacht werden soll, sich so vorzubereiten, dass sie die inneren Eingebungen des Heiligen Geistes aufnehmen können». Deswegen verfügte er, dass die Wahl weiterhin in der Sixtinischen Kapelle stattfinden sollte, unter dem monumentalen Fresco Michelangelos, dem Jüngsten Gericht. Das ist der Ort, wo der Papst gewählt wird. Dieser und kein anderer. Und damit findet nichts anderes als eine «Sakralisierung des Sitzungsortes» im Konklave statt.[15]

## Von der Beugehaft zum Mysterienspiel

Ursprünglich hatten das Einsperren der Kardinäle in einen Raum und der zunehmende Nahrungsentzug nichts damit zu tun, einen sicheren Landeplatz für den Heiligen Geist zu schaffen oder die Anwesenheit Gottes beim Wahlakt wahrscheinlicher zu machen, weil der Ewige eben besser «im Verborgenen» anwesend sein kann, wie heute nicht selten formuliert wird. Das Konklave war nichts anderes als eine Zwangsmaßnahme für störrische, unbelehrbare Kardinäle – man könnte auch von Beugehaft sprechen. Nur der Entzug von Einkünften, Nahrung und Getränken konnte die Eminenzen dazu bewegen, sich endlich auf einen Kandidaten zu einigen. Die hygienischen Verhältnisse waren oft unerträglich, wie wir aus zahlreichen Berichten konklavegeschädigter Kardinäle wissen. Vor allem im heißen römischen Sommer war die Enge des Konklavebereiches kaum auszuhalten, zumal für ältere, gesundheitlich oft angeschlagene Herren in Purpur, wie detaillierte Konklavepläne plastisch vor Augen führen.

Das blieb bis zu den beiden Papstwahlen des Jahres 1978 so. Durch die Reform von 1996 spielt nach Jahrhunderten die Beugehaft der Kardinäle zur Beschleunigung der Wahl im Grunde keine Rolle mehr, im Gegenteil: Man will es ihnen vielmehr bequem machen. Dafür rücken das Geheimnis des Konklaves und seine Inszenierung in den Vordergrund. In einer medialen Welt, in der alles an die Öffentlichkeit gezerrt wird und selbst geheimste Geheimdienstberichte im Internet von jedermann jederzeit abrufbar sind, ist das Konklave in der Wahrnehmung vieler Menschen der einzige wirklich sakrale Raum, zu dem niemand von außen Zugang hat.

Günther Wassilowsky hat die verschiedenen Dimensionen des «verschlossenen Ortes» anschaulich herausgearbeitet. Zunächst soll «ganz real jede direkte Einflussnahme» von außen ausgeschlossen und so die «Verfahrensautonomie im handgreiflichsten Sinne des Wortes» sichergestellt werden. Ferner verdeckt «die Kommunikationsgrenze des Konklaves» nach außen «Dissens und Störung unter den Wählern und ... markiert distinktive Standesgrenzen zwischen Inkludierten und Exkludierten. Doch über all diese Funktionen hinaus eignet gerade der Geheimhaltung ... auch eine spezifisch religiöse Dimension. Das Geheime ist Zeichen der Anwesenheit Gottes in der Welt.» «Verborgenheit, Mehrdeutigkeit und Nichtwissen» sind Wassilowsky zufolge «Kennzeichen von Transzendenz. Nach außen soll die Abgeschiedenheit des Konklaves signalisieren, dass Gottes Vorsehung im geheimen Innern anwesend und bei der Wahl des Papstes am Werk ist.»[16]

Ohne Konklave bekämen die Gläubigen in der Tat das mitunter schmutzige Wahlgeschäft der Kardinäle hautnah mit. Das Hauen und Stechen, Taktieren und Koalieren nähme den Menschen ihre Illusionen und dem neu gewählten Papst einen großen Teil seiner einmaligen Aura. Es gäbe darüber hinaus vor aller Augen einen oder mehrere Verlierer, und Kardinäle, die auf einen unterlegenen Kandidaten gesetzt hätten, wären womöglich öffentlich blamiert. Nur im verschlossenen Raum kann die Papstwahl das sein, was sie heute ist: die Inszenierung eines großen, einmaligen Geheimnisses. Das macht die Spannung auf dem Petersplatz vor dem «Habemus Papam» letztlich aus, nur das vermittelt auch sonst rational denkenden Menschen weihnachtliche Gefühle. Schon aus diesem Grund müsste man das Konklave erfinden, wenn es dieses nicht schon gäbe. Sein Ursprung als gnadenlose Beugehaft für unbotmäßige Kardinäle ist heutzutage längst in Vergessenheit geraten.

*Die Inszenierung der Papstwahl lebt von der Spannung zwischen geheim und öffentlich. Alles läuft aber auf den entscheidenden Moment hinaus, in dem der neue Papst auf die Loggia des Petersdoms tritt, wie hier Benedikt XVI. am 19. April 2005.*

# 4. Wie wird der Papst gewählt?

# Die Adorationswahl Gian Angelo de' Medicis

Rom, Vatikanischer Palast, 9. September 1559: Hinter den knapp vier Dutzend Kardinälen, die an diesem Tag ins Konklave eingezogen sind, liegen äußerst bewegte Wochen. Der bei einem Großteil der römischen Bevölkerung äußerst verhasste Papst Paul IV. ist nach vierjährigem Pontifikat am 18. August verstorben. Es kommt zu Freudenkundgebungen auf den Plätzen der Ewigen Stadt, die Papstwappen an den öffentlichen Gebäuden werden abgerissen, die Mitglieder der Papstfamilie der Carafa können sich nur mit Mühe in ihren Palästen in Sicherheit bringen. Paul IV. wollte Rom in ein Kloster verwandeln. Bereits in seiner Zeit als Kardinal war er die treibende Kraft bei der Gründung der Heiligen Römischen und Universalen Inquisition im Jahr 1542 und der Einführung des *Index der verbotenen Bücher*. Unbarmherzig verfolgte er alle religiösen Abweichler, selbst mächtige Kirchenfürsten und Kardinäle waren nicht sicher. Wegen angeblich kryptoprotestantischer Ansichten kerkerte er sogar Kardinal Giovanni Morone im Verlies der Engelsburg ein. Zahlreiche weitere Kardinäle, unter ihnen auch Gian Angelo de' Medici, flohen aus Angst vor dem unberechenbaren Papst aus Rom.

Jetzt geht ein Aufatmen durch die Stadt. Die Kardinäle stehen vor der Aufgabe, einen neuen Papst zu wählen, der die Wunden, die Paul IV. geschlagen hat, heilen kann. Nach dem Gesetz der Alterität, das bei Papstwahlen oft zu beobachten ist, wäre jetzt ein Mann der anderen Richtung an der Reihe. Doch das Konklave zieht sich hin. Es dauert fast vier Monate, bis Weihnachten 1559. Nicht weniger als achtundsechzig Mal geben die Kardinäle ihre Stimmzettel ab. Keiner dieser Wahlgänge bringt eine Mehrheit, was aber auch gar nicht in der Absicht der Wähler liegt. Vielmehr schreiben sie immer wieder Namen von Kardinälen auf ihre Stimmzettel, denen sie dadurch eine Ehre erweisen wollen, ohne sie ernsthaft als Papst in Erwägung zu ziehen.

Die eigentliche Entscheidung treffen die Anführer der drei großen Parteien des Konklaves: Sechzehn Frankreich verpflichteten Eminenzen stehen siebzehn Anhänger der Habsburgischen Partei gegenüber. Die dritte Gruppe umfasst die dreizehn Kardinäle, die Paul IV. kreiert hat, sie wird vom Papst-

PIVS IIII.PONT. MAX.

*Wie zahlreiche Päpste
der Frühen Neuzeit
wurde auch Pius IV.
1559 durch eine
Adorationswahl auf den
Stuhl Petri erhoben.*

neffen Kardinal Carlo Carafa angeführt. Fast täglich werden Gesandte der politischen Mächte im Konklave empfangen, in immer neuen Anläufen wird um Posten geschachert, werden Pfründen in Aussicht gestellt, Ehen abgesprochen, Ländereien und Fürstentitel ins Spiel gebracht. Das schmutzige Wahlgeschäft nimmt seinen Lauf, doch ohne Ergebnis.

Schon am 25. September, gut zwei Wochen nach dem Tod des Papstes, versucht die französische Partei einen ersten Überraschungscoup, um ihrem Kandidaten Kardinal Ercole Gonzaga die Mehrheit von einunddreißig Stimmen zu verschaffen. Dazu nutzt sie die Möglichkeit der Adorationswahl. Glaubt der Anführer einer Partei, dass sein Kandidat eine einfache Mehrheit der Kardinäle hinter sich hat, sammelt er seine Parteigänger, setzt den Kandidaten auf einen Thronsessel und huldigt ihm mit einer Verbeugung und einem Fußkuss. Oft beeilen sich in einer solchen Situation weitere Kardinäle, es ihm gleichzutun, um die Gunst des zukünftigen Papstes nicht zu verspielen. Sobald zwei Drittel der Kardinäle dem Kandidaten auf diese Weise gehuldigt haben, ist er gewählt. Die symbolischen Gesten der Papstverehrung dienen in diesem Fall als konstitutiver Akt der Wahl. Die dreizehn Anhänger der französischen Partei versammeln sich mitten in der Nacht mit viel Lärm in der Cappella Paolina, dem damals üblichen Wahlort, setzen Gonzaga auf den Thron und werfen sich vor ihm nieder. Aufgeschreckt durch den Tumult, noch im Halbschlaf und im Nachthemd, taumeln neun Kardinäle der spanischen Partei hektisch von ihren Bettstätten herbei, um Gonzaga ebenfalls per Fußkuss zu huldigen. Sie haben Angst, zu spät zu kommen, denn sobald der Kandidat die Zweidrittelmehrheit erreicht hat, sind ihre Stimmen wertlos. Auf eine Gegenleistung für die Wahl in Form von Ämtern und Privilegien hätten sie dann nicht mehr hoffen können. Kardinal Cristoforo Madruzzo, ein Parteigänger der Habsburger, eilt durch die Gänge und verbreitet die Nachricht: «Gonzaga ist schon gewählt, kommt schnell, damit es eine einstimmige Wahl wird!»

Da quält sich der kranke Kardinal Ranuccio Farnese aus seinem Bett und stellt sich in die Pforte der Sixtinischen Kapelle, wo sich die übrig gebliebenen Spanier und die Carafa-Partei versammelt haben, und hindert jeden Kardinal, der zu den Franzosen überlaufen will, den Raum zu verlassen. Damit ist die Wahl Ercole Gonzagas gescheitert.

Am 18. Dezember versuchen die spanischen Kardinäle dasselbe Spiel: wieder in der Cappella Paolina, aber diesmal mit Kardinal Pietro Pacheco. Er kommt immerhin auf siebenundzwanzig Kardinäle, die sich vor ihm niederwerfen. Im letzten Moment werden vier Kardinäle, die noch in die Paolina stürmen wollen, von der französischen Partei mit Gewalt daran gehindert. Damit ist die Zweidrittelmehrheit knapp verfehlt.

Nun bleibt nur der Verhandlungsweg. Die Führer der drei Parteien einigen sich schließlich auf einen Kompromisskandidaten, den Mailänder Kardinal Gian Angelo de' Medici, der davon erst erfährt, als der Deal längst perfekt ist. In der Nacht des ersten Weihnachtstages wird er völlig überrascht in die Cappella Paolina geführt und auf den päpstlichen Thron gesetzt. Alle Kardinäle, aus dem Schlaf geholt und von ihren jeweiligen Capos über den Deal informiert, küssen Gian Angelo de' Medici den Fuß. Sogar der gichtkranke Kardinal von Trient lässt sich dazu in die Kapelle tragen. So wählen die Kardinäle in dieser Nacht de' Medici einstimmig durch Fußkuss zum Papst. Sie verabreden aber, die «per viam adorationis» in der Nacht bereits gültig erfolgte Wahl rein formal am nächsten Morgen noch einmal abzusichern und in der Cappella Paolina ein Skrutinium abzuhalten, eine Wahl durch geheime Stimmabgabe. So geschieht es.

Gian Angelo de' Medici nennt sich Pius IV. und regiert vom 25. Dezember 1559 bis zum 9. Dezember 1565. Er steuert, wie erhofft, einen weitgehend gemäßigten Kurs, rehabilitiert die von Paul IV. verfolgten Kardinäle und Kirchenfürsten, insbesondere Giovanni Morone, leitet eine Revision des *Index der verbotenen Bücher* ein und führt das seit 1552 unterbrochene Konzil von Trient in den Jahren 1562 auf 1563 zu einem erfolgreichen Abschluss.[1]

## Vom Mythos der Einmütigkeit

Für den heutigen Betrachter ist eine solche Adorationswahl schwer vorstellbar. Doch diese Form der Papstwahl war in der Frühen Neuzeit keineswegs ungewöhnlich, sondern eher die Regel, wie die differenzierte Beschreibung aller Papstwahlen vom fünfzehnten bis zum Ende des achtzehnten Jahrhunderts in Ludwig von Pastors zwanzigbändiger Papstgeschichte vor Augen führt.

Über den angemessenen Modus der Papstwahl wurde immer wieder gestritten – völlig zu Recht. Bei einer Papstwahl wird nach dem Glauben der Kirche schließlich der Mensch bestimmt, der als Nachfolger Jesu Christi auf Erden die Schlüssel des Himmelreiches in Händen hält und damit jedem die Tür zum Paradies aufschließen, aber auch versperren kann. Allein oder gemeinsam mit einem Ökumenischen Konzil hat der Vicarius Christi auch die Kompetenz, ewige göttliche Wahrheiten auf der Ebene menschlicher Sprache letztgültig zu formulieren. Es geht um nicht weniger als darum, über das Glaubensbekenntnis zu entscheiden und das Wort Gottes, wie es in der Heiligen Schrift vorliegt, im richtigen Sinne auszulegen. Die Papstwahl ist also im Letzten nicht nur eine Frage der Person, sondern eine Frage der Wahrheit. Deshalb müsste, um mit Niklas Luhmann zu sprechen, das kirchliche Entscheidungsverfahren von so hoher Qualität sein, dass es dem angestrebten Ergebnis, dem ein göttlicher Wahrheitsanspruch zukommt, entspricht.

Nach Ansicht der Theologen und Juristen des christlichen Altertums und des frühen Mittelalters war der sicherste Weg, die Göttlichkeit einer kirchlichen Entscheidung festzustellen, die Einstimmigkeit oder zumindest moralische Einmütigkeit eines Beschlusses oder einer Wahl. «Man sah in der

*Bis ins zwanzigste
Jahrhundert hinein
gehörte die Verehrung
des neu gewählten
Papstes durch einen
Fußkuss der Kardinäle
zum Zeremoniell. Auch
die Adorationswahl
erfolgte, wenn auch
oft tumultartig,
durch Fußkuss.*

‖*L'ADORATION du PAPE sur le grand AUTEL de S.ᵗ PIERRE.*

Wahl kirchlicher Amtsträger wie in der Festlegung kirchlicher Lehre eine Inspiration Gottes am Werk. Uneinigkeit … war damit nicht zu vereinbaren.»[2] Deshalb galt für die Entscheidungen der ersten acht Ökumenischen Konzilien genauso wie für Papst- und Bischofswahlen das Prinzip der Einstimmigkeit. Dieses Ziel konnte auf zweierlei Weise erreicht werden: Entweder kam es bei einer Konzilsentscheidung oder einer Papstwahl spontan zu einem einmütigen Hervorbrechen des Heiligen Geistes, oder es wurde im Vorhinein solange verhandelt, bis man sich auf ein Konzilsdekret oder einen Kandidaten geeinigt hatte. Dann erst inszenierte man die Einmütigkeit der Entscheidung und gab sie als «Inspirationswahl» aus.

Zwar wird in manchen Quellen, die allerdings nicht selten hagiografischen Charakter tragen, mitunter von spontanen einstimmigen Papstwahlen in den ersten zehn Jahrhunderten der Kirchengeschichte berichtet. Für die meisten Fälle ist aber, solange das Papstwahlrecht zumindest formal beim Volk lag, von mehr oder weniger komplizierten Aushandlungsprozessen auszugehen. Je größer die Gruppe wurde, desto weniger war die Gemeindeversammlung überhaupt in der Lage, eine Entscheidung herbeizuführen, sodass das Wahlrecht auf eine kleinere Gruppe übertragen beziehungsweise von dieser beansprucht wurde. Dies waren zumeist die höheren Kleriker der römischen Gemeinde und einflussreiche Bürger. Für die Gültigkeit der

Wahl blieb aber die einmütige Zustimmung des gläubigen Volkes eine absolut notwendige Voraussetzung. Wurde der Gewählte der Öffentlichkeit präsentiert, musste das Volk die Wahl durch Akklamation bestätigen.

Hier deutet sich bereits ein Modus der Papstwahl an, der später eine
große Rolle spielen sollte: Konnte sich das Wahlgremium als Ganzes nicht
einigen, weil es entweder zu groß oder zu zerstritten war, blieb oft nur der
Ausweg, das Wahlrecht auf eine kleine Gruppe zu übertragen, die dann stellvertretend einen Kompromisskandidaten suchte und ihn dann der größeren
Gruppe zur Bestätigung präsentierte. Hier liegen die Ursprünge der sogenannten «Kompromisswahl».

Ein ganz anderes Modell der Einstimmigkeit steht hinter der Ernennung
der Päpste durch die Kaiser: Hier wird die Einstimmigkeit im wahrsten
Sinne des Wortes durch Abgabe einer einzigen Stimme erreicht. Konstantin
der Große und seine Nachfolger in Byzanz nahmen dieses Recht ebenso für
sich in Anspruch wie weströmische Imperatoren und die karolingischen,
ottonischen, salischen und staufischen Kaiser. Während bei der Papstwahl
durch Klerus und Volk alle Gemeindemitglieder als Christen für Christus in
dieser Welt handeln konnten, glaubten Konstantins Nachfolger, sie könnten
als Herrscher von Gottes Gnaden für Christus handeln. Deshalb stand in
der Sicht der kaiserlichen Theologen die Designation eines Papstes durch
den Kaiser in absoluter Übereinstimmung mit dem Willen Gottes. So wie
Kaiser Konstantin für die Reinheit des Glaubens sorgte, indem er das Konzil
von Nizäa einberief, das die Wesenseinheit Jesu Christi mit dem Vater be-
schloss, so wollten er und seine Nachfolger durch die Ernennung der Päpste
für die Einheit der Kirche Sorge tragen.

Das Prinzip der Einstimmigkeit klang theologisch schön, ließ sich aber
in der Praxis nur selten wahren. Der belgische Soziologe Léo Moulin spricht
deshalb zu Recht vom «Mythos der Einmütigkeit».[3] Bevor Nikolaus II. 1059
das Wahlrecht an die Kardinäle übertrug, kam es zu rund dreißig Doppelwahlen mit Papst und Gegenpapst, angefangen wahrscheinlich mit Natalis
im Jahr 200 bis zu Benedikt X. im Jahr 1058. Einer der bekanntesten Gegenpäpste dürfte Hippolyt von Rom sein (217–235). Er ist der einzige Gegenpapst,
der heiliggesprochen wurde. Dabei ist es nicht immer ganz leicht, manchmal sogar unmöglich, festzustellen, wen man bei einer Doppelwahl als Papst
und wen als Gegenpapst ansehen muss, sodass die auf Lückenlosigkeit an-
gelegte römische Papstreihe auch deshalb mitunter auf recht unsicherem
Fundament steht.

Welche Möglichkeiten gab es, aus diesem Dilemma herauszukommen? Im Wesentlichen wurden zwei Antworten diskutiert: das Prinzip der *sanior pars* und das Prinzip der *maior pars*. Solange es noch kein klar abgegrenztes Wahlgremium wie das Kardinalskollegium gab, war es schwierig, das Prinzip der Mehrheitsentscheidung mit einem hohen Quorum als Kriterium für die Gültigkeit einer Papstwahl verbindlich einzuführen. Wie sollte man die Stimmenzahl der vielen Tausend Mitglieder der römischen Gemeinde, denen gemeinsam mit ihren Klerikern das Wahlrecht zustand, adäquat abfragen? Eine Stimmzettelwahl mit Wahlkabine und Wahlurne war noch nicht erfunden und eine geordnete Abstimmung durch Hammelsprung oder Handzeichen immer dann unmöglich, wenn sich konkurrierende Kandidaten und Parteien wie etwa im «dunklen Jahrhundert» im wahrsten Sinn des Wortes bis aufs Blut bekämpften. Deshalb sollten im Anschluss an die Regeln des heiligen Benedikt von Nursia, des Gründers des Benediktinerordens, nicht die Quantität der Stimmen, sondern ihre Qualität und die Würdigkeit des Kandidaten den Ausschlag geben. Der bessere Teil, die *pars sanior*, sollte vor dem größeren Teil, der *pars maior*, Vorrang haben.

Bei Bischofs- und Abtswahlen hat dieses Prinzip mitunter funktioniert, weil es übergeordnete Autoritäten, entweder einen Metropoliten oder einen Erzabt, gab, der feststellen konnte, wer zur *sanior pars* gehörte. Bei Papstwahlen konnte dieses Prinzip jedoch selten angewandt werden, weil es keine unangefochtene, allgemein anerkannte, über dem Papst stehende Autorität gab. Gelegentlich konnte der Kaiser diese Rolle für sich beanspruchen. Aber grundsätzlich ging der Weg eindeutig in Richtung Mehrheitsentscheidungen. Dadurch wurde die Wahl des Papstes letztlich zu einer weltlicheren Angelegenheit, denn wie sollte man es sich vorstellen, dass der Heilige Geist aus den Wählern sprach? In einander widersprechenden Voten konnte er wohl kaum zum Ausdruck kommen.

## Das Dekret von 1179 und die Zweidrittelmehrheit

Das Papstwahldekret von 1059 übertrug zwar das Wahlrecht exklusiv dem Kardinalskollegium, am Einmütigkeitsprinzip rüttelte es aber nicht. Im Gegenteil: Offenbar war man überzeugt, dass ein überschaubares, klar abgrenzbares Gremium aus zwei bis drei Dutzend Wählern eher zu einstimmigen Entscheidungen führen würde und vielleicht nach geduldigem Aushandeln sogar zu Inspirationswahlen fähig sein könnte. Doch es kam ganz anders. So gab es 1130 wieder eine klassische Doppelwahl, in deren Hintergrund die unauflösbare Spannung zwischen den beiden stadtrömischen Familien Frangipani und Pierleoni stand. Zwanzig Kardinäle wählten den Kandidaten der Frangipani, der sich Innozenz II. nannte, zweiundzwanzig Kardinäle stimmten für ein Mitglied der Familie Pierleoni, der den Namen Anaklet II. annahm. Während Anaklet sich in Rom halten und vor allem auf die Unterstützung der meisten italienischen Fürsten und Städte zählen konnte, wurde Innozenz II. von der Mehrheit der übrigen Länder anerkannt. Alle Versuche, das Schisma beizulegen, scheiterten; erst der Tod Anaklets im Januar 1138 stellte die Einheit der Kirche wieder her.

Noch schlimmer kam es 1159. Erneut waren die Kardinäle tief gespalten, dieses Mal in Anhänger und Gegner der Staufer. Die Widersacher Friedrich Barbarossas wählten mit deutlicher Mehrheit Alexander III. zum Papst, die Kaiserlichen dagegen mit sieben Stimmen Viktor IV. Letztere argumentierten, sie hätten wegen der Unterstützung des Kaisers die *sanior pars* auf ihrer Seite. Beide Parteien versuchten gleichzeitig, ihren Papst auf dem Bischofsstuhl des Lateran zu inthronisieren. Um den Purpurmantel, der dem Papst als Zeichen seiner neuen Würde umgelegt werden sollte, kam es zwischen beiden Päpsten zu einem so heftigen Streit, dass dieser in zwei Teile zerriss. Viktor IV. konnte sich in Rom halten, während Alexander III. aus der ewigen Stadt fliehen musste – aber die Unterstützung Englands und Frankreichs erhielt. Barbarossa berief 1160 eine Synode nach Pavia ein, die Alexander III. für abgesetzt erklärte und Viktor IV. bestätigte. Nach dessen Tod 1164 wurde ein weiterer Papst von Kaisers Gnaden erhoben: Paschalis III. Erst im Frieden von Venedig 1177 musste Friedrich Barbarossa nach der Niederlage gegen das Heer Alexanders III. seinen Papst fallen lassen und Alexander III. als alleinigen Nachfolger Petri anerkennen.

Nicht weniger als achtzehn Jahre hatte die Spaltung der abendländischen Christenheit gedauert. Eine Wiederholung wollte der obsiegende Papst Alexander III. verhindern, indem er die Mehrheitsentscheidung bei der Papstwahl verbindlich machte. Auf dem von ihm einberufenen Dritten Laterankonzil von 1179 ließ er ein neues Papstwahldekret mit dem bezeichnenden Titel *Licet de vitanda discordia* verabschieden. Um künftig «Zwietracht bei der Papstwahl» zu vermeiden, die vor allem auf «verwegenen, übertriebenen Ehrgeiz» zurückzuführen sei und zu lang andauernden Kirchenspaltungen geführt habe, wurde beschlossen: «Angenommen, ein feindlicher Mensch streut Unkraut aus und unter den Kardinälen kann bezüglich der Papstnachfolge keine volle Einmütigkeit erzielt werden, und angenommen, ein Drittel will sich der erreichten Zweidrittelmehrheit nicht anschließen oder versucht, einen anderen ins Amt zu bringen, dann gilt jener als römischer Bischof, der von zwei Dritteln gewählt und angenommen ist ... Wurde einer mit weniger als zwei Dritteln zum apostolischen Amt gewählt, darf er, ohne dass sich eine größere Einmütigkeit einstellte, nicht angenommen werden.» Das Zweidrittelquorum sollte aber nur für die Papstwahlen, nicht für alle anderen kirchlichen Wahlen gelten, «bei denen die Entscheidung des größeren und gesünderen Teils gelten muss. Wenn nämlich dort Rechtszweifel entstehen, kann eine höhere Gerichtsinstanz entscheiden. In der römischen Kirche gilt jedoch diese Sonderbestimmung, denn dort gibt es keinen Rekurs an eine höhere Instanz.»[4]

Damit war 1179 die Frage neu beantwortet, wie der Papst gewählt werden soll. Die Kardinäle wählten mit Zweidrittelmehrheit, Einstimmigkeit war nicht mehr nötig. Entscheidende Fragen waren aber immer noch nicht geklärt. So findet sich etwa keine Bestimmung darüber, wie viel Prozent der Kardinäle für eine gültige Wahl überhaupt anwesend sein mussten. Das Thema Beschlussfähigkeit, das heute bei Abstimmungen in Gremien von zentraler Bedeutung ist, spielte damals überhaupt keine Rolle.

Noch gravierender war ein anderer Umstand: Die Frage, auf welche Weise die Kardinäle die Zweidrittelmehrheit genau feststellten, wurde nicht beantwortet. Da sich hierüber keine rechtlichen Regelungen finden, ist man auf deskriptive Quellen, das heißt auf eine genaue Analyse der konkreten Praxis der Kardinäle bei den einzelnen Wahlen, angewiesen. Peter Herde hat die Papstwahlen in den eineinhalb Jahrhunderten nach dem Dekret *Licet de vitanda discordia* untersucht und festgestellt, dass sich im Wesentlichen zwei Wahlarten herauskristallisierten: die Abstimmung aller und die Wahl durch Kompromiss als Übertragung des Wahlrechts auf einige wenige.

Heute würde man erwarten, dass eine Gruppe von höchstens vierzig Personen entweder durch Handzeichen oder mit Stimmzetteln abstimmt. Diese beiden Möglichkeiten kamen aber damals nicht zur Anwendung. Vielmehr scheinen die Kardinäle auf den bei klösterlichen Wahlen weit verbreiteten Modus des Skrutiniums zurückgegriffen zu haben. Dabei werden am Beginn eines Wahlgangs möglichst einstimmig zwei bis drei Wahlhelfer bestimmt, die sogenannten «Skrutatoren», die unterschiedliche Gruppierungen im Kardinalskollegium widerspiegeln, um Manipulationen der Stimmabgabe und der Auszählung zu verhindern. Die Skrutatoren haben die einzelnen Wähler an ihrem Platz im Abstimmungslokal aufzusuchen und sie leise zu fragen, wem sie ihre Stimme zu geben gedenken. Einer der Skrutatoren führt Buch und trägt in eine Liste ein, wer wen gewählt hat, und am Ende wird ausgezählt. Auf diese Weise werden die mündlich abgegebenen Voten verschriftlicht, und jeder Wähler kann überprüfen, ob sein Votum richtig aufgenommen wurde. Hat ein Kandidat die Zweidrittelmehrheit erreicht, ist er zum Papst gewählt, wenn nicht, folgt ein neuer Wahlgang. Es wird so lange gewählt, bis ein Kandidat die Zweidrittelmehrheit erreicht. Das konnte Wochen, Monate, in manchen Fällen sogar Jahre dauern.

Kamen die Wähler auf dem Weg der Skrutinalwahl nicht zu einem Ergebnis, griffen sie wiederholt auf das Kompromissverfahren zurück, etwa bei der Wahl Honorius' III. 1216 oder der Gregors IX. 1227. Dabei übertrug das Kardinalskollegium das Wahlrecht auf eine kleine Gruppe von drei, fünf oder sieben Kardinälen, die den unterschiedlichen Parteien angehörten. Diese hatten sich dann auf einen Papst zu verständigen, Absprachen und Kompromisse waren in einer solch überschaubaren Gruppe eher möglich. «Wie wenig rechtlich genau geregelt die Wahlverfahren damals noch waren, zeigt die Tatsache, dass die Bestimmungen des Kompromisses» – beispielsweise bei der Wahl von 1271 – «urkundlich genau festgelegt wurden».[5] Allerdings blieben die Kardinäle vor der Einführung des Konklaves eben nicht unter sich, sondern standen im regen Kontakt mit der Öffentlichkeit und den sie unterstützenden Mächten.

Mit Ausnahme des Großen Abendländischen Schismas von 1378 bis 1417 und eines kurzen Nachspiels auf dem Konzil von Basel 1431 bis 1449 haben die drei Papstwahldekrete von 1059, 1179 und 1274 ihre Bewährungsprobe bestanden und Schismen durch Doppelwahlen weitgehend verhindert. Von einer geheimen Wahl des Papstes konnte aber immer noch keine Rede sein. Mit der Einführung des Konklaves blieben die Wahlvorgänge zwar für die Außenstehenden geheim, aber konklaveintern wurde öffentlich abgestimmt.

Im Spätmittelalter und zu Beginn der Frühen Neuzeit wurde die Adorationswahl zum wichtigsten Wahlverfahren. Im römischen Klientel- und Patronagesystem spielte der einzelne Kardinal als Papstwähler und oft auch der Papst als Person nicht die entscheidende Rolle. Kardinäle und Päpste waren eingebunden in Familien- und Sippenzusammenhänge, sie verdankten ihre Karriere und nicht selten auch den roten Kardinalshut oder gar

*Zahlreiche spätmittelalterliche und frühneuzeitliche Päpste waren eng in die Loyalitäten ihrer Familie eingebunden. Eine wichtige Rolle spielten dabei die Papstneffen, die entweder als Kardinalnepoten die Funktion des Kardinalstaatssekretärs wahrnahmen oder andere wichtige Ämter im Kirchenstaat übertragen bekamen. Die Abbildung zeigt, wie Paul III. Farnese (1534–1549) seinen Neffen Orazio Farnese 1538 zum Stadtkommandanten Roms ernennt.*

die Tiara den Netzwerken, die ihre Verwandten und «Freunde» für sie geknüpft hatten. Von vielen Kardinälen wurde erwartet, den Kandidaten zu wählen, den ihnen der Kardinalnepot vorschlug, also der Neffe des Papstes, der sie zum Kardinal erhoben hatte. Der Kardinalnepot war bis ins achtzehnte Jahrhundert ein offizielles Amt, das im Wesentlichen dem des heutigen Kardinalstaatssekretärs entsprach. Er war der eigentlich starke Mann der Kurie und regierte nicht selten für seinen oft schon älteren und gesundheitlich angeschlagenen Papstonkel.

Auch ein Kardinal, der seine Nichte mit einem Mitglied der «Papstfamilie» verheiraten durfte, hatte sich dafür bei den folgenden Papstwahlen dankbar zu zeigen. Der einzelne Kardinal konnte sich nicht geheim für den

Kandidaten entscheiden, den er für das Amt am geeignetsten hielt. Er gab seine Stimme öffentlich ab, meistens auf Anweisung seines Patrons. Papstwahlen hatten damals deshalb wenig mit dem Wirken des Heiligen Geistes oder auch nur mit einer persönlichen Gewissensentscheidung zu tun, auch wenn man das propagandistisch immer wieder so nach außen verkündete. Vielmehr waren sie das Ergebnis machtpolitischer Verhandlungen, strategischen Geschicks und mikropolitischen Kalküls.

## Kronkardinäle und die Waffe der Exklusive

In der Frühen Neuzeit kam zu diesem Schacher um das Papstamt zwischen den vielfach verflochtenen Papst- und Kardinalsfamilien ein weiterer Faktor hinzu, der im Grunde genommen das Konklave und die Idee der Abschottung und des Schutzes der Kardinäle vor äußerem Zwang unterlief. Es ging um den Einfluss der politischen Mächte. Das war eigentlich nichts Neues, denn Kaiser hatten selbstverständlich Päpste ernannt und wieder abgesetzt, und die wichtigsten katholischen Könige und Fürsten Europas hatten durch ihre Gesandten immer Einfluss genommen. Nach der Reformation, als es um die Sicherung des katholischen Glaubens in Europa ging, beanspruchten die wichtigsten katholischen Herrscher aber ein ausdrückliches, verfahrensmäßig gesichertes Mitspracherecht bei der Wahl des Papstes. Dem Kaiser sowie dem französischen und spanischen König, zeitweise auch Portugal und Venedig, gelang es, die Ernennung von sogenannten Kronkardinälen durchzusetzen. Da das Kaiseramt im Heiligen Römischen Reich Deutscher Nation trotz formaler Wahl quasi erblich dem Hause Habsburg zukam, ging dieses Recht nach 1806, als der letzte Kaiser des Heiligen Römischen Reiches abdanken musste, auf den österreichischen Kaiser über.

Kronkardinäle waren Vertrauensmänner der jeweiligen Herrscher, die der Papst auf deren Vorschlag mit dem Purpur auszeichnen musste. Jedem der drei katholischen Fürsten stand ein Kronkardinal zu. Damit hatten sie jeweils einen Brückenkopf im Konklave. Die Kronkardinäle verfügten über sehr genaue Instruktionen, wen ihr Herr und Meister als Papst sehen und wen er unbedingt verhindern wollte. Nach dem Einzug ins Konklave erhielten sie überdies das Recht, sich über ein zu öffnendes Fenster mit dem Gesandten ihres Fürsten über die aktuelle Lage zu verständigen.

Um einen unliebsamen Papstkandidaten zu verhindern, verfügten die Kronkardinäle über eine äußerst scharfe Waffe, die allerdings nur einmal pro Konklave eingesetzt werden konnte: die Exklusive. Dabei erklärte ein Kronkardinal im Namen und mit der ganzen Autorität seines Souveräns einen bestimmten Kandidaten für prinzipiell nicht wählbar. Es versteht sich von selbst, dass der Einsatz dieses Instruments taktisch wohlüberlegt sein musste, weshalb mehrere Konklaven zu äußerst interessanten kirchenpolitischen Spielwiesen mutierten. Dabei ging es stets darum, einen der eigenen Nation freundlich gesinnten Papst durchzusetzen und einen – vermeintlich oder wirklich – feindlich gesinnten Kandidaten zu verhindern.

Den Kronkardinälen standen unterschiedliche taktische Wege offen. Die erste Strategie zielte darauf ab, sich mit einem der beiden anderen Kronkardinäle zu verbünden und dadurch das Instrument der Exklusive doppelt einsetzen zu können. Die zweite Strategie bedeutete, die gegnerischen Kronkardinäle nervös zu machen und sie zum voreiligen Einsatz der Exklusive zu verführen. Wenn der spanische Kronkardinal beispielsweise davon überzeugt war, dass der Franzose die Weisung hatte, einen spanienfreundlichen Kardinal um jeden Preis zu verhindern, dann musste er seine Anhänger im Konklave dazu bewegen, ihre Stimmen einem spanienfreundlichen Kardinal in möglichst großer Anzahl zu geben, der aber nicht der eigentliche Kandidat, sondern nur ein vorgeschobener Prätendent war. Kam dieser in die Nähe der Zweidrittelmehrheit, musste der französische Kardinal die Karte der Exklusive ziehen; und damit war der Weg für den eigentlichen spanischen Kandidaten frei. Umgekehrt musste man selbst bei einem entsprechenden gegnerischen Manöver die Nerven bewahren, damit man seinen Trumpf nicht voreilig ausspielte. Es konnte natürlich auch passieren, dass man zu lange wartete und der Kandidat, den eigentlich keiner wollte, plötzlich doch mit Zweidrittelmehrheit gewählt war. Der Fantasie in Bezug auf die Strategien beim Einsatz der Exklusive sind keine Grenzen gesetzt.

Die Exklusive scheint aus heutiger Perspektive ein sehr archaisches Instrument zu sein; dennoch wurde sie bis ins zwanzigste Jahrhundert hinein eingesetzt. Zum letzten Mal fand sie bei der Papstwahl des Jahres 1903 Anwendung, aus der Giuseppe Sarto als Pius X. hervorging. Als aussichtsreicher Kandidat hatte der langjährige Kardinalstaatssekretär Leos XIII., Mariano Rampolla, gegolten. Am Konklave nahmen zweiundsechzig Kardinäle teil; die für eine erfolgreiche Wahl erforderliche Zweidrittelmehrheit lag also bei zweiundvierzig Stimmen. Nachdem Rampolla im ersten Wahlgang

*Eskortiert von der Schweizer Garde ziehen die Kardinäle 1903 ins Konklave ein, aus dem Giuseppe Sarto als Pius X. hervorging. Hier wurde zum letzten Mal das machtpolitische Instrument der Exklusive eingesetzt, mit dem der österreichische Kaiser Franz Josef Kardinalstaatssekretär Rampolla als zu frankreichfreundlich von der Papstwahl ausschließen ließ.*

bereits vierundzwanzig und im zweiten Wahlgang sogar neunundzwanzig Stimmen erhalten hatte, entschied sich der österreichische Kronkardinal und Erzbischof von Krakau, Jan Puzyna de Kosielsko, die Exklusionskarte zu ziehen und gegen Rampolla einzusetzen. Kaiser Franz Josef, der den Kardinalstaatssekretär für zu frankreichfreundlich hielt, hatte sich eindeutig gegen Rampolla ausgesprochen. Die Kardinäle fügten sich, wenn auch zähneknirschend, dieser Vorgabe und ließen Rampolla fallen, sodass sich schließlich Sarto durchsetzen konnte, der im Gegensatz zu Rampolla einen radikal antimodernistischen Kurs verfolgte.

Eine der ersten Maßnahmen Pius' X., wie sich Sarto als Papst nannte, war bezeichnenderweise die Abschaffung des Exklusionsrechts durch die Konstitution *Commissum nobis* vom 20. Januar 1904, die maßgeblich auf Vorarbeiten von Eugenio Pacelli beruhte, dem späteren Apostolischen Nuntius in Deutschland, Kardinalstaatssekretär und Papst Pius XII.

# Die Reform von 1621 und das Gewissen der Wähler

Seit Beginn des sechzehnten Jahrhunderts ist immer wieder versucht worden, die Papstwahl aus den Verstrickungen in die Politik und das römische Patronagesystem zu befreien. Reformansätze blieben allerdings zunächst in den Kinderschuhen stecken. Erst 1621 ordnete Gregor XV. in seinem kurzen Pontifikat (1621–1623) die Papstwahl durch die Bulle *Aeterni Patris Filius* grundlegend neu. Ziel dieser Reform war es, die Wahlfreiheit des einzelnen Kardinals und letztlich seine souveräne Gewissensentscheidung unabhängig von den Vorgaben von Faktionen und familiären Loyalitäten zu ermöglichen. Die Stimmen der einzelnen Kardinäle waren nicht mehr mündlich zu erfragen, sondern ausschließlich schriftlich und geheim per Stimmzettel abzugeben. Jede Stimme sollte gleiches Gewicht haben. Die Wahlen sollten auch nicht mehr wie bisher in der Cappella Paolina, sondern in der Sixtinischen Kapelle unter dem Jüngsten Gericht Michelangelos stattfinden, um jedem Kardinal die Folgen einer falschen Gewissensentscheidung drastisch vor Augen zu führen.

Durch die Bulle wurde das Wahlkollegium der Kardinäle vereinheitlicht. Es sollte nicht mehr wichtigere und unwichtigere Kardinäle, einflussreiche Kardinalnepoten und befehlsempfangende «Hinterbänkler» geben. Die radikale Bindung des Gewissens an Gott sollte soziale Loyalitäten ersetzen; sie führte innerhalb des Konklaves zu einer «Statusnivellierung aller Mitglieder des Kardinalskollegiums».[6]

Die Bulle *Aeterni Patris Filius* von 1621 ließ schließlich drei Wahlarten zu: *Die Inspirationswahl:* Unmittelbar nach Eintritt in das Konklave konnten alle Kardinäle zumindest theoretisch einmütig durch das Wirken des Heiligen Geistes einen Kandidaten zum Papst proklamieren. Seit Inkrafttreten der Bulle 1621 hat eine solche freilich nicht mehr stattgefunden. Eine wirkliche Inspirationswahl ist zudem deutlich von einer Adorationswahl abzugrenzen, bei der die Kardinäle meist nach langem politischen Geschacher einen Kandidaten proklamierten. Hier ging es nicht um das Wirken des Heiligen Geistes, sondern um schwierige machtpolitische Verhandlungen, denen nachher durch möglichst einmütige Verehrung des Kompromisskandidaten ein religiöses Mäntelchen umgehangen werden sollte.

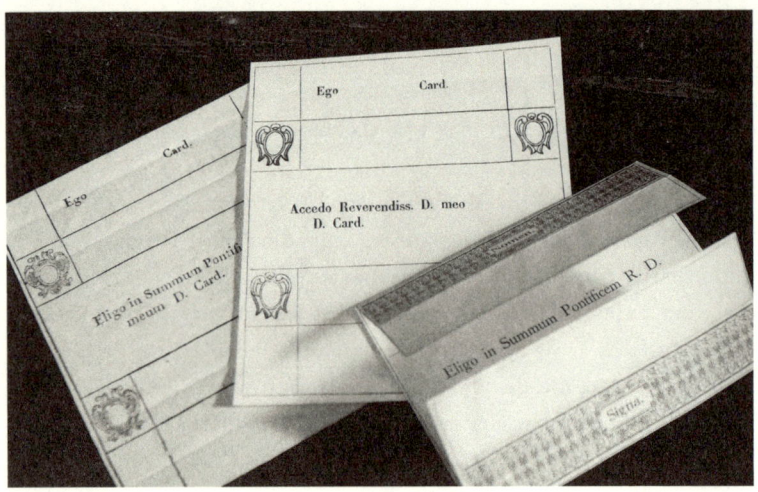

*Seit 1621 wurden bei Papstwahlen vorgedruckte Stimmzettel verwendet. In die obere
Zeile musste der Kardinal seinen Namen und in die mittlere Zeile den Namen des zu
Wählenden schreiben. Heute entfällt der Name des Wählers, und auch der Name des
Kandidaten soll in verstellter Schrift geschrieben werden.*

**Die Skrutinalwahl:** Diese erfolgte jetzt schriftlich mit Stimmzetteln und
wurde als Regelfall angesehen. Jeder Kardinal erhielt für jeden Wahlgang
einen gedruckten Stimmzettel. In das obere Drittel hatte er seinen eigenen
Namen und in das mittlere Drittel den Namen des zu wählenden Kandidaten einzutragen. Der Stimmzettel war im oberen Drittel so zu falten, dass
der Name des Wählers nicht lesbar war. Diese Faltung war mit Siegelwachs
zu verschließen, während der mittlere Teil mit dem Namen des Kandidaten
nur durch die erneute Faltung des Zettels verdeckt war. Das garantierte zwar
keine absolute, aber doch eine relative Geheimhaltung, denn im Zweifelsfall – etwa wenn der Verdacht aufkam, ein aussichtsreicher Kandidat habe
sich selbst gewählt, was verboten war – konnte man überprüfen, wer wen
gewählt hatte.

Die Kardinäle, deren Zahl auf siebzig begrenzt war, saßen an den Längs-
seiten der Sixtinischen Kapelle auf Sesseln unter Baldachinen, aufgereiht
nach den Ernennungsdaten. In dieser Reihenfolge wurden sie einzeln auf-
gerufen, sich zu erheben. Dabei mussten sie den gefalteten Stimmzettel in
der erhobenen rechten Hand halten. Mit einem Gebet versprachen sie, nur
den zu wählen, den Gott selbst für würdig erachtete. Dann wurden sie zum

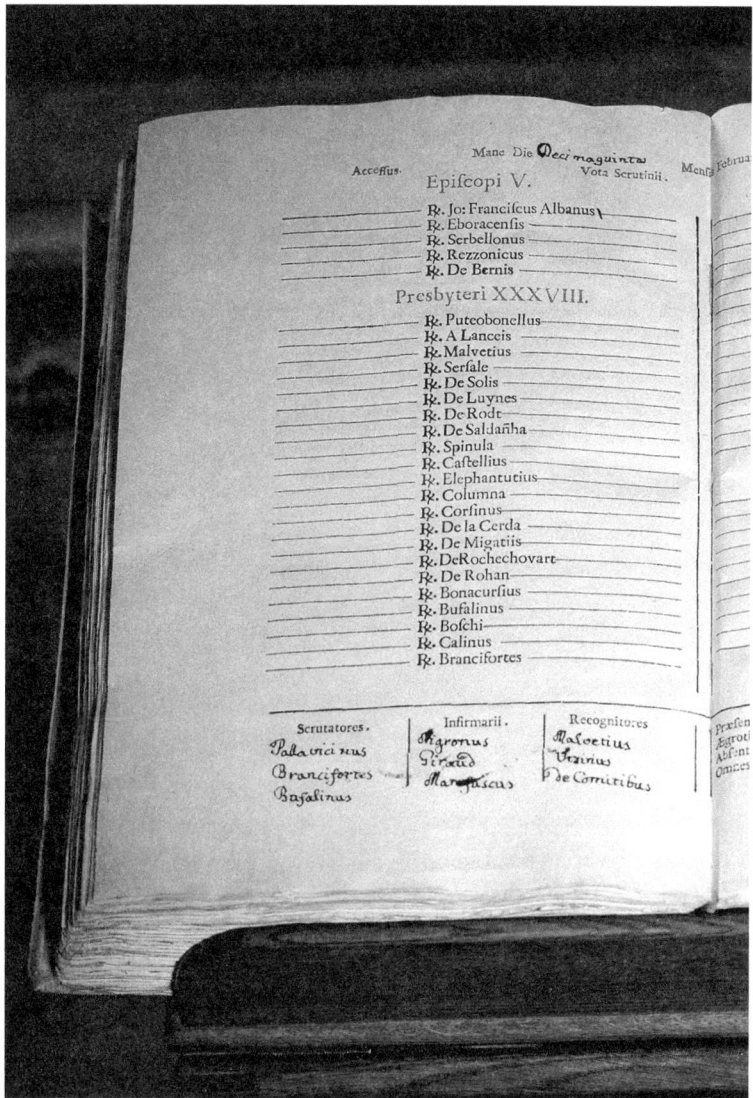

*In die vorgedruckten Listen mit den Namen der Kardinäle hatten die Wahlhelfer im Konklave die Ergebnisse der einzelnen Abstimmungen einzutragen.*

Altar an der Stirnwand unter dem Jüngsten Gericht Michelangelos gerufen, um den Stimmzettel dort in einen Kelch, der als Wahlurne verwendet wurde, zu legen.

Ergab die Auszählung mehr als zwei Drittel der Stimmen für einen Kandidaten, war das Verfahren beendet. Anderenfalls war der Wahlgang gescheitert, es sei denn, Kardinäle entschlossen sich zum Akzess, das heißt, sie veränderten ihre Stimmabgabe, indem sie der Mehrheit beitraten und so versuchten, dem bestplatzierten Kandidaten die Zweidrittelmehrheit zu verschaffen. Auch dies funktionierte wieder mit einem eigenen doppelt faltbaren Stimmzettel, sodass man im Zweifelsfall überprüfen konnte, wer wen gewählt hatte.

*Die Kompromisswahl:* Wenn die Kardinäle Schwierigkeiten hatten, sich auf einen Kandidaten zu einigen, konnten sie ihr Wahlrecht auf eine kleine Gruppe übertragen. Gedacht war an fünf bis sieben Personen. Eine Spezialform war der sogenannte Skrutinalkompromiss, bei dem die Kardinäle die Vorauswahl zwar einer kleinen Gruppe übertrugen, sich aber am Schluss die endgültige Abstimmung durch Stimmzettel vorbehielten.

Das Reformprogramm Gregors XV. von 1621 hing wesentlich damit zusammen, dass der gesundheitlich angeschlagene Ludovisi-Papst nur mit einem sehr kurzen Pontifikat rechnen konnte, was auch tatsächlich eintreten sollte. Er hatte daher kaum die Möglichkeit, eine eigene große Kardinalsfaktion zu bilden, die nach seinem Tod in einer offenen Adorationswahl einen Mann seiner Seilschaft als Nachfolger auf den Stuhl Petri hätte durchbringen können. Deshalb dürfte er für die von den Jesuiten angeregte «Spiritualisierung» der Papstwahl besonders aufgeschlossen gewesen sein. Natürlich gab es auch in den folgenden Konklaven Absprachen und Verhandlungen zwischen den verschiedenen Faktionen. Aber die geheime Wahl setzte sich im Laufe der Zeit durch.

## Die Transsubstantiation des Kardinals

Die kuriale Reformpartei aus dem Umfeld des Jesuitenkardinals Robert Bellarmin machte im Jahr 1620 noch einige weitergehende Vorschläge. Diese wurden zwar nicht in die Bulle aufgenommen, unterstreichen aber die angestrebte Richtung der Reform. Der erste Vorschlag zielte darauf ab, aus dem Konklave einen besonders intensiven Gottesdienst zu machen. Während der Wahl sollte das Allerheiligste, das heißt eine in den Leib Christi gewandelte Hostie, in einer Monstranz, einem kostbar mit Gold und Edelsteinen gestal-

*Ein Kelch, der auf dem Altar der Sixtina steht, dient als Wahlurne. Dabei legt jeder Kardinal seinen Stimmzettel zunächst auf die Patene, die Hostienschale, und wirft ihn dann, indem er die Patene herumdreht, in den Kelch.*

teten Behältnis, auf dem Altar unter dem Jüngsten Gericht ausgestellt sein, sodass der ganze Vorgang im Angesicht des in der Hostie real präsenten Christus stattfindet. Ein zweiter Vorschlag sah vor, die gesamte Wahl in Anwesenheit des verwesenden Papstkörpers durchzuführen. Die Kardinäle sollten die ganze Zeit knien und sich nur zur Stimmabgabe erheben. Der Anblick des verfallenden Papstkörpers und der Leichengestank sollten den Wählern ihre irdische Vergänglichkeit bewusst machen und die Schrecken des angedrohten Gerichts unmittelbar präsent halten. All diese Maßnahmen sollten die Gewissensentscheidung als *Iudicium Dei* stärken und hatten die Tendenz, der Papstwahl – und damit auch dem höchsten Amt in der katholischen Kirche selbst – einen nahezu sakramentalen Charakter zu verleihen.

Im Grunde steckt hinter den Absichten der radikalen Reformer von 1621 ein Konzept, das zwar nie in die offizielle Theologie oder die lehramtlichen Selbstdefinitionen der Päpste einging, aber als mitzuhörender Subtext bis heute bei manchen Papstwählern präsent ist, wie eine Äußerung von Joachim

Kardinal Meisner zur Wahl Benedikts XVI. belegt: «Diese Stunde ... wird mir unvergesslich bleiben, da hier ein Mensch von jetzt auf jetzt ein ganz anderer wurde. ... Aus dem Kardinal Joseph Ratzinger ist der Felsenmann geworden.»[7] Dieser Ansicht nach findet im geheimen Skrutinium unter dem Jüngsten Gericht ein Wesenswandel statt, fast eine Art «Transsubstantiation», ähnlich der Wandlung in der Heiligen Messe. Die Akzidenzien, also der Körper des Kardinals, bleiben gleich, die Substanz aber wandelt sich. Aus dem Kardinal wird der Papst, der Nachfolger Petri, der Vicarius Christi. Diese Auffassung brachte schon der Genfer Weihbischof Gaspard Mermillod zu Beginn des Ersten Vatikanischen Konzils 1870 zum Ausdruck, indem er von einer dreifachen Inkarnation Jesu Christi sprach: einmal im Kind im Stall von Bethlehem, dann im Brot der Heiligen Kommunion und schließlich im Papst, «im Greis im Vatikan».[8] Wenn man eine solche «Wandlung», die unsichtbar im Geheimen substanziell stattgefunden haben soll, voraussetzt, wie es manche tun, werden die Worte des Protokardinaldiakons «Ich verkünde euch eine große Freude ...» verständlich. Doch das sind nur noch sekundäre Inszenierungen des im Inneren bereits längst Geschehenen nach außen.

## Keine Kompromisse bitte: Die Reform von 1996

Die Konklavereform Gregors XV. von 1621 veränderte die Papstwahl einschneidend. Durch die Ausschaltung der Adorationswahl kam es in den folgenden Jahrhunderten zu einer deutlichen Verlängerung der Konklavedauer. Weil die Stimmabgabe des einzelnen Kardinals, von den wenigen oben beschriebenen Ausnahmefällen abgesehen, geheim blieb, konnte eine Kontrolle des Wahlverhaltens, wie sie in den Zeiten der Adorationswahl üblich gewesen war, nicht mehr stattfinden. Diese Bestimmungen blieben mit kleineren Änderungen, etwa durch Paul VI. im Jahr 1975, bis 1996 in Kraft.

Die Konstitution *Universi Dominici gregis* Johannes Pauls II. stellt trotz des Versprechens des Papstes, nicht von der «Substanz» der Tradition der Papstwahl abweichen zu wollen, in mehrfacher Hinsicht einen nicht zu unterschätzenden Bruch mit der Geschichte dar. Zunächst schaffte Johannes Paul II. zwei alte Wahlformen ab. «Ich hielt es» – so schreibt er im Vorwort seiner Konstitution – «für meine Pflicht, auch die eigentliche Form der

Wahl zu revidieren unter Berücksichtigung der gegenwärtigen kirchlichen Anforderungen und der Wertvorstellungen der modernen Kultur.» Die Inspirationswahl hält der Papst schlicht für «ungeeignet», die «Überlegungen eines Wahlkollegiums zu interpretieren, das zahlenmäßig so erweitert und von seiner Herkunft so verschieden ist».[9] Tatsächlich hat es in der neueren Papstgeschichte kaum Inspirationswahlen gegeben. Die spontanen Papsterhebungen durch die römische Volksmenge, von denen in spätantiken und mittelalterlichen Quellen mitunter die Rede ist, werden in der Forschung entweder als Tumult oder als Inspirationswahl gedeutet. Ein gutes Beispiel dafür stellt die Erhebung Gregors VII. 1073 dar, die entweder als politische Intrige oder als Wirkung des Heiligen Geistes interpretiert wird.

Es ist bemerkenswert, dass Johannes Paul II. in Verfahrensfragen keinen Raum für Gottes Wirken in der Welt lässt, denn dem Pfingstbericht zufolge ist der Heilige Geist in der Lage, Menschen unterschiedlicher Herkunft – und auch unterschiedlicher Interessen – in Einmütigkeit zusammenzuführen: Angehörige zahlreicher Völker, durch verschiedene Sprachen voneinander getrennt, konnten sich plötzlich verstehen. Offenbar war aber auch der polnische Papst skeptisch, was die Wirkung des Heiligen Geistes auf ein Wahlkollegium von einhundertzwanzig Mann angeht.

Die Wahl durch Kompromiss schaffte Johannes Paul II. ebenfalls mit einem Federstrich ab, weil sie «schwer zu bewerkstelligen» sei und eine «gewisse Umgehung der Verantwortung der Wähler» bedeute. Außerdem spricht er von «schier unentwirrbaren Mengen an erlassenen Normen»,[10] was, kirchenhistorisch gesehen, nicht den Tatsachen entspricht. Die Geschichte der Papstwahlen zeigt vielmehr, dass die Kompromisswahl oft der einzige Ausweg aus verfahrenen Situationen war. Nicht wenige Päpste sind durch sie ins Amt gekommen. Manche äußerst problematische Regelung von *Universi Dominici gregis* wäre nicht erforderlich gewesen, wenn den Kardinälen die Möglichkeit einer Kompromisswahl geblieben wäre, die man ja durch ein nachfolgendes Skrutinium hätte sanktionieren können.

Die einzig legitime Form, «mit der die Wähler ihr eigenes Votum für die Papstwahl ausdrücken können», ist seit Johannes Paul II. die geheime Wahl mit Stimmzetteln. «Diese Form bietet tatsächlich die größten Garantien für Klarheit, Geradlinigkeit, Einfachheit, Durchschaubarkeit und vor allem für eine effektive und konstruktive Teilnahme aller einzelnen Kardinäle, die gerufen sind, die Wahlversammlung des Nachfolgers Petri zu bilden.»[11]

Die Wahl beginnt nach den Vorschriften von *Universi Dominici gregis* frühestens am fünfzehnten und spätestens am zwanzigsten Tag nach dem Tod des Papstes mit der Votivmesse «Pro eligendo Papa», die alle wahlberechtigten Kardinäle am Vormittag des ersten Wahltages im Petersdom gemeinsam zelebrieren. Am Nachmittag begeben sich die Wähler in die Cappella Paolina des Apostolischen Palastes. Von dort ziehen sie in Chorkleidung in feierlicher Prozession in die Sixtinische Kapelle und singen dabei den Hymnus «Veni Creator Spiritus», «Komm, Schöpfer Geist, kehr bei uns ein». Nach den üblichen Vorbereitungen und Eiden und nachdem alle Nichtwähler die Sixtina verlassen haben und die Türen verschlossen worden sind, beginnt der eigentliche Wahlakt.

Am Nachmittag des ersten Tages findet nur ein Wahlgang statt, an den folgenden Tagen vormittags und nachmittags jeweils zwei, die unmittelbar aufeinander folgen. Zunächst werden drei Wahlhelfer ausgelost, die rechteckige Stimmzettel verteilen, auf denen «Eligo in Summum Pontificem» vorgedruckt ist. Darunter schreiben die Wähler möglichst in verstellter Schrift den Namen ihres Kandidaten. Schreiben sie mehrere Namen auf den Stimmzettel, ist er ungültig. Danach falten sie den Stimmzettel und schreiten der Rangordnung nach, mit sichtbar erhobener Hand, zum Altar, auf dem ein Kelch als Urne steht. Dort angekommen spricht jeder Kardinal unter dem Jüngsten Gericht Michelangelos mit erhobener Stimme bei jedem Wahlgang die Eidesformel: «Ich rufe Christus, der mein Richter sein wird, zum Zeugen an, dass ich den gewählt habe, von dem ich glaube, dass er nach Gottes Willen gewählt werden sollte.»[12]

Gegebenenfalls begeben sich die drei Wahlhelfer anschließend mit einem Kästchen ins Gästehaus Santa Marta, um dort die Kardinäle ihre Stimmzettel einwerfen zu lassen, die zu krank sind, um selbst in die Sixtina zu kommen. Zurück in der Sixtina, werden die weiteren Zettel aus dem Kästchen in die Urne geworfen. Vor der Auszählung wird die Urne geschüttelt, um die Stimmzettel zu mischen. Falls die Zahl der Zettel nicht mit der Zahl der Wähler übereinstimmt, ist der Wahlgang ungültig. Schließlich stellen die drei Wahlhelfer das Ergebnis fest. Falls kein Kandidat die Zweidrittelmehrheit erreicht hat, sind alle Stimmzettel, die Ergebnislisten und alle anderen Notizen zu verbrennen. Schwarzer Rauch signalisiert nach außen, dass noch kein Papst gewählt ist.

Dieses Verfahren soll längstens elf Tage und vierunddreißig Wahlgänge lang durchgeführt werden. Am fünften Tag, nach dreizehn erfolglosen

*Die Kardinäle haben zum Konklave von 2005 in der Sixtinischen Kapelle Platz genom-men. Im Gegensatz zu 1903 fehlen die Baldachine über ihren Sitzen. Weil sich die Zahl der Wähler von siebzig auf einhundertzwanzig fast verdoppelt hat, sitzen sie in Zweier-reihen zu beiden Seiten der Kapelle. Die Liturgie der Wahl wird von Kardinaldekan Joseph Ratzinger geleitet, der aus dieser Wahl als Benedikt XVI. hervorgehen wird.*

Wahlgängen, wird der Vorgang für einen Tag unterbrochen. Nach einer Ansprache des ältesten Kardinaldiakons haben die Wähler Gelegenheit zum Gespräch miteinander. Nach zwanzig erfolglosen Wahlgängen soll der Abend des siebten Tages – nach einer Ansprache des ältesten der Kardinal-priester – zu weiteren Gesprächen genutzt werden. Nach siebenundzwan-zig erfolglosen Wahlgängen und einer Ansprache des ältesten der Kardinal-bischöfe haben die Kardinäle am neunten Tag noch einmal Gelegenheit zum intensiven Austausch. Danach sind am zehnten und elften Tag insge-samt sieben Wahlgänge möglich.

Für den Fall, dass nach elf Tagen und vierunddreißig Wahlgängen im-mer noch kein Papst gewählt ist, hat Johannes Paul II. eine Vorschrift er-lassen, die mit der Tradition der Papstwahlgeschichte von mehr als acht Jahrhunderten bricht: Am Abend des elften Tages haben die Kardinäle die Möglichkeit, mit absoluter Mehrheit über das weitere Vorgehen zu be-schließen. Sie können entweder das bisherige Verfahren fortsetzen und so

|  | *Vormittag*[13] | *Nachmittag* |
|---|---|---|
| *1. Tag* | «Missa pro eligendo Papa» | 1. Wahlgang |
| *2. Tag* | 2. und 3. Wahlgang | 4. und 5. Wahlgang |
| *3. Tag* | 6. und 7. Wahlgang | 8. und 9. Wahlgang |
| *4. Tag* | 10. und 11. Wahlgang | 12. und 13. Wahlgang |
| *5. Tag* | Pause für Gebete, Ansprache des ältesten Kardinaldiakons, Gelegenheit zu Gesprächen | |
| *6. Tag* | 14. und 15. Wahlgang | 16. und 17. Wahlgang |
| *7. Tag* | 18. und 19. Wahlgang | 20. Wahlgang Pause für Gebete, Ansprache des ältesten der Kardinalpriester und weitere Gespräche |
| *8. Tag* | 21. und 22. Wahlgang | 23. und 24. Wahlgang |
| *9. Tag* | 25. und 26. Wahlgang | 27. Wahlgang Pause für Gebete, Ansprache des ältesten der Kardinalbischöfe und weitere Gespräche |
| *10. Tag* | 28. und 29. Wahlgang | 30. und 31. Wahlgang |
| *11. Tag* | 32. und 33. Wahlgang | 34. Wahlgang |

lange weiterwählen, bis ein Kandidat die Zweidrittelmehrheit erreicht, oder sich auf irgendeinen anderen Modus verständigen. Der Papst legt fest: «Dennoch wird man nicht davon abweichen können, dass zu einer gültigen Wahl entweder die absolute Mehrheit der Stimmen vorhanden sein muss oder dass zwischen den beiden Namen, die in dem unmittelbar vorhergehenden Wahlgang den größten Stimmenanteil erhalten haben, gewählt wird, wobei dann auch in diesem zweiten Fall nur die absolute Mehrheit erforderlich ist.»[14]

Damit ist die seit 1179 für die Wahl eines Papstes unabdingbare Zweidrittelmehrheit aufgegeben. Johannes Paul II. hat mit seiner Entscheidung die leidvollen Erfahrungen ignoriert, die das Dritte Laterankonzil dazu animiert haben, dieses hohe Quorum einzuführen, um Schismen zu vermeiden. Gerade in einer komplexer werdenden Welt, von der Johannes Paul II. in seinem Vorwort spricht, hätte es ein Papst, der vielleicht nur mit einer einzigen Stimme Vorsprung gewählt wurde, nicht leicht. Die Gefahr eines Schismas besteht auch heute noch, wie die Geschichte der Piusbrüder zeigt.

Zugleich beeinflusst die Bestimmung, dass nach dem vierunddreißigsten Wahlgang auf die Zweidrittelmehrheit verzichtet werden kann, auch das Wahlverhalten in den vorhergehenden Wahlgängen nicht unmaßgeblich. Denn hat ein Kandidat die absolute Mehrheit erreicht, stößt aber bei mehr als einem Drittel der Kardinäle auf anhaltenden Widerspruch, brauchen seine Wähler nur elf Tage abzuwarten, um ihn durchzubringen. Die Minorität, selbst wenn sie vierzig Prozent der Stimmen in die Waagschale werfen kann, verfügt über keinerlei Möglichkeit mehr, den ungeliebten Kandidaten der Mehrheit zu verhindern. Die notwendige Zweidrittelmehrheit dagegen zwang die unterschiedlichen Parteien im Konklave häufig, nach Kompromisskandidaten Ausschau zu halten. Im Modell Johannes Pauls II. fällt dieser Druck weg. Vielfach ist daher gemutmaßt worden, Joseph Ratzinger hätte die Zweidrittelmehrheit nicht oder zumindest nicht so schnell erhalten, wenn nicht die Aussicht auf eine bloß absolute Mehrheit nach vierunddreißig Wahlgängen bestanden hätte.

Die Reform Johannes Pauls II. ist aus diesen Gründen heftig kritisiert worden. Der Versuch der Apologeten des heiliggesprochenen polnischen Papstes, den Traditionsbruch zu negieren und die Bestimmungen Johannes Pauls II. in eine Kontinuität zu stellen, kann nicht überzeugen. Johannes Paul II. orientiert sich, was die Unterbrechungen der Wahlgänge und die drei Ansprachen der Kardinäle aus unterschiedlichen Ordines angeht, zwar an bestimmten Vorgaben der Konstitution *Romano Pontifici eligendo* Pauls VI. aus dem Jahr 1975, diese hatte aber bestimmt, dass die Zweidrittelmehrheit nur dann aufgehoben werden könne, wenn sich die Kardinäle *einstimmig* dafür aussprächen. Einstimmig können sie sich für das Modell der Kompromisswahl entscheiden und ihr Wahlrecht damit auf einige wenige aus ihrer Gruppe übertragen. Oder sie können sich einstimmig dafür entscheiden, dass in den folgenden Wahlgängen die absolute Mehrheit plus eine Stimme ausreicht. Nach der Ordnung Johannes Pauls II. genügt bereits eine absolute Mehrheit für eine solche Entscheidung – ein grundlegender Unterschied.

Aufgrund der Kritik entschloss sich Benedikt XVI. im Jahr 2007, diesen Passus wieder zu modifizieren. Sollte nach vierunddreißig Wahlgängen immer noch kein Kandidat die Zweidrittelmehrheit erhalten haben, finden ab dem fünfunddreißigsten Wahlgang in jedem Fall, ohne vorherige Abstimmung über das weitere Verfahren, Stichwahlen zwischen den beiden bestplatzierten Kandidaten statt, die jedoch das aktive Wahlrecht verlieren. In der lateinischen Originalfassung des Motuproprio *De aliquibus mutationibus* vom 11. Juni 2007 heißt es, dass derjenige der beiden Kandidaten zum Papst gewählt sei, der eine «maioritas qualificata» der Stimmen erhalte.[15] Was ist aber unter einer qualifizierten Mehrheit genau zu verstehen, wo liegt in diesem Fall das Quorum?

Man scheint im Vatikan die Schwammigkeit dieses Rechtstextes sehr bald erkannt zu haben, konnte ihn aber nicht mehr ändern, ohne die Autorität Benedikts XVI. als Gesetzgeber zu untergraben. Deshalb nahm man in der offiziellen französischen Übersetzung des Motuproprios *Quelques Changements* eine authentische Interpretation des Begriffs «majorité qualifiée» vor, indem man folgende Fußnote einfügte, die im lateinischen Original fehlt: «Majorité fixée à un niveau plus élevé que la majorité simple; ici, celle des 2/3.»[16] Also: Eine qualifizierte Mehrheit bedeutet in diesem Fall Zweidrittelmehrheit. Damit ist jedenfalls nach der französischen Übersetzung die alte, seit 1179 geltende und von Johannes Paul II. vorübergehend abgeschaffte Mehrheit für die Wahl eines Nachfolgers des Apostelfürsten wiederhergestellt.

Aber auch diese Lösung kann nicht wirklich überzeugen, denn Benedikt XVI. nimmt ab dem fünfunddreißigsten Wahlgang alle übrigen Kandidaten aus dem Spiel und lässt nur noch Stichwahlen zwischen den beiden Bestplatzierten zu, die das aktive Wahlrecht verlieren. Was passiert, wenn eine Minderheit von einem Drittel plus einer Stimme die Zustimmung konsequent verweigert? Dann würden endlose, ergebnislose Stichwahlen zwischen den beiden Kandidaten stattfinden, und das ganze Verfahren würde in einer Sackgasse enden. Die Benennung eines weiteren Kandidaten als Kompromiss, die früher oft ein Ausweg war, ist nicht mehr möglich.

Es ist offenkundig, dass dies nur eine halbherzige Reform der Reform ist, denn wer eine Zweidrittelmehrheit für die Papstwahl für sinnvoll hält, sollte zu dem alten, über Jahrhunderte bewährten Verfahren zurückkehren. Dann würde die Antwort auf die Frage «Wie wird der Papst gewählt?» wieder lauten: Die Kardinäle wählen im Konklave durch geheime Abstimmungen auf Stimmzetteln so lange, bis ein Kandidat mindestens zwei Drittel aller abgegebenen Stimmen auf sich vereinigt hat.

# 5. Was macht den Papst zum Papst?

## Die Krönung mit der Tiara

«Es nahte der 12. März – der Krönungstag. Er war voll Sonne, ein richtiger Festtag …, wie er strahlender, erhabener nicht gedacht werden könnte. ‹Heiliger Vater, schauen Sie doch einmal den Petersplatz an›, riefen wir begeistert … Auf dem weiten Platz wogte eine unabsehbare Menschenmenge, ein märchenhaftes Farbenspiel von Uniformen und malerischen Trachten. Hier die vornehme Dame im Festkleid, dort das einfache Bäuerlein. Alt und Jung, Groß und Klein, Arm und Reich – alle waren gekommen, dem Stellvertreter Christi zu huldigen, der heute die dreifache Krone – die Tiara – empfangen sollte. Über alle Pracht und Herrlichkeit brauste der nicht enden wollende Jubel: ‹Viva, Viva, Viva. Viva il Papa Pio XII, il Papa Romano di Roma!› Und erst die Basilika von Sankt Peter! Sie hatte allen Schmuck angelegt, den sie besaß, und nun strahlte und flammte es in einer ungeheuren Lichtfülle, die den schweren Goldreichtum ihrer Verzierungen in aller Schönheit leuchten ließ.»[1]

Mit diesen enthusiastischen Formulierungen beschreibt Schwester Maria Pascalina Lehnert, die langjährige Haushälterin Eugenio Pacellis, den Vormittag des 12. März 1939, an dem dieser mit allem Pomp des päpstlichen Zeremoniells zu Papst Pius XII. gekrönt wurde. Bei aller überschwänglichen Begeisterung angesichts der Krönung «ihres» Papstes traf Schwester Pascalina doch das Empfinden zahlreicher Menschen auf dem Petersplatz und in der ganzen Welt ziemlich genau. Der Papstkritiker John Cornwell zitiert in seiner Biografie Pius' XII. mit dem Originaltitel *Hitler's Pope* ganz ähnliche Formulierungen, unter anderem von dem Londoner Journalisten Tom Driberg, der von «einer der großartigsten Zeremonien» schrieb, die er «je miterlebt» habe.[2] «Richtig» Papst wurde der Papst für die Menschen auf dem Petersplatz und anderswo eben erst durch die Krönung mit der dreifachen Krone. Alle anderen Riten und Symbole der Amtseinführung, ja sogar die Wahl selbst, erschienen letztlich nur als Beiwerk. Die Tiara war das Symbol des Papsttums schlechthin, durch das der Pontifex maximus als Papst erkennbar war. Päpstliche Siegel trugen die Tiara, sie war auf Münzen und Briefmarken abgebildet, und auch das Papstwappen unterschied sich von allen anderen Wappenschilden durch die Tiara.

In Schwester Pascalinas Bericht heißt es weiter: «Der erhabene Gottes-dienst war zu Ende. Wieder brausten Beifallsstürme los, die nicht enden wollten. Alles beeilte sich, auf den Petersplatz zu kommen und Zeuge der Krönung sein zu dürfen. Die Tausenden, die nicht mehr in die Basilika kommen konnten, hatten geduldig auf dem Platz ausgeharrt. Nun blickte alles auf die geschmückte Loggia, auf der der Thron des Heiligen Vaters er-richtet war. ... Unbeschreiblicher Jubel verkündete das Erscheinen Pius' XII. Er übertönte sogar die bedeutsamen Worte aus dem Papstkrönungsritus: ‹Empfange die mit drei Kronen geschmückte Tiara und wisse, dass Du bist der Vater der Fürsten und Könige, der Lenker des Erdkreises, der Stellver-treter unseres Erlösers, dem Ehre und Ruhm sei in Ewigkeit!› – Frohes Jauchzen klang im Hymnus: ‹Coronam auream super caput eius ...› – Dann breiteten sich die Arme des Heiligen Vaters weit aus zu einer unnachahm-lichen Geste, als wollte er die ganze Welt umfangen, und die Ätherwellen trugen den Segen ‹Urbi et orbi› allen Menschen zu. – Noch lange winkte Pius XII. der jubelnden Menschenmenge. – Ob Rom je eine solche Teil-nahme, eine solche Feier gesehen hatte?»[3]

Die Krönung mit der Tiara – und eben nicht der bischöflichen Mitra – und der anschließende erste Segen für die Stadt und den ganzen Erdkreis, das ist das entscheidende Bild, das den Amtsantritt symbolisiert. In zahlrei-chen Lithografien, später dann auf Fotografien und schließlich in Filmauf-nahmen und Fernsehübertragungen wurde es weltweit verbreitet. Gerade im aufkommenden Medienzeitalter gab es keinen Ritus, der es mit dieser starken Szene auf der Mittelloggia der Petersbasilika aufnehmen konnte. Der Papst, getragen auf der Sedia gestatoria unter einem Baldachin mit bun-ten Pfauenfederbüschen und von der Schweizer Garde in ihren schmucken Uniformen sicher begleitet, wurde gekrönt mit der dreifachen Krone, hinter der ein ungeheurer dreifacher Anspruch stand: Er war nicht nur der Vater der weltlichen Fürsten, sondern auch der eigentliche Lenker der ganzen Welt und nicht zuletzt der Stellvertreter Jesu Christi auf Erden. Mit diesem starken Ritual konnte selbst die Krönung der englischen Queen nicht mit-halten, von der Amtseinsetzung des mächtigsten Mannes der Welt, des amerikanischen Präsidenten, ganz zu schweigen. Dem Augenschein nach galt: Die Tiara machte den Papst zum Papst. Ohne Tiara kein Papst.

Und dennoch haben die Päpste in jüngster Zeit auf die Krönung verzich-tet. Zum bislang letzten Mal wurde Paul VI. 1963 mit der dreifachen Papst-krone gekrönt. Schon im folgenden Jahr verschenkte er seine Tiara an die

S. S. PIO XII
nel giorno della sua incoronazione del 12 marzo 1939

*Die Krönung mit der Tiara wurde mehr und mehr zum entscheidenden Akt der
Amtseinführung eines Papstes. Mit Pius XII. kam diese Inszenierung 1939 unbestreitbar
zu einem Höhe-, gleichzeitig aber auch zu einem Endpunkt.*

Armen Roms. Weil sie auf dem freien Markt einfach unverkäuflich war, lan-
dete sie gegen eine großzügige Spende in der Marienbasilika in Washington, wo sie bis heute aufbewahrt wird. Johannes Paul I. und Johannes Paul II.
übernahmen ihr Amt ebenso wie Benedikt XVI. und Franziskus in einer
schlichten Zeremonie im Rahmen einer Messe auf dem Petersplatz ohne
Krönung. Benedikt XVI. wählte erstmals ein Papstwappen ohne die Tiara,
die seine unmittelbaren Vorgänger als heraldisch unterscheidendes Merkmal beibehalten hatten. Auch der Amtseinführungsritus wurde umbenannt. Hieß er früher *Ordo
ad coronandum Summum Pontificum Romanum*, Ordnung zur Krönung des
Höchsten Römischen Pontifex, so lautet sein Titel jetzt *Ordo Rituum pro Ministerii Petrini initio Romae Episcopi*, also Ordnung der Riten für den Beginn
des Petrusdienstes des Römischen Bischofs. Worin jetzt das Zeichen für die
Übernahme des Papstamtes besteht, wird kaum noch sinnfällig deutlich. Man
muss schon sehr genau hinschauen und liturgische Vorbildung besitzen, um
im Pallium und im Fischerring Symbole für das Papstamt zu entdecken. Die
Kommentatoren der Fernsehübertragungen von 2006 und 2013 taten sich
daher oft schwer, die Bedeutung dieser medial wenig auffälligen Zeichen zu
erläutern. Ganz anders die Tiara, die für sich selbst gesprochen hatte.

## Vom Lateran zum Vatikan: Wo der Papst zum Papst wird

Für den Vollzug eines Rituals ist auch der richtige Ort wichtig. Gerade bei
der Amtseinsetzung eines Papstes kommt der Bühne, auf der diese stattfindet und inszeniert wird, eine Schlüsselrolle zu.

In der heutigen Wahrnehmung spielt bei der Papstwerdung nur ein einziger Ort eine Rolle: der Vatikan mit der Petersbasilika. In der Sixtinischen
Kapelle findet die Wahl statt, und auf der Loggia von Sankt Peter wird der
neue Papst den Gläubigen präsentiert, wo er auch seinen ersten Segen spendet. Auf dem Petersplatz feiert er seine erste Messe, mit der er sein Amt
feierlich beginnt. Ein anderer liturgischer Ort scheint für den Amtsantritt
eines Papstes nicht infrage zu kommen, stützt er doch seine unbeschränkte
Vollmacht über die ganze Kirche, seine Unfehlbarkeit in Glaubens- und Sittenfragen und nicht zuletzt seine ganze politische und moralische Autorität
auf die Tatsache, dass er der legitime Nachfolger des Apostelfürsten Petrus

ist. Diesem hat Jesus Christus die Schlüssel des Himmelreiches gegeben, er entscheidet, wer das Himmelstor verschlossen findet und wer hinein darf ins Paradies. Was er auf Erden entscheidet, wird auch im Himmel entschieden sein. Es gibt darum keinen geeigneteren Ort, um diese Vollmachten zu übernehmen, als die Kirche, die über dem Grab des Apostelfürsten errichtet worden ist.

Dabei wird aber ein entscheidender Punkt vergessen. Im Unterschied zu allen anderen höheren Ämtern ist das Papstamt nicht mit einem eigenen Sakrament verbunden. Die katholische Kirche kennt nur ein dreistufiges Weihesakrament mit Diakonats-, Priester- und Bischofsweihe. Eine Papstweihe ist nicht vorgesehen. Entscheidende Voraussetzung für die Übernahme des Papstamtes war in der Alten Kirche die Weihe zum Bischof von Rom. Die Peterskirche ist aber keine Bischofskirche, sondern lediglich eine Grabeskirche, ein Mausoleum für Petrus auf dem vatikanischen Friedhof. Hier kann demnach kein Bischof eingesetzt werden, auch nicht der Papst als Bischof von Rom.

Damit gerät ein ganz anderer liturgischer Ort in den Blick, der im heutigen Zeremoniell weitgehend in Vergessenheit zu geraten droht: die Erlöserbasilika San Giovanni in Laterano, die eigentliche römische Bischofskirche. Historisch gesehen sind für einen Bischof die Bischofswahl und die Besitzergreifung seiner Bischofskirche sowie vor allem das Platznehmen auf der bischöflichen Cathedra entscheidende Akte für den Amtsantritt. Müsste dann nicht auch der Papst als Bischof von Rom, wie alle anderen Bischöfe der katholischen Welt, zuerst von seiner Bischofskirche, dem Lateran, Besitz ergreifen und sich dort in der Apsis auf den bischöflichen Stuhl setzen, bevor auf dem Petersplatz und in der Petrusbasilika überhaupt etwas passieren kann? Denn Bischof von Rom kann er in Sankt Peter nicht werden. Alle Versuche, die im Petersdom verehrte Cathedra Petri zum römischen Bischofsstuhl zu machen, vermögen letztlich nicht zu überzeugen, denn bei der von Gian Lorenzo Bernini barock gefassten und in der Apsis des Petersdoms zu findenden Cathedra handelt es sich um einen für Karl den Kahlen aus Holz angefertigten Königsthron, der den Päpsten geschenkt wurde.

Die Frage ist damit, in welchem Verhältnis der Lateranpalast als weltliches Herrschaftszentrum des Papstes und die Lateranbasilika als Bischofskirche einerseits und die Peterskirche als Legitimationsort des päpstlichen Primats andererseits zueinander stehen, oder zugespitzt formuliert: Ist der

*Die Lateranbasilika ist bis heute die Bischofskirche des Papstes. Der Lateranpalast diente über viele Jahrhunderte als päpstliche Residenz. Sein Besitz war mit der weltlichen Herrschaft über den Kirchenstaat verbunden. Auf der rechten Seite der Radierung von 1775 ist das oktogonale Baptisterium, der Taufort der römischen Gemeinde, zu erkennen.*

Papst als Papst Bischof von Rom oder ist der Papst als Bischof von Rom Papst? Und: Wie wird die theologische, kirchenrechtliche und politische Antwort auf diese Frage sachgerecht inszeniert?

Seit den Zeiten der Alten Kirche übernahmen Bischöfe nach der Wahl durch Klerus und Volk ihr Amt durch die Weihe und die Handauflegung durch andere Bischöfe. Dann folgte die Inthronisation auf der bischöflichen Cathedra oder sogar dem Altar der Bischofskirche. An diesem Tag begann die Amtszeit. Nicht anders war es auch in Rom. Weil die Bestätigung durch den Kaiser aber mehrere Monate dauern konnte, verlängerte sich die Sedisvakanz erheblich. Der Gewählte war ohne Bischofsweihe und Besitznahme des Lateran noch nicht Papst.

Der Lateran als «caput et mater omnium ecclesiarum», als Haupt und Mutter aller Kirchen, bildete daher anfangs die entscheidende Bühne für die Amtseinsetzung des Bischofs. Zum ersten Mal historisch gesichert ist diese Funktion der Lateranbasilika bei der Einführung von Damasus I. (366–384). Drei Bischöfe nahmen nach den Vorschriften des Konzils von Nizäa an seiner Weihe teil. Hauptkonsekrator war der Bischof von Ostia, der Damasus durch Handauflegung die Weihe spendete. Anschließend wurde der Neugewählte zur Cathedra der Lateranbasilika geführt. Ab dem Moment, in dem er auf diesem bischöflichen Stuhl Platz nahm, konnte er die oberste Gewalt in der Kirche ausüben.

Im Lateranpalast residierten die Päpste, und dort hielten sie später wichtige Konzilien ab. Der Vatikan spielte ursprünglich keine Rolle. Die dort errichtete Basilika war nur eine Grabeskirche. Auch wenn die römischen Bischöfe später immer mehr zu Päpsten der Gesamtkirche werden wollten und dazu immer stärker auf die Autorität des Petrus und insbesondere das Petrusgrab verwiesen, konnten sie Papst nur sein als Bischof von Rom, und Bischof von Rom konnten sie eigentlich nur werden, indem sie sich zum Bischof weihen ließen und von der Lateranbasilika als ihrer Bischofskirche Besitz ergriffen.

## Erst Bischof von Rom, dann Papst

Während der Krise des Imperium Romanum im Westen und der Völkerwanderungen wuchs den Bischöfen von Rom in der ausgehenden Antike eine immer größere politische, soziale und wirtschaftliche Bedeutung zu. Die Kirche war nicht selten die einzige Institution, die intakt blieb und halbwegs funktionierte. Dadurch erwarben die Päpste auch zahlreiche Besitztümer in der Stadt selbst und in ihrem unmittelbaren Umfeld, die später den Grundstock des Kirchenstaats bildeten. Für diese Besitztümer besaßen die Päpste zumeist aber keine Rechtstitel. Um sich diese zu verschaffen, schreckten sie auch vor der Fälschung von Urkunden und Dokumenten nicht zurück.

Die wichtigste dieser Fälschungen ist die sogenannte Konstantinische Schenkung, die vorgibt, vom Ende der zwanziger beziehungsweise Anfang der dreißiger Jahre des vierten Jahrhunderts zu stammen, tatsächlich aber im siebten oder achten Jahrhundert angefertigt worden sein dürfte.

Dieses Dokument beginnt mit der sogenannten Silvesterlegende: Kaiser Konstantin ist an Aussatz erkrankt, seine Ärzte und die heidnischen Priester empfehlen ihm, im Blut von Säuglingen zu baden, um rein zu werden. Der Kaiser schreckt vor diesem Kindermord zurück. Im Traum erscheinen ihm Petrus und Paulus, die er noch nicht kennt. Sie fordern Konstantin auf, sich

*Laut der sogenannten Konstantinischen Schenkung, einer Fälschung des siebten oder achten Jahrhunderts, heilte Papst Silvester I. den Kaiser vom Aussatz. Aus Dankbarkeit schenkte Konstantin dem Papst seine Krone und übertrug ihm die weltliche Herrschaft über das westliche Imperium Romanum. Zugleich vollzog er den «Stallmeisterdienst» und führte das Pferd des Papstes am Zügel als Zeichen der Unterordnung der weltlichen unter die geistliche Gewalt.*

an Papst Silvester I. (314–335) zu wenden. Dieser werde ihm ein wirklich heilbringendes Bad empfehlen. Der Bischof von Rom hat sich aus Angst vor Verfolgungen auf den Mons Soracte, einen Berg nördlich von Rom, zurückgezogen. Konstantin reitet zu ihm; und der Papst zeigt ihm auf einem Medaillon die Bildnisse der Apostelfürsten Petrus und Paulus, die Konstantin als die Gestalten identifiziert, die ihm im Traum erschienen sind. Das Bad, das ihn heilen wird, ist die Taufe, die ihm Silvester wie damals üblich durch dreimaliges Untertauchen spendet. Als der Kaiser aus dem Taufbecken steigt, ist er von der Lepra geheilt.

Konstantin führt seine Heilung auf eine «Gnadentat des seligen Petrus» zurück und erwählt sich diesen und seine Nachfolger als Fürsprecher bei Gott. Aus Dankbarkeit legt er fest, dass «der hochheilige Stuhl des heiligen Petrus glorreich erhöht» werden soll, mehr als sein eigener, «irdischer Thron», indem er dem Papst «die Macht, ruhmvolle Würde, Gewalt und Ehre des

Kaisers» verleihe. Ferner solle der Papst die geistliche Oberhoheit über die
vier Patriarchate von Alexandrien, Antiochien, Konstantinopel und Jerusalem haben und «auch über alle Kirchen Gottes auf dem ganzen Erdenrund»
herrschen. Er selbst, so der Kaiser, werde seine Residenz nach Byzanz verlegen und dem Papst die Stadt Rom und alle Provinzen Italiens und des
westlichen Imperiums als weltliches Herrschaftsgebiet überlassen. Schließlich übertrug Konstantin dem Papst «von heute ab» seinen Kaiserpalast, den
«Lateran, der alle Paläste des ganzen Erdenrundes überragt», dazu alle kaiserlichen Insignien und Gewänder wie Diadem, Pallium und Purpurmantel.[4]

Dass diese Schenkung eine Fälschung ist, die definitiv nicht in das erste
Viertel des vierten Jahrhunderts passt, hat schon Nikolaus von Kues im fünfzehnten Jahrhundert festgestellt. Erstens führten die römischen Bischöfe
erst ab Ende des vierten Jahrhunderts den Titel «Papst»; der erste dürfte
Siricius gewesen sein, der von 384 bis 399 amtierte. Zum zweiten kann von
einem «Primat» Roms im vierten Jahrhundert keine Rede sein; vielmehr gab
es das System der sogenannten Pentarchie: Nur wenn die fünf Patriarchate
Rom, Alexandrien, Antiochien, Konstantinopel und Jerusalem überein-
stimmten, galt etwas als verbindliche katholische Lehre. Die römischen
Bischöfe hatten zwar mehrfach einen Primatsanspruch formuliert, konnten
ihn aber nicht durchsetzen. Drittens hatte der Papst im westlichen Imperium
Romanum weder im vierten noch im siebten oder achten Jahrhundert eine
kaisergleiche Stellung inne.

Die Päpste versuchten durch diese Fälschung, Macht- und Besitzan-
sprüche zu rechtfertigen. Immerhin gelang es ihnen mithilfe der Konstantinischen Schenkung, den Karolinger Pippin im Jahr 754 dazu zu bewegen,
in der «Pippinschen Schenkung» Gebiete im Umkreis Roms «zurück» zu
geben. Insbesondere wurden der Besitz des Lateran und der dortigen Basilika bestätigt.

Ein eigenes Zeremoniell für die Übernahme des Amtes des Bischofs
von Rom brauchte man nicht erst zu erfinden. Es lag im allgemeinen Ritus
der Bischofsweihe bereit, für die die Handauflegung mit Ordinationsgebet,
die Stuhlsetzung und die Übergabe von Ring, Mitra und Hirtenstab die entscheidenden liturgischen Akte waren. Dabei spielte der Geweihte nicht vorübergehend eine Rolle oder übernahm eine Funktion, sondern wurde nach
katholischem Amts- und Sakramentsverständnis ontologisch ein anderer.
Er erhielt einen Character indelebilis, ein unauslöschbares Merkmal. Kraft
seiner Weihe handelte er künftig in persona Christi.

Da bis ins hohe Mittelalter der Wechsel eines Bischofs von einer Diözese in eine andere nicht vorgesehen war, blieb die Bischofsweihe bis zum zehnten Jahrhundert der entscheidende Akt der Amtseinsetzung des Papstes. Erst die Weihe zum Bischof von Rom mit der Thronsetzung in der römischen Bischofskirche, der Lateranbasilika, machte den Papst zum Papst, und erst nach der Weihe mit Stuhlsetzung im Lateran konnte er seine *potestas*, seine Vollmacht, ausüben. Dafür gibt es eine ganze Reihe historischer Belege: Vor allem datierten die Päpste selbst in ihren Urkunden und anderen Dokumenten bis ins Mittelalter hinein den Beginn ihres Pontifikats nicht vom Tag der Wahl an, sondern erst ab dem Tag der Weihe. Auch in den offiziellen Papstlisten ist der Tag der Weihe entscheidend. So taucht beispielsweise der 752 gewählte Papst Stephan (II.) hier überhaupt nicht auf, weil er bereits vor seiner Weihe starb.

Im Zeitraum zwischen der Wahl und der Bestätigung durch den Kaiser im fernen Byzanz amtierte in Rom nicht der gewählte Papst, sondern eine Gruppe von höhergestellten römischen Klerikern. Ein schönes Beispiel dafür bietet Johannes IV. (640–642). Zwischen seiner Wahl und seiner Weihe ging von der Römischen Kurie ein Brief an die irische Kirche in Sachen Osterfesttermin hinaus. Dieser begann: «Hilarius, Erzpriester handelnd stellvertretend für den Heiligen Apostolischen Stuhl, Johannes, Diakon und im Namen des Herrn erwählter Papst; und ebenso Johannes, oberster Kämmerer des Heiligen Apostolischen Stuhls».[5]

In den ersten Jahrhunderten gilt demnach: Die Wahl ist nicht der konstitutive Akt. Erst durch die Weihe zum Bischof von Rom wird der Papst Papst. An welchem Ort die Wahl stattfand, war sekundär, entscheidend waren die Bischofsweihe und die Besitzergreifung der Lateranbasilika. Die Weihe war der entscheidende zeremonielle Akt der Inauguration. Allen anderen symbolischen Akten kam dagegen ursprünglich nur eine sekundäre Bedeutung zu.

## Die Inthronisation und das byzantinische Kaiserzeremoniell

Auch wenn die Bischofsweihe eine wichtige Funktion behielt, bekamen im Laufe der folgenden Jahrhunderte die übrigen Riten doch einen anderen Stellenwert. Ein sprechendes Beispiel für diese Übergangsphase ist die Amts-

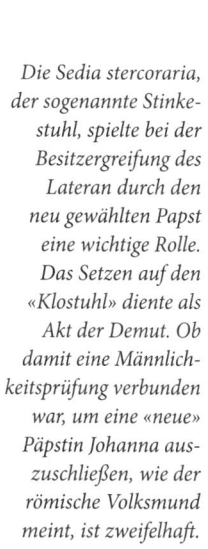

*Die Sedia stercoraria, der sogenannte Stinke-stuhl, spielte bei der Besitzergreifung des Lateran durch den neu gewählten Papst eine wichtige Rolle. Das Setzen auf den «Klostuhl» diente als Akt der Demut. Ob damit eine Männlich-keitsprüfung verbunden war, um eine «neue» Päpstin Johanna aus-zuschließen, wie der römische Volksmund meint, ist zweifelhaft.*

einsetzung von Paschalis II. im Jahr 1099, über die wir aufgrund einer guten Quellenlage genauer informiert sind.

Dieser war als Raniero di Bieda di Galeata bereits im jugendlichen Alter in ein Zisterzienserkloster eingetreten. Gregor VII. ernannte ihn zum Kardi-nalpriester von San Clemente, einer Kirche zwischen Kolosseum und Late-ran. Dort, in San Clemente, wurde er am 13. August 1099 zum Papst erhoben. Die anwesenden Vertreter der römischen Gemeinde und der päpstlichen Beamten riefen dreimal: Der heilige Petrus hat Paschalis zum Papst erwählt. Dann wurden zu Ehren des Neugewählten die Papstlaudes gesungen, die sich an den bei Königs- und Kaiserkrönungen üblichen Lobgesängen orien-tierten.

Anschließend legte Paschalis die wenigen Hundert Meter von San Cle-mente zum Lateran zu Pferd zurück. In feierlicher Prozession zog er in die dortige Basilika ein. Hier erfolgte eine dreifache Inthronisation. Zunächst musste sich Paschalis auf den sogenannten Stinkestuhl, die Sedia stercora-ria, setzen, einen Thron mit einem Loch in der Sitzfläche. Dieser wird auf zwei unterschiedliche Weisen interpretiert: Entweder handelt es sich um einen Toilettensitz, den der neu gewählte Papst als Akt der Demut besteigen musste. Oder die Öffnung diente der Überprüfung der Genitalien, um zu verhindern, dass sich wie bei der ominösen Päpstin Johanna eine Frau ins Papstamt einschlich. In der Apsis der Lateranbasilika wurde Paschalis auf der «papalis sedes et pontificalis», dem päpstlichen Bischofsstuhl, inthronisiert. Schließlich wurde er in den Apostolischen Palast des Lateran geführt, wo er auf einem weiteren Thron Platz nahm, als Zeichen der Übernahme der weltlichen Herrschaft in Rom und im Kirchenstaat.

Am folgenden Tag empfing Paschalis im Rahmen einer festlichen Messe in der Petersbasilika durch Handauflegung die Weihe zum Bischof von Rom. Hauptzelebrant war der Kardinalbischof von Ostia, assistiert von den Kardinalbischöfen von Porto und Albano. Dann folgte die Inthronisation auf dem Stuhl des heiligen Petrus. Dass die Weihe sofort nach der Wahl stattfinden konnte, zeigt: Man musste damals offenbar keine Rücksicht auf die Bestätigung durch weltliche Autoritäten nehmen.

Eine Krönung wird in den Quellen zwar nicht ausdrücklich beschrieben, dürfte aber mit dem üblichen Pomp auf den Stufen von Alt-Sankt Peter stattgefunden haben, wie wir von zahlreichen anderen Papsteinsetzungen wissen. Vermutlich ritt Paschalis in feierlicher Prozession zum Lateran zurück, wo die Päpste damals residierten. Paschalis regierte bis ins Jahr 1118.

Wenn der zum Papst Gewählte aber anders als Paschalis II. bereits Bischof war, schied die Bischofsweihe als entscheidender liturgischer und rechtlicher Akt der Amtsübernahme aus. Da die Translation eines bereits geweihten Bischofs von einem anderen Bistum nach Rom mehr und mehr zur Regel wurde, mussten neue zeremonielle Lösungen für die Amtseinführung des Papstes gefunden werden.

Zum Ersten erhielten Riten, die sich im Laufe der Jahrhunderte sekundär um den Akt der Weihe des römischen Bischofs entwickelt und an den eigentlichen Weiheritus angelagert hatten, nun mehr und mehr konstitutiven Charakter. Zweitens trat eine ursprünglich sekundäre Bühne immer stärker in den Mittelpunkt: die Petrusbasilika und vor allem das Petrusgrab. Als sich die papale Idee ausfaltete und der Primatsanspruch des Bischofs von Rom als Papst der Gesamtkirche immer umfassender wurde, musste das *Tu es Petrus*, «du bist der Fels», auf den der Erlöser seine Kirche bauen wollte, theologisch und zeremoniell neu definiert werden. Drittens bedienten sich die Päpste bei ihrer Amtsübernahme interessanterweise immer weniger ori-

*Die Cathedra des Bischofs von Rom steht bis heute in der Apsis der Lateranbasilika. Im ersten Jahrtausend war das Platznehmen auf diesem Bischofsstuhl unverzichtbare Voraussetzung für die Amtsübernahme des neu gewählten Papstes.*

ginär kirchlich-liturgischer Riten. Vielmehr versuchten sie in einer *Imitatio Imperii* – wie die Forschung diesen Vorgang treffend genannt hat – mehr und mehr, das byzantinische Kaiserzeremoniell zu kopieren und zentrale Elemente aus der Amtseinsetzung des Kaisers zu übernehmen. Eine genaue Datierung der einzelnen Entwicklungen ist umstritten, zumal erhebliche Unterschiede zwischen den in normativen papalen Texten und «Zeremonienbüchern» formulierten Idealen und der Realität bestanden haben dürften.

Jedenfalls hatte das Zeremoniell der Amtseinführung des Papstes bereits gegen Ende der karolingischen Ära begonnen, sich schrittweise auszuweiten. Die Bischofsweihe bildete zwar zunächst noch das Zentrum, sie fand aber wie bei Paschalis II. kaum mehr in der Lateranbasilika als der eigentlichen römischen Bischofskirche, sondern immer häufiger in der Petersbasilika statt, um den universalen Anspruch des Papstes zu unterstreichen, der eben mehr sein wollte als ein *primus inter pares,* als ein Bischof unter vielen.

Vier Elemente des Einsetzungsrituals, die zum Teil bereits bei der Amtseinführung Paschalis' II. zu erkennen waren, kristallisierten sich später heraus: Erstens die Inbesitznahme des Lateranpalastes unmittelbar nach der Wahl als Zeichen der Übernahme der weltlichen Herrschaft im Kirchenstaat. Die Lateranbasilika als Ort der geistlichen Vollmacht spielte offenbar kaum noch eine Rolle. Zweitens wurde der Papst in Sankt Peter geweiht oder konsekriert, nachdem der Kaiser oder König die Wahl bestätigt hatte. Die Inthronisation im Vatikan und die Immantation mit einem Purpurmantel wie bei einer Kaiserkrönung wurden Teil der Weiheliturgie. Drittens wurde dem Papst als Zeichen seiner imperialen Würde das Pallium, ein wollenes Band, das wie eine Stola um die Schultern getragen wird, verliehen, dann folgte eine Krönung mit dem Phrygium, einer königlichen Kopfbedeckung aus Byzanz, als Zeichen des weltlichen Herrschaftsanspruchs über Fürsten und Könige, aus der sich später die Tiara entwickeln sollte. Viertens kehrte der Papst zu Pferde in den Lateranpalast zurück.

Als immer mehr Päpste vor ihrer Wahl schon Bischöfe waren, wuchs die Bedeutung der Inthronisation weiter. Ursprünglich war damit nur die im Ritus der Bischofsweihe enthaltene Stuhlsetzung des neugeweihten Bischofs im Lateran gemeint. Nach und nach wurde daraus ein feierlicher, eigenständiger Akt, der an die Stelle der Bischofsweihe trat. Und er fand nicht mehr in der Lateranbasilika statt, sondern in der Petersbasilika, wo anstelle der Ordinatio, der Weihe, eine Benedictio, also eine Einsegnung des neuen Papstes, vorgenommen wurde. Die Inthronisation war somit das eigentlich rechtsbegründende Element. Trotz der Vorschriften von 1059 galt: Nicht die Wahl, nicht die Weihe macht den Papst, sondern die Inthronisation.

Entsprechend zählten die Päpste ihre Pontifikatsjahre nun auch nicht mehr ab dem Weihe- oder dem Wahldatum, sondern ab dem Tag ihrer Inthronisation. Das zeigt sich besonders deutlich an den Regierungsdaten Clemens' III., der von einer Synode in Brixen 1080 als Gegenpapst zu Gregor VII. gewählt worden war, sein Pontifikat aber erst seit seiner Inthronisation in Rom am 24. März 1084 rechnete.

Die Inthronisation wiederum, die ursprünglich immerhin ein liturgischer Nebenritus der Bischofsweihe gewesen war, wurde im Papstzeremoniell mehr und mehr durch die weltliche Krönung mit der Papstkrone ersetzt, die immer prächtiger wurde und Schritt für Schritt zur dreifachen Krone, der Tiara,

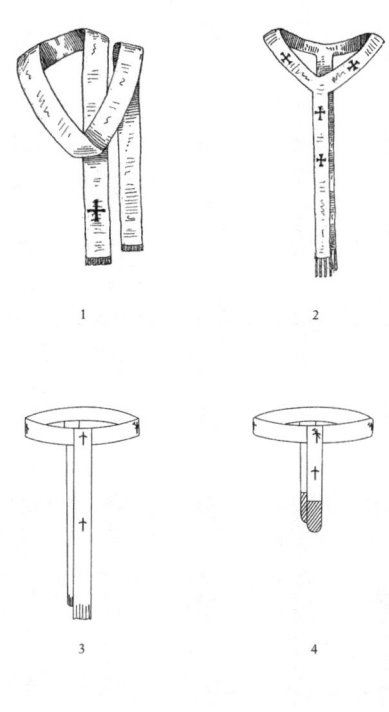

*Das Pallium als päpstliches Herrschaftszeichen machte seit der Spätantike (1) eine deutliche Entwicklung durch, die im zwanzigsten Jahrhundert (4) dazu führte, dass sich das päpstliche Pallium nicht mehr von den Pallien der Metropoliten unterschied. Benedikt XVI. unternahm deshalb den Versuch, wieder zur alten Tradition zurückzukehren, was Papst Franziskus jedoch nicht aufgriff.*

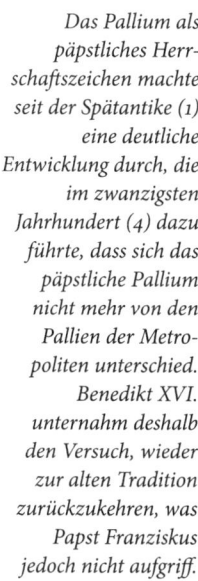

heranwuchs. Die Krönung als Höhepunkt und letztlich konstitutiver Akt der Inauguration eines neuen Papstes fand nicht im Lateran statt, sondern stets bei Sankt Peter, allerdings außerhalb der Basilika auf den Stufen der Kirche. Die dreifache Würde, die der Papst durch die Tiara erhielt, konnte theologisch letztlich nur über das Petrusgrab legitimiert werden. Nur als Nachfolger des Apostelfürsten Petrus und nicht als Bischof von San Giovanni in Laterano konnte der Papst seinen umfassenden Anspruch erheben und ihn mit der Krönung eindrucksvoll inszenieren. Seine universale Aufgabe als Vicarius Christi ließ sich eben lediglich von der Petrus-Tradition her begründen, nicht aber von dem angeblich von Konstantin geschenkten Kaiserpalast und seiner Bischofskirche.

## Tiara und Pallium als mobile Hoheitszeichen

Diese Verschiebung von der Inthronisation zur Krönung hängt letztlich auch mit den sieben Jahrzehnten im vierzehnten Jahrhundert zusammen, in denen die Päpste nicht in Rom, sondern im südfranzösischen Avignon residierten. Hier gab es weder den römischen Bischofssitz im Lateran noch die Cathedra des heiligen Petrus im Vatikan. Man brauchte etwas Mobiles, ortsunabhängig Einsetzbares und fand es in der Ferula, im Pallium und vor allem in der Tiara.

Die Ferula, ein gerader mannshoher Stab mit einem Kreuz an der Spitze, ist vor allem noch aus dem Pontifikat Pauls VI. im öffentlichen Bewusstsein präsent. Auf den meisten Aufnahmen ist der Montini-Papst nicht mit einem bischöflichen Krummstab, sondern mit einer Ferula zu sehen, die an ihrer Spitze in einem Kreuz endete. Dies wurde häufig als Zeichen seiner besonderen Verbindung zum gekreuzigten Christus interpretiert. Ursprünglich ist die Ferula aber das imperiale Szepter, das dem Papst wie dem Kaiser bei der Krönung als Zeichen seiner weltlichen Vollmacht überreicht wurde. Erst später hat eine Spiritualisierung der Ferula stattgefunden, sodass ihre ursprüngliche Bedeutung als weltliches Herrschaftszeichen nicht mehr zu erkennen ist. Ähnliches gilt für den Purpurmantel oder roten Schulterumhang, den die Päpste bis heute tragen. Er gehört ursprünglich ebenfalls in das kaiserliche Krönungszeremoniell, wird heute jedoch ob seiner blutroten Farbe mit der Bereitschaft, für seinen Glauben einzustehen und das Martyrium auf sich zu nehmen, verbunden.

Das Pallium, «das große Ähnlichkeit aufweist mit einem Schulterumwurf …, der zur kaiserlichen und konsularen Tracht gehörte», wurde «*das* Insigne des römischen Bischofs», wie der Theologe und Kirchenrechtler Eduard Eichmann überzeugend herausgearbeitet hat.[6] Ursprünglich war das Pallium im Bereich der römischen Kirche ausschließlich dem Papst vorbehalten; es war sein wichtigstes Unterscheidungsmerkmal. Seit dem neunten Jahrhundert erhielten jedoch nach und nach auch alle Metropoliten, das heißt alle Erzbischöfe, die einer Kirchenprovinz vorstanden, das Pallium als Zeichen ihres Vorrangs vor den Suffraganbischöfen. Es wurde zum «Symbol der Gemeinschaft mit Rom» und dem Papst und dürfte mit der Übertra-

*Die Tiara wurde so sehr zum Identitätssymbol der Päpste, dass im Mittelalter selbst schlafende Päpste mit ihr dargestellt wurden, wie hier Innozenz III. (1198–1216), der im Traum den heiligen Franziskus sieht, wie er die vom Einsturz bedrohte Lateranbasilika stützt. Das Giotto zugeschriebene Fresko findet sich in der Oberen Basilika in Assisi.*

gung des Konsekrationsrechts an die Metropoliten in Verbindung stehen. «Wer einen Bischof weihen soll, muss selbst im Besitze der höchsten Weihegewalt sein, deren Zeichen das vom Papst verliehene Pallium ist.»[7]

Deshalb wurde die Tiara mehr und mehr zum Alleinstellungsmerkmal des Papstes. Die Tiara geht, wie auch die übrigen von den Päpsten verwendeten Kopfbedeckungen, auf das kaiserliche Zeremoniell zurück. Vorbild war das sogenannte Phrygium, der Fürstenhut der byzantinischen Kaiser.

*Nachdem sich das Phrygium zur Tiara, zur dreifachen Krone, entwickelt hatte, wurde seit Mitte des vierzehnten Jahrhunderts auch Gottvater mit der Tiara dargestellt, wie hier im Genter Altar von Jan und Hubert van Eyck.*

Dessen Form ist heute vor allem als Mütze von Gartenzwergen und Schlümpfen bekannt. Im Papstzeremoniell taucht das Phrygium zum ersten Mal im achten Jahrhundert auf und wurde von den Päpsten im Sinne der Konstantinischen Schenkung als kaiserliches Diadem interpretiert, das Konstantin ihnen als Zeichen ihrer imperialen Würde überlassen habe. «Ein Bedürfnis nach einem weltlichen Herrscherhut konnte, musste aber auch in Rom entstehen, als der Papst ein weltlicher Herrscher geworden war.»[8] Den Päpsten diente die Fälschung der Konstantinischen Schenkung im Grunde als Legitimation für eine eigene Krone.

Das Phrygium, diese «Mütze», auch *Regnum* genannt, erhielt im Laufe der Jahrhunderte sogar drei Kronen: Nikolaus II. (1059–1061) verzierte das Phrygium mit einer Krone, Gregor IX. (1227–1241) wurde mit einem *Dia-*

*dema duplex* gekrönt, und seit Mitte des vierzehnten Jahrhunderts lässt sich definitiv eine dreifache Krone nachweisen, die *Triregnum* oder Tiara genannt wird. Sie symbolisiert die dreifache Vollmacht des Papstes als Oberhaupt der weltlichen Herrscher, Oberhaupt der Kirche und Stellvertreter Christi, wie die auch von Schwester Pascalina zitierte Übergabeformel bei der Krönung mit der Tiara deutlich zum Ausdruck bringt: «Empfange die mit drei Kronen geschmückte Tiara und wisse, dass du der Vater der Fürsten und Könige, der Lenker der Welt, der Vicarius unseres Erlösers Jesu Christi auf Erden bist, dem Würde und Ehre ist in alle Ewigkeit.»[9]

Die päpstliche Krone war ursprünglich ein eindeutig weltliches Herrschaftszeichen, sie entwickelte sich aber mehr und mehr zum Symbol der päpstlichen Vollmacht, auch der geistlichen, schlechthin. Die Tiara gehört zum Papst wie das Salz zur Suppe. «Seit dem dreizehnten Jahrhundert trägt der Papst ständig, selbst im Schlaf oder bei rein geistlichen Akten, die Tiara, und auch Gottvater trägt im Spätmittelalter als Zeichen seiner Herrschaft im Himmel diese Krone» – wie Bernhard Schimmelpfennig mit Blick auf zeitgenössische Darstellungen gezeigt hat.[10] Entsprechend hieß der Tag der Amtseinführung des Papstes immer häufiger «coronatio papae», Krönung des Papstes.

Ein schönes Beispiel für den Ablauf dieses Tages bietet ein von Schimmelpfennig entdeckter Ordo für die Amtseinsetzung Pius' II. vom Sommer 1458. Zunächst zog der Papst feierlich vom Vatikanischen Palast nach Sankt Peter. In der Gregorio-Kapelle wurde er eingekleidet, dann ging es in einer Prozession weiter zum Hauptaltar. Dabei wurde Werg verbrannt, grobe Pflanzenfasern, was den Papst an seine Sterblichkeit erinnern sollte. Die Benediktion bestand aus Segensgebeten, war aber keine Weihe. Der Papst erhielt das Pallium als Zeichen seiner geistlichen Würde überreicht. Es folgten die Krönungsmesse, die Papstlaudes und schließlich die feierliche Krönung auf einem Podest auf den Stufen von Sankt Peter als Höhepunkt und entscheidender Akt der Amtsübernahme. Der Krönungszug führte über die Engelsbrücke zur Kirche von Santa Cecilia, wo der Papst Geldstücke in die Menge werfen ließ. Bei der Piazza dell'Orologio mussten die Juden Roms ihrem neuen Stadtherrn huldigen und sich dabei rituell verdemütigen. Es ging weiter über verschiedene Stationen bis zum Kapitol, wo die Stadt Rom Pius II. als ihren Herrn anerkannte. Von dort ritt der Papst auf seinem Schimmel am Kolosseum und an San Clemente vorbei zum Lateran. Hier nahm er die Kirche und den Palast in Besitz. Auch beim Segen in der Kirche behielt

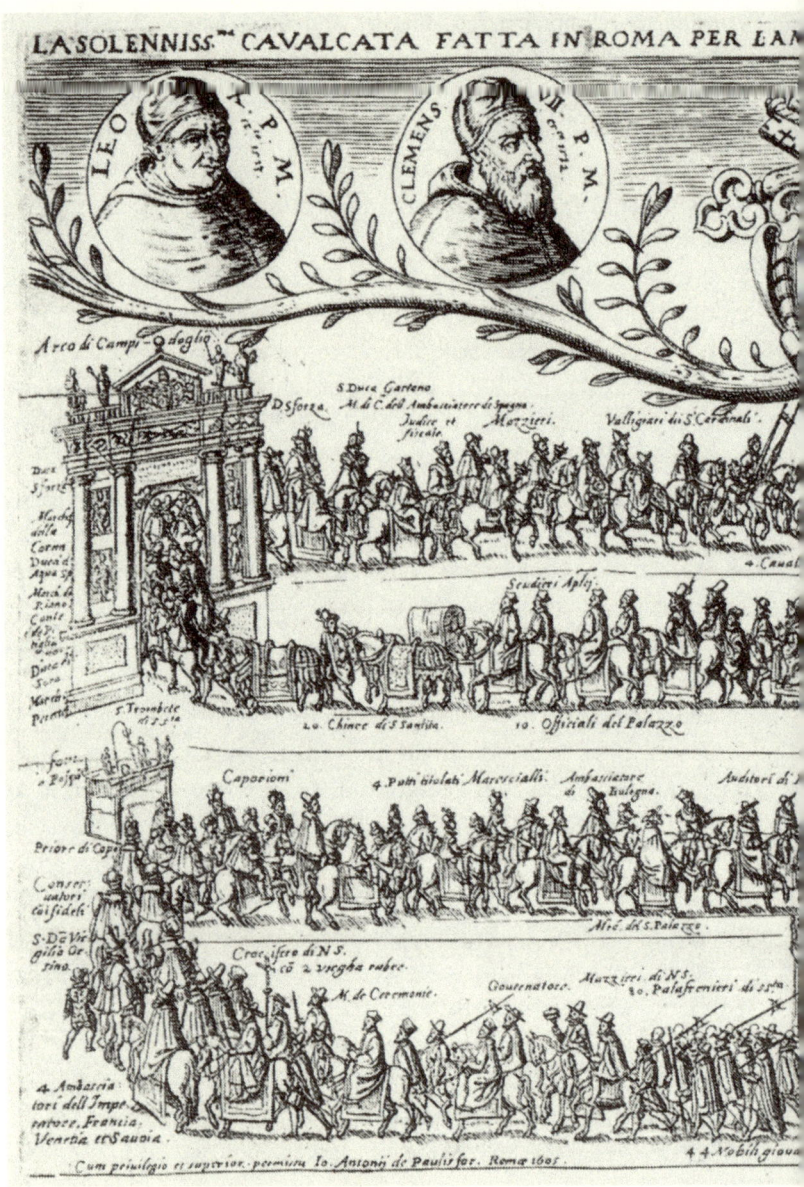

*Bis zum Ende des Kirchenstaates 1870 zogen die Päpste nach ihrer Krönung im Vatikan in einem Triumphzug zum Lateran, um dort auch die weltliche Herrschaft zu übernehmen. Hier ist die Possesso von Leo XI. 1605 dargestellt.*

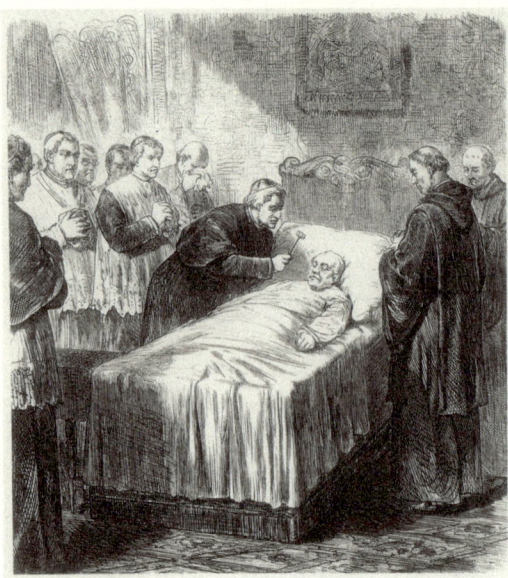

*Bis ins neunzehnte Jahrhundert stellte der Camerlengo den Tod des Papstes fest, indem er mit einem silbernen Hämmerchen an dessen Stirn klopfte und ihn mit seinem Taufnamen ansprach. Erst wenn dieser nicht antwortete, konnte der Stuhl Petri offiziell für vakant erklärt werden. Das Hämmerchen-Ritual wurde zum letzten Mal im Jahr 1878 beim Tod Pius' IX. durchgeführt, der hier auch dargestellt ist.*

er die Tiara auf, was noch einmal unterstreicht, dass aus einem weltlichen Symbol ein geistliches geworden war. Der Krönungstag endete mit dem Krönungsmahl im Lateranpalast.

Im Verlauf der Frühen Neuzeit wurde der unmittelbare zeitliche Zusammenhang der Krönung vor Sankt Peter und des Krönungszugs aufgegeben. Weil der Triumphzug immer aufwendiger gestaltet wurde, vergingen nach der Krönung oft Monate, bis der Papst mit der Tiara auf dem Kopf durch die Stadt zum Lateran ritt. Triumphbögen wurden errichtet, Freunde, Kaufleute und Klienten des neuen Papstes wollten ihre Verbundenheit zeigen und sich so sein Wohlwollen sichern. Die sogenannte Cavalcata war nun definitiv keine religiöse Prozession mehr. Das Allerheiligste in der Monstranz wurde nicht mehr mitgetragen. Vielmehr wurden die gesellschaftlichen Verhältnisse in Rom und im Kirchenstaat dargestellt. Jeder Bürger hatte die Chance, durch die Größe seines Triumphbogens einen besseren Platz im Zug näher beim Papst zu erhalten und so – wie Birgit Emich prägnant formuliert hat – erfolgreich «Werbung für seinen Laden» zu machen.[11]

*Mit dem Konklave verbinden viele Menschen bis heute das buchstäbliche Einmauern der Kardinäle, wie es hier in einem Holzstich aus dem Jahr 1878 in Szene gesetzt ist. Tatsächlich waren aber Fenster und Türen des Konklaves im Laufe der Geschichte immer wieder äußerst durchlässig.*

## Das Drama und seine Akte seit 1488

Die Riten und Zeremonien der Papsteinsetzung waren im Laufe der Geschichte einem starken Wandel unterworfen. Insbesondere die Frage, ab wann der Papst Papst ist beziehungsweise welcher Akt den Papst zum Papst macht, wurde ganz unterschiedlich beantwortet. Im Spätmittelalter entwickelte sich schließlich doch so etwas wie eine Running Order, die im Wesentlichen den Rahmen für die Szenenfolge zwischen Papsttod und endgültigem Amtsantritt des neuen Papstes bestimmte. Mit dem *Caeremoniale Romanum* aus dem Jahr 1488 von Agostino Patrizi Piccolomini und Johannes Burckard kam die Entwicklung der päpstlichen Zeremonienbücher und damit des Wahlzeremoniells zu einem vorläufigen Schlusspunkt. Mit einigen kleineren frühneuzeitlichen und neuzeitlichen Ergänzungen, die ebenfalls vor allem auf die päpstlichen Zeremonienmeister zurückgehen und aus deren Diarien erkennbar sind, blieb dieses Skript bis weit ins zwanzigste Jahrhundert hinein, bis zu den Amtseinsetzungen Johannes' XXIII. 1958 und Pauls VI. 1963, in Geltung.

Demnach sah das Drama im Wesentlichen drei große Akte voller Symbole und Rituale mit folgenden Einzelszenen vor:

### Erster Akt: Krankheit, Tod und Beisetzung des Papstes

Die Krankheit des Papstes wird der Öffentlichkeit gegenüber weitestgehend verschleiert: Der Papst ist gesund, ihm fehlt nichts, heißt es, auch wenn er tatsächlich todkrank ist. Das Problem der Hinfälligkeit muss auf alle Fälle versteckt werden. Die Angst vor der alten Prophezeiung an die Päpste «Nie wirst Du die Jahre des Petrus sehen» dürfte hier im Hintergrund stehen.

1. Feststellung des Papsttodes durch den Kardinalcamerlengo, der mit einem silbernen Hämmerchen dreimal auf die Stirn des Toten klopft und ihn unter Nennung seines Taufnamens fragt, ob er schlafe. Danach Versiegelung der päpstlichen Gemächer.
2. Einbalsamierung und Aufbahrung des Leichnams, zunächst im Papageienzimmer des Palasts, dann in der Cappella maior und schließlich öffentlich in Sankt Peter.
3. Neuntägige Begräbnisfeiern, die sogenannten Exequien, und Beisetzung des Papstes (unter Ausschluss der Öffentlichkeit), meist in der Krypta von Sankt Peter; spätere Translation von einem anderen Begräbnisort möglich.
4. Kardinalskongregationen zur Vorbereitung des Konklaves. Vernichtung des Fischerrings als Symbol der petrinischen Vollmacht des Papstes sowie aller päpstlichen Siegel.

### Zweiter Akt: Sedisvakanz und Konklave

1. Einzug der Kardinäle ins Konklave. Mit dem Ruf «extra omnes» müssen alle Nichtwähler hinaus, dann wird die Tür vermauert, später nur noch feierlich geschlossen.
2. Die Kardinäle nehmen Wohnung in hölzernen Zellen im Umfeld der Sixtina, mit teilweise katastrophalen sanitären Zuständen.
3. Die Wahlgänge finden in der Paolina, dann in der Sixtina statt. Als Wahlformen sind neben der Skrutinalwahl der Kompromiss und die Inspirationswahl vorgesehen.
4. Jeder erfolglose Wahlgang wird mit schwarzem Rauch (Stimmzettel mit Pech versetzt), der erfolgreiche Wahlgang mit weißem Rauch (nur die Stimmzettel) nach außen kommuniziert. Heute wird der schwarze Rauch mit Kaliumperchlorat, Anthracen und Schwefel, der weiße mit Kalium-

*Der Diakon in weißer Gewandung kniet vor dem frisch gewählten Papst Pius II. und*
*verbrennt auf einem Stab ein Büschel mit Werg. Dieser Ritus war bis zur Mitte*
*des zwanzigsten Jahrhunderts üblich und soll nach dem Grundsatz*
*«Sic transit gloria mundi» dem Papst am Tag seiner Krönung*
*seine Vergänglichkeit sinnbildlich vor Augen führen.*

perchlorat, Laktose und einem speziellen Harz erzeugt, um uneindeutige graue Rauchschwaden zu vermeiden.

5. Sobald ein Kandidat die Zweidrittelmehrheit erreicht hat, senken sich alle Baldachine über den Sitzen der anderen Kardinäle, nur der des Gewählten bleibt oben. Er wird gefragt, ob er die Wahl annimmt und welchen Namen er sich zulegt.

6. Immantation. Der Papst begibt sich von der Sixtina in die danebenliegende Sakristei. Dort liegen die päpstlichen Gewänder in drei Größen bereit. Nachdem er diese angelegt hat, begibt er sich in die Sixtina zurück, setzt sich auf einen Thronsessel vor dem Jüngsten Gericht und empfängt die erste Huldigung der Kardinäle durch Fußkuss.

7. «Habemus Papam» und erster Segen «Urbi et orbi» von der Loggia des Petersdoms ohne Ansprache.

**Dritter Akt: Inthronisation und Krönung**
*Erste Bühne: Sankt Peter*

1. Der Papst wird in der Sedia gestatoria von der Sala Regia in die Vorhalle von Sankt Peter getragen. Dort Huldigung des Kapitels von Sankt Peter.

2. Auf der Sedia gestatoria Einzug in Sankt Peter. Gesang «Tu es Petrus». Verehrung des Allerheiligsten in der Sakramentskapelle.

3. In der San-Gregorio-Kapelle Huldigung durch die Kardinäle, Apostolischer Segen für diese.

4. Prozession zur Apsis der Basilika. Dreimaliges Verbrennen von Werg als Zeichen der Vergänglichkeit. Dabei wird der Ruf intoniert: «Pater Sancte, sic transit gloria mundi.»

5. Der Papst steigt von der Sedia gestatoria, Beginn der Heiligen Messe am Papstaltar.

6. Nach Schuldbekenntnis und Vergebungsbitte drei Gebete «Super Pontificem» und Übergabe des Palliums als Zeichen der päpstlichen Würde: «Empfange das Heilige Pallium, das Zeichen der Vollmacht des päpstlichen Amtes, zur Ehre des allmächtigen Gottes, der glorreichen Jungfrau Maria, seiner Mutter, der seligen Apostel Petrus und Paulus und der heiligen römischen Kirche.»

7. Fortsetzung der Krönungsmesse «In Dei Coronationis».

8. Krönung: Nach der Messe wird der Papst zur äußeren Loggia getragen, begleitet von Trägern von Pfauenfedern. Dort Krönung mit der Tiara, Segensspendung «Urbi et orbi» und Rückkehr in den Apostolischen Palast.

*Zweite Bühne: Cavalcata oder Triumphzug zur Besitzergreifung des Lateran*

1.  Im Mittelalter erfolgte dieser Triumphzug durch die Stadt Rom in unmittelbarem Anschluss an die Krönungsmesse von Sankt Peter. In der Frühneuzeit trat ein immer größerer Zeitraum dazwischen. Die ursprünglich religiöse Prozession, die der Besitzergreifung der Bischofskirche des Papstes im Lateran diente, wurde zu einer politischen und sozialen Veranstaltung.

2.  Wichtigste Station war das Kapitol, dort Huldigung durch die Stadt Rom, Übernahme der weltlichen Herrschaft über den Kirchenstaat.

3.  Rituelle Demütigung der jüdischen Gemeinde.

*Dritte Bühne: Lateran*

1.  Besitzergreifung der eigentlichen Bischofskirche durch den Papst.

2.  Platznehmen auf der Sedia stercoraria (Stinkestuhl) als Demutsgestus mit Werfen von Münzen unter das gläubige Volk.

3.  Inthronisation auf dem Bischofsthron in der Apsis der Basilika und Huldigung des Kapitels.

4.  Inthronisation auf dem kaiserlichen Porphyrthron im Lateranpalast als Zeichen der weltlichen Vollmacht des Papstes.

Nach der Besetzung des Kirchenstaats und der Stadt Rom im Jahr 1870 durch italienische Truppen im Zuge des Risorgimento war die Cavalcata, der Ritt durch Rom, nicht mehr möglich. Es erfolgte nur noch eine geistliche Besitzergreifung des Lateran durch die Inthronisation auf der Cathedra in der Apsis der Basilika.

## Vergottesdienstlichung im zwanzigsten Jahrhundert

Der entscheidende Einschnitt bei der Inszenierung der Papstinauguration kam im Gefolge der Reformen des Zweiten Vatikanischen Konzils. 1978 stand noch kein neues Zeremoniale zur Verfügung. Die Einsetzungen von Johannes Paul I. und Johannes Paul II. waren infolgedessen, wie Crispino Valenziano zu Recht schreibt, «improvisiert».[12] Erst Johannes Paul II. und Benedikt XVI. haben 2000 und 2005 nicht nur für das Konklave, sondern auch für Exequien und Amtseinsetzung neue Ritualbücher erlassen. Die Riten wurden, wie der ehemalige päpstliche Zeremoniar Piero Marini hervorhebt, im Geiste der Liturgiereform des Konzils bearbeitet und von manchem zeremoniellen Ballast befreit. Denn die alten Zeremonien passten aus mehreren Gründen nicht mehr in die Zeit.

Zum ersten war die Blütezeit absolutistischer Monarchien zumindest in Europa lange vorbei, Herrschaft stand unter Rechtfertigungsdruck, ihre Inszenierung wurde kritisch hinterfragt, angesichts der Totalitarismuserfahrungen des zwanzigsten Jahrhunderts mehr denn je.

Zum zweiten war die unmittelbare weltliche Herrschaft des Papstes nach dem Ende des Kirchenstaats auf den winzigen Vatikanstaat begrenzt. Und auch der Anspruch, über den weltlichen Machthabern zu stehen, ließ sich kaum noch überzeugend inszenieren, hatte die katholische Kirche im Zweiten Vatikanischen Konzil doch endlich die Religionsfreiheit und eine weitreichende Autonomie der weltlichen Sachbereiche anerkannt. Dem Verlust seiner weltlichen Macht war das Papsttum schon im neunzehnten Jahrhundert dadurch begegnet, dass es sich neu erfand und seine geistliche Stellung mit der Definition von Primat und Unfehlbarkeit auf dem Ersten Vatikanischen Konzil 1870 umso stärker hervorhob.

Zum dritten wurde auf dem Zweiten Vatikanischen Konzil auch ein neues Selbstverständnis der katholischen Kirche formuliert. Faktisch wurde die innerkirchliche Machtposition des Papstes zwar noch gestärkt, doch zumindest die neue Rhetorik betonte die Kollegialität unter den Bischöfen, aber auch die Rolle der Laien in der Kirche. All das rief schon lange nach einer grundlegenden Reform der Zeremonien zur Papsteinsetzung.

Der ganze Vorgang von Papsttod bis Possesso wurde daher zu einer einzigen Liturgie, einer geistlichen Handlung. Alle weltlichen Rituale und Symbole sollten entfallen, weil sie dem geistlichen Amt des Vicarius Christi nicht entsprachen. Insbesondere alle Elemente, die das Papsttum zeremoniell durch die Imitatio Imperii groß gemacht hatten, wurden getilgt. Damit konnte auch die Krönung mit der Tiara nicht mehr der entscheidende Akt bleiben, der den Papst zum Papst macht. An die Stelle der Imitatio Imperii trat nun ausschließlich die Imitatio Christi. Deshalb sind die drei neuen Ordines auch gottesdienstliche Rituale und keine Zeremonienbücher mehr.

Die wesentliche Struktur des *Ordo exsequiarum Romani Pontificis* bleibt zwar erhalten, die Liturgie zeichnet sich aber durch Schlichtheit und Öffentlichkeit aus. Auch durch den Umgang mit seinem eigenen Leiden und Sterben hat Johannes Paul II. neue Maßstäbe gesetzt. Er hielt sein Siechtum

*Während der Totenmesse für Johannes Paul II. stand dessen Holzsarg auf dem Peters-*
*platz. Das Evangeliar auf dem Sarg wurde mehrfach vom Wind aufgeblättert, was von*
*Manchen als Wehen des Heiligen Geistes und Hinweis auf eine möglichst umgehende*
*Heiligsprechung des Santo Subito interpretiert wurde.*

nicht, wie bislang in der Papstgeschichte üblich, ängstlich geheim, sondern
lebte es öffentlich vor, bis zum Segen ohne Worte am Ostersonntag 2005.
Die von Paul VI. wiederbelebte Ferula, der gerade Kreuzesstab statt des
Krummstabes, wurde zu seinem Markenzeichen. Der Tod gehört nicht nur
zum Leben jedes Menschen, sondern selbstverständlich auch zum Leben
des Papstes. Denn der Vicarius Christi muss Christus gerade im Leiden und
Sterben nachfolgen, wenn er ihm ähnlich werden möchte. Es geht ja um
eine möglichst vollkommene Imitatio Christi.

   Da der weltliche Herrschaftsanspruch der Päpste hinfällig ist und es
zeremoniell keine Rückgriffe mehr auf das römische und byzantinische
Kaiserritual gibt, ist auch kein kaiserlicher Purpur und Hermelin mehr erforderlich, den die Päpste bis ins zwanzigste Jahrhundert über ihren weißen Gewändern trugen. Jetzt reicht das schlichte Weiß, die Farbe Christi,
dessen Gewand nach dem Zeugnis der Evangelien auf dem Berg der Ver-
klärung ein leuchtendes Weiß angenommen hatte. An die Stelle der dreifachen Krone ist die einfache Mitra eines Bischofs getreten.

Die Beerdigungsliturgie ist jetzt als Reihe von Stationsgottesdiensten konzipiert:

1. Station: Feststellung des Todes ohne Hämmerchen mit Camerlengo und Hausarzt sowie Aufbahrung des Toten in der päpstlichen Wohnung, eingebaut in die kirchliche Sterbeliturgie.
2. Station: Aufbahrung in der Petersbasilika vor dem Papstaltar ohne Katafalk und andere Bauten.
3. Station: Neuntägige öffentliche Exequien.
4. Station: Öffentliche Beerdigungsmesse auf dem Petersplatz mit schlichtem Holzsarg. Das Bild des vom Wind aufgeblätterten Evangeliars auf dem Sarg Johannes Pauls II. hat sich ins kollektive Gedächtnis eingegraben.
5. Station: Beisetzung in der Gruft unter Sankt Peter mit Fernsehübertragung.

Im Konklavezeremoniell *Ordo Rituum Conclavis* hat sich strukturell relativ wenig geändert. Aber es wird hervorgehoben, dass die Wahl unter Wirkung des Heiligen Geistes der eigentlich konstitutive Akt der Papstwerdung ist. Johannes Paul II. schreibt in der Apostolischen Konstitution *Universi Dominici gregis* von 1996 ausdrücklich: «Mit der Annahme der Wahl ist der Gewählte, der die Bischofsweihe bereits empfangen hat, unmittelbar Bischof der Kirche von Rom, wahrer Papst und Haupt des Bischofskollegiums; derselbe erhält sogleich die volle und höchste Gewalt über die Universalkirche und kann sie unverzüglich ausüben».[13]

Deshalb wird der Wahlvorgang deutlich spiritualisiert. So beten die Kardinäle zu den Horen gemeinsam das Stundengebet. Das Konklave nach diesem Ordo wirkt eher wie die Abhaltung geistlicher Exerzitien. Das Entscheidende findet eben nicht mehr öffentlich statt, auf der Loggia des Petersdoms, wenn dem neuen Papst die Tiara aufs Haupt gesetzt und ihm durch die Krönung offiziell sein Amt übertragen wird, sondern im Verborgenen, in der Sixtinischen Kapelle, in der die Kardinäle mit ihrem Gott allein sind und die Wahl unter dem Einfluss des Heiligen Geistes vollziehen sollen. Die Wahl – oder theologisch formuliert: der Heilige Geist – macht den Papst, nicht die dreifache Krone.

## Papstnamen als Wiedergeburtszeichen

Im Laufe der Zeit erhielt auch die seit dem elften Jahrhundert zur Regel werdende Praxis, dass sich die Päpste nach der Annahme der Wahl einen anderen Namen zulegten – so, wie aus Simon, dem Sohn des Jonas, Papst Petrus
wurde –, eine neue Interpretation. Ursprünglich verfolgten sie dabei eher
säkulare Ziele, wenn sie beispielsweise einen heidnischen, politisch belas-
teten oder vulgären Vornamen hatten: Aus Mercurius wurde Johannes II.
(533–535), aus Octavianus wurde Johannes XII. und aus Osporci («Schwei-
neschnauze») Sergius IV. (1009–1012). Im Zuge des Reformpapsttums wurde
mit dem Namenswechsel vor allem ein neues kirchenpolitisches Programm
oder die Anknüpfung an einen großen Vorgänger verbunden. Die gegen-
reformatorische Theologie brachte den Namenswechsel dann in direkte
Verbindung mit dem Sakrament der Taufe, er wurde als Zeichen der Wie-
dergeburt als neuer Mensch interpretiert. So wie der Täufling mit seinem
Namen eine unverlierbare Würde erhält und mit dem weißen Taufkleid
Christus als Gewand anlegt, so wird der Papst durch seine Wahl ein anderer.

Je weniger äußerlich sichtbare Zeichen den Papst zum Papst machen,
desto mehr kommt es auf den Namen an, den er sich bei der Annahme der
Wahl in einem konstitutiven Akt zulegt. Johannes XXIII. griff 1958 auf einen
Namen zurück, den kein Papst der vorangegangenen sechs Jahrhunderte
gewählt hatte, um sich von seinen beiden Vorgängern Pius XI. und Pius XII.
abzugrenzen und ein Ende der engen pianischen Epoche der Kirchengeschichte anzudeuten. Die Einberufung des Zweiten Vatikanischen Konzils unter dem Stichwort «Aggiornamento», Kirche in der Welt von heute,
legt davon beredtes Zeugnis ab.

Sein Nachfolger Giovanni Battista Montini wählte 1963 den Papstnamen
Paul VI., weil er sich nicht in erster Linie an Petrus, sondern am Völker-
apostel Paulus orientieren wollte. Das Evangelium in eine moderne, plurale
Welt hinein zu verkünden, war sein Programm, «Evangelii Nuntiandi» hieß
sein vielleicht wichtigstes Apostolisches Schreiben.

Johannes Paul I. und Johannes Paul II. wählten 1978 erstmals Doppel-
namen, um die Verehrung für beide Vorgänger auszudrücken. Benedikt XVI.
schloss mit seiner Namenswahl 2005 einerseits an den Friedenspapst Bene-

dikt XV. an, der 1917 eine Initiative zur Beendigung des Ersten Weltkriegs gewagt hatte, und verwies andererseits auf den großen Gelehrten auf dem Papstthron, Benedikt XIV. (1740–1758), was bestens zu seiner Vergangenheit als Theologieprofessor passt. Über allem stand aber der Bezug zum heiligen Benedikt von Nursia, dem großen Mönchsvater und Patron Europas.

Franziskus wählte 2013 als erster Papst überhaupt den Poverello aus Assisi als seinen Patron. Für sein Ziel einer armen Kirche im Dienst für die Armen der Welt und seine Kritik am römischen Pomp und Reichtum hätte er kein besseres Zeichen finden können.

## Die Inszenierung des Geheimen seit 1996

Die Neuerungen der Wahlordnung von 1996 fallen bei den öffentlichen Zeremonien zur Amtseinführung eines Papstes besonders ins Auge, wenn man sie mit den Bestimmungen des *Rituale Romanum* von 1488 vergleicht. Sie stehen in den Kommentaren zum neuen *Ordo Rituum Pro Ministerii Petrini Initio Romae Episcopi* unter der Überschrift «Von der feierlichen Krönung des Papstes zum Beginn des Petrusdienstes des römischen Bischofs». Der weiße Rauch, die Ankündigung der großen Freude und der erste Segen «Urbi et orbi» bleiben bestehen und bilden noch immer den ersten Akt. Es fehlt aber das vielleicht eindrucksvollste Zeichen: die feierliche Krönung mit der Tiara.

Der zweite Akt findet nach wie vor in Sankt Peter beziehungsweise auf dem Petersplatz statt und dient dazu, die besondere Nähe des neuen Papstes zu Petrus und seine Rolle als Vicarius Christi in geistlicher Hinsicht noch stärker zu inszenieren. Deshalb entfallen auch hier alle herrscherlichen Symbole und Gesten aus dem Kaiserzeremoniell: So gibt es keine Sedia gestatoria, das heißt keinen tragbaren Sessel mehr, es wird kein Werg verbrannt, die Huldigung der Kardinäle des Kapitels von Sankt Peter und von zwölf Gläubigen, die das Volk Gottes symbolisieren, findet nicht mehr durch Fuß- und Ringkuss statt. Dafür kommt es zwischen den Kardinälen und dem neuen Papst zu einer brüderlichen Umarmung, die an den Friedensgruß in der Heiligen Messe erinnert und die kollegiale Einbindung des Petrusdienstes in die Kirche symbolisieren soll.

Allerdings fragt man sich, ob hier nicht durch das Zeremoniell eine Kollegialitätsfassade aufgebaut wird, die die Akzentuierung von Jurisdiktionsprimat und Unfehlbarkeit durch das Zweite Vatikanische Konzil und die extensive Ausübung dieses Primats gerade im Pontifikat Johannes Pauls II. eher verschleiert.

Zu den entscheidenden symbolischen Akten gehört in der neuen Ordnung der Einzug des Papstes in die Peterskirche, wo er unmittelbar zum Petrusgrab unter dem Papstaltar Berninis hinuntersteigt, es mit Weihrauch inzensiert und dort eine Zeitlang im Gebet verweilt. Zwei Diakone nehmen das dort liegende päpstliche Pallium und den Fischerring auf, die durch ihre Nähe zum Petrusgrab quasi zu Berührungsreliquien geworden sind, und tragen sie in feierlicher Prozession zum Zelebrationsaltar auf den Petersplatz. Dort zelebriert der Papst mit den Kardinälen die Einführungsmesse nach dem neuen Ritus des Messbuchs Pauls VI. von 1970. Zwischen Evangelium und Predigt werden Pallium und Fischerring übergeben.

Der Fischerring war seit dem vierzehnten Jahrhundert zur Besiegelung wichtiger Dokumente in Gebrauch. Er zeigt den heiligen Petrus auf einem Boot, wie er die Netze auswirft, und trägt den Namen des jeweiligen Papstes. Dieses Bildprogramm steht für die Aufgabe des Menschenfischers und symbolisiert die Verbindung mit Christus. Seit Mitte des neunzehnten Jahrhunderts verlor der Fischerring seine praktische Bedeutung zum Siegeln von Breven und anderen päpstlichen Schreiben. Er wurde zum bloßen Insignium der päpstlichen Würde.

Da auch alle Erzbischöfe ein Pallium erhalten, hat Benedikt XVI. in Anlehnung an spätantike und frühmittelalterliche Vorbilder eine eigene Form des päpstlichen Palliums entwickeln lassen, die sich deutlich von den übrigen Pallien abhebt. Er hoffte damit wohl, eine neue Tradition der Unterscheidung und päpstlichen Exklusivität begründen zu können. Sein Nachfolger Franziskus kehrte aber wieder zur klassischen Form des Palliums zurück, das sich nicht von dem der Metropoliten unterscheidet. Pallium und Fischerring sind die beiden einzigen übrig gebliebenen Symbole der Amtsgewalt des Papstes.

Es ist in der Öffentlichkeit eine Diskussion darüber entstanden, ob diese beiden Symbole stark genug sind, um die Einmaligkeit und besondere Würde des Papstes zum Ausdruck zu bringen. An die Tiara und die medientaugliche Krönung reichen diese Zeichen und die mit ihnen verbunden Rituale nicht heran. Sie passen allerdings hervorragend in die neue Symbolik der Bescheidenheit der Imitatio Christi. So wie Christus keinen Platz hatte, sein Haupt zu betten, hat der Papst keine Krone. Man darf gespannt sein, ob und

wie die päpstlichen Zeremonienmeister den Ritus in Zukunft weiterent-
wickeln werden.

Der deutlichste Bruch mit der Tradition hat sich im Hinblick auf die
Bedeutung des Lateran und seine Inbesitznahme vollzogen. Nun ist es
nicht mehr unbedingt nötig, dass sich der Papst so bald  wie möglich zu
seiner eigentlichen Bischofskirche begibt, vielmehr soll er nach seiner Einführungsmesse in Sankt Peter zunächst nach Sankt Paul vor den Mauern
gehen, um am Grab des Apostels Paulus zu beten. Damit wird zeremoniell
erstmals die Paulustradition mit der Petrustradition verbunden und der
Papst als Nachfolger Petri und Pauli inszeniert. Erst danach soll irgend-
wann die Inbesitznahme der Lateranbasilika erfolgen, ferner soll der Papst
auch noch die Basilika Santa Maria Maggiore besuchen. Damit hat die römische Bischofskirche ihre Funktion für die öffentliche Darstellung der Papstwerdung endgültig verloren. Der Papst ist Papst durch die Wahl und die
symbolische Herstellung der Beziehung zu Petrus im Vatikan durch Fischerring und Pallium. Bischof von Rom zu sein ist für den Pontifex maximus
zeremoniell gesehen offenbar nur noch eine unbedeutende Nebenbeschäfti-
gung.

Der Erfolg von Theaterinszenierungen und Aufführungen misst sich
nicht zuletzt an den Zuschauerzahlen. Geht man nach den Einschaltquoten,
so hat keine andere Inszenierung einer Amtsübernahme irgendeines weltlichen oder geistlichen Würdenträgers ein so großes öffentliches Interesse
gefunden wie der Tod Johannes Pauls II. und die Amtseinführung Benedikts XVI. Millionen Menschen, darunter viele junge, kamen nach Rom,
rund eine Milliarde Zuschauer verfolgte die Szenerie an den Bildschirmen.
Sicher ist: Die Faszination der Inszenierung des Geheimen, der Ahnung der
Transzendenz in der Immanenz, ist ungebrochen, vielleicht ist sie heute
stärker denn je; und wo käme sie besser zum Ausdruck als bei der Inszenierung der Amtseinsetzung des römischen Papstes, wenn das «Habemus
Papam» auf der Loggia erklingt?

Tiara und Lateranbasilika haben sich überlebt. Theologische Unstim-
migkeiten hinter dem heutigen Zeremoniell sind für die breite Öffentlichkeit ohnehin uninteressant. Die öffentliche Inszenierung der geheimen
Wahl als entscheidender Akt ist wirksamer als jede andere Form der Inauguration. Wen interessiert es da schon, dass alles, was auf dem Petersplatz
geschieht, im Grunde Wesentliches ausblendet? Da es das Papstamt als
Sakrament, genauer als vierte Stufe des Weihesakraments, nun einmal nicht

gibt, kann der Papst historisch und theologisch nur Papst sein als Bischof von Rom. Bevor er Papst werden kann, muss er Bischof von Rom geworden sein. Die Bischofskirche von Rom ist und bleibt aber die Lateranbasilika und nicht der zu groß geratene Grabstein von Sankt Peter.

Müsste daher der neu gewählte Papst, da das Bischofsamt zumindest aus historischer Perspektive unverzichtbare Voraussetzung für das höchste Amt der katholischen Kirche ist, nicht zuerst von seiner Bischofskirche, San Giovanni in Laterano, Besitz ergreifen und sich auf die dortige bischöfliche Cathedra setzen? Wäre er nicht erst dann Bischof von Rom? Könnte er nicht erst als solcher Pallium und Fischerring im Petersdom als Zeichen seiner universalen papalen Aufgabe übernehmen? Wäre er aus Sicht der kirchlichen Tradition nicht erst als Bischof von Rom zugleich Papst der Gesamtkirche?

Als Papst Bischof von Rom zu sein, ergibt nur schwer einen Sinn, denn das eine ist die Voraussetzung des anderen. Müsste nicht hier eine grundlegende Reform der Amtseinsetzung der Päpste beginnen, wenn Franziskus ernsthaft über Veränderungen nachdenkt? Nachdem er sich bei seiner Präsentation auf der Loggia des Petersdoms mit seinen ersten Worten als Bischof der Römer bezeichnet hat, wäre ein solcher Schritt nur konsequent.

# 6. Wie geheim sind Papstwahlen wirklich?

# Ein verbotenes Konklave-Tagebuch

«Sonntag, 17. April 2005. Am Nachmittag bezog ich mein Zimmer in der Casa Santa Marta. Als ich mein Gepäck abgestellt hatte, versuchte ich die Fensterläden zu öffnen, weil es im Raum so dunkel war. Es gelang mir nicht. Ein Mitbruder wandte sich wegen desselben Problems an die Schwestern, die das Haus führen. Er vermutete, dass es sich um einen technischen Fehler handelte. Die Schwestern erklärten ihm, dass die Fensterläden versiegelt wurden. Konklaveklausur … Eine neue Erfahrung, für fast alle von uns. Von einhundertfünfzehn Kardinälen haben nur zwei bereits an einer Papstwahl teilgenommen.» Mit diesen Formulierungen beginnt das «verbotene» Tagebuch eines Kardinals, der nach dem Tod Johannes Pauls II. am Konklave teilnimmt, aus dem Joseph Ratzinger als Benedikt XVI. hervorgehen wird.

Der erste Wahlgang beginnt am Montag, den 18. April, um 16.33 Uhr. Einhundertfünfzehn Kardinäle begeben sich in die Cappella Sistina und nehmen dort ihre Plätze ein. Jeder bekommt – wie der anonyme Kardinal weiter berichtet – einen Stimmzettel ausgehändigt, füllt ihn aus, schreitet in der vorgesehenen Weise zur Urne. Kurz nach 19 Uhr sind die Stimmen ausgezählt: Ratzinger siebenundvierzig, Jorge Mario Bergoglio zehn, Carlo Maria Martini neun, Camillo Ruini sechs, Angelo Sodano vier, Óscar Maradiaga drei, Dionigi Tettamanzi zwei Stimmen; ferner erhielten dreißig Kardinäle jeweils eine Stimme. Die Zweidrittelmehrheit ist nicht erreicht, was schwarzer Rauch aus dem Kamin der Sixtina den Wartenden auf dem Petersplatz signalisiert.

Die Kardinäle fahren mit dem Bus nach Santa Marta zurück und essen gegen 20.30 Uhr zu Abend. «Die Isolation war wirklich total. Fernsehen, Radio und Zeitungen unzugänglich. Telefone und Handys blockiert. Aber reden konnte man miteinander.» Und obwohl es verboten ist, Santa Marta zu verlassen, hält es der passionierte Raucher José da Crux Kardinal Policarpo angeblich nicht aus und geht vor die Tür, «um sich eine gute Zigarre anzuzünden».

Der Dienstag, 19. April, beginnt um 7.30 Uhr mit der gemeinsamen Messfeier in Santa Marta, dann geht es mit dem Bus wieder zum Damasushof. Einige Kardinäle, unter ihnen Walter Kasper, ziehen es aber vor, die wenigen Hundert Meter um die Apsis des Petersdoms herum zu Fuß zu-

*Der Päpstliche*
*Zeremonienmeister,*
*Erzbischof Piero*
*Marini, schließt das*
*Portal der Sixtinischen*
*Kapelle. Erst danach*
*konnte die geheime*
*Papstwahl von 2005*
*beginnen.*

rückzulegen, um die frische Luft zu genießen. Der zweite Wahlgang beginnt um 9.30 Uhr; Ratzinger erhält fünfundsechzig Stimmen, Bergoglio überraschend fünfunddreißig, Sodano kommt auf vier und Tettamanzi auf zwei – die Zweidrittelmehrheit von siebenundsiebzig Stimmen ist wieder nicht erreicht. Unmittelbar anschließend folgt der dritte Wahlgang, in dem Ratzinger zweiundsiebzig und Bergoglio vierzig Stimmen erhält, Dario Castrillon Hoyos kommt auf eine.

Die Kardinäle begeben sich zum Mittagessen nach Santa Marta. Der vierte Wahlgang beginnt am Nachmittag um 16.30 Uhr. «Auch Kardinal Ratzinger … notiert bei der Auszählung sorgfältig die Stimmen auf einem Blatt, und als gegen 17.30 Uhr das Quorum von siebenundsiebzig Stimmen überschritten ist, herrscht in der Sixtina ein Moment der Stille, gefolgt von einem langen Applaus», hält das «verbotene» Tagebuch fest. Ratzinger erhält am Ende vierundachtzig Stimmen, Bergoglio sechsundzwanzig und die Kardinäle Christoph Schönborn, Giacomo Biffi und Bernard Law jeweils eine.[1]

## Top Secret: Regeln für die Geheimhaltung

Eigentlich dürfte es ein solches Tagebuch über das Konklave Benedikts XVI. nicht geben, widmet sich doch ein großer Teil der Bestimmungen der Konstitution *Universi Dominici gregis* von 1996 der strengsten Geheimhaltung.

Die Kardinäle müssen einen sehr strengen Eid ablegen: «Vor allem aber versprechen und schwören wir, in bedingungsloser Treue und mit allen, seien es Kleriker oder Laien, Geheimhaltung über alles zu wahren, was in irgendeiner Weise die Wahl des Papstes betrifft, und was am Wahlort geschieht und direkt oder indirekt die Abstimmungen betrifft; dieses Geheimnis in keiner Weise während oder nach der Wahl des neuen Papstes zu verletzen, außer wenn vom Papst selbst eine ausdrückliche Erlaubnis dazu erteilt worden ist. Gleichermaßen versprechen und schwören wir, niemals eine Einmischung, eine Opposition noch irgendeine andere Form zu unterstützen oder zu begünstigen, wodurch weltliche Autoritäten jeglicher Ordnung und jeglichen Grades oder irgendwelche Gruppen oder Einzelpersonen sich in die Papstwahl einzumischen versuchen sollten.» Darauf leisten die einzelnen Kardinäle den Eid: «Und ich, N. Kardinal N., verspreche, verpflichte mich und schwöre es.» Dann legen sie die Hand auf das Evangelium und fahren fort: «So wahr mir Gott helfe und diese heiligen Evangelien, die ich mit meiner Hand berühre.»[2]

Zugleich sollen alle technischen Möglichkeiten genutzt werden, um ein Abhören der Sixtina von außen unmöglich zu machen. Ferner müssen nicht nur die ausgefüllten Stimmzettel, sondern auch die von den Wahlhelfern geführten Ergebnislisten unmittelbar nach jedem Wahlgang im Kanonenofen der Sixtina verbrannt werden. Die Wartenden auf dem Petersplatz sehen davon nur den schwarzen Rauch.

Auch alle privaten Aufzeichnungen der Kardinäle während des Konklaves sind nach den Vorschriften Johannes Pauls II. umgehend zu vernichten: «Allen und jedem einzelnen der wahlberechtigten Kardinäle schreibe ich vor, zur sicheren Wahrung der Geheimhaltung jede Art von Notizen, die sie über das Ergebnis der einzelnen Wahlgänge neben sich liegen haben, dem Kardinal-Camerlengo oder einem der drei assistierenden Kardinäle auszuhändigen. Diese Aufzeichnungen sollen mit den Stimmzetteln verbrannt werden.»[3]

Trotz dieser strengen Vorschriften kann es eine Reihe von Gründen geben, die einen Kardinal dazu bewegen, einen derartig feierlichen Eid zu brechen. Heutzutage gelten solche «geheimen» Insider-Informationen aus dem Konklave als sensationell. Sie kommen einer weit verbreiteten Neugier entgegen, denn jeder möchte schließlich wissen, was im total abgeschotteten Konklave, hinter den hohen Mauern des Vatikan wirklich geschieht.

Falls das «verbotene» Tagebuch tatsächlich authentisch sein sollte, ließen sich daraus wichtige Einsichten gewinnen. So würde es das weit verbreitete Gerücht widerlegen, der entscheidende Gegenspieler Joseph Ratzingers im Konklave 2005 sei der emeritierte Erzbischof von Mailand, der Jesuit Carlo Maria Martini, gewesen, der in der Öffentlichkeit dem «reaktionären» Präfekten der Glaubenskongregation als «Liberaler» gegenübergestellt wurde. Wenn die Informationen der geheimen Aufzeichnungen zutreffen, dann war der jetzige Papst Franziskus schon bei dieser Wahl der stärkste Gegenkandidat des späteren Benedikt XVI. Zudem hätte Bergoglio im dritten Wahlgang mit vierzig Stimmen über eine Sperrminorität verfügt, die eine Wahl Ratzingers hätte verhindern können – wenn Johannes Paul II. die verbindliche Zweidrittelmehrheit ab dem fünfunddreißigsten Wahlgang nicht abgeschafft hätte. Dann wäre, wie so oft in der Kirchengeschichte, alles auf einen dritten Kandidaten als Kompromiss hinausgelaufen.

Es lässt sich nicht mit Sicherheit feststellen, ob dieses Tagebuch «echt» ist und tatsächlich von einem Papstwähler stammt oder ob es nur geschickt zusammengestellt worden ist. Die Identität des Autors ist nie bekannt geworden. Diesen Umweg über «verbotene», zugegebenermaßen historisch eher unsichere Quellen hätte man früher bei Papstwahlen interessanterweise nicht gehen müssen.

## Informationen über die Hintertreppe

Trotz aller Geheimhaltung und der Androhung kirchlicher und ewiger Strafen weiß man von fast jeder Papstwahl, wie sie abgelaufen ist. Man weiß meistens auch genau, welcher Kandidat in welchem Wahlgang welche Stimmen erhalten hat, welche Streitigkeiten und Absprachen es zwischen den einzelnen Parteien gab und wie die Purpurträger einen wirklichen oder nur vorgeblichen Kompromisskandidaten fanden; manchmal kennt man auch den Preis, den ein Pontifex maximus für jede einzelne Stimme zahlen musste – in klingender Münze, durch die Verleihung wichtiger Ämter und einträglicher Pfründen oder durch die Verteilung von Kardinalshüten.

Man reibt sich verwundert die Augen und fragt: Warum weiß man das alles eigentlich so genau, wenn doch alles geheim sein sollte? Ein naheliegender, der menschlichen Natur entsprechender Grund ist: Geheimnisverrat. Die Eminentissimi sind allem Purpur zum Trotz auch nur Menschen, nicht selten eitel, geltungs- und mitteilungsbedürftig. Deshalb tauchen immer wieder geheime Aufzeichnungen von Papstwählern auf, die während des Konklaves mehr oder weniger genau mitgeschrieben haben, was dort im Einzelnen passiert ist. Manche Kardinäle sollen auch geheime Interviews mit ausgewählten Journalisten gegeben haben.

Darüber hinaus sind generell unterschiedliche zeitliche Ebenen der Geheimhaltungspflicht bei Papstwahlen zu unterscheiden.

Die erste Ebene bezieht sich auf die Phase während der Papstwahl selbst. Dass Päpste und Konzilien seit über einem Jahrtausend mit mehr oder weniger großem Erfolg versucht haben, die Papstwähler von äußeren Einflüssen abzuschotten, um zu verhindern, dass diese während der Wahl Informationen nach außen durchsickern lassen oder Einflüsterungen von außen ausgesetzt sind, ist verständlich.

Ist der Pontifex maximus aber erst einmal mit Zweidrittelmehrheit gewählt und inthronisiert, fällt dieser Grund für die Geheimhaltung weg. Die Päpste des zwanzigsten Jahrhunderts haben zwar versucht, durch Vorschriften zu verhindern, dass Informationen auch unmittelbar nach Ende der Papstwahl an die Öffentlichkeit dringen – und das ist die zweite Ebene.

*Im Konklave von 1922 taten sich die Kardinäle äußerst schwer, sich auf einen Papst zu verständigen. Achille Ratti wurde als Kompromisskandidat gewählt. Die Fotografie zeigt ihn im Jahr 1935, als er sechzehn neu ernannten Kardinälen und künftigen Papstwählern ihre roten Birette überreicht.*

Es ist ihnen aber nur sehr begrenzt gelungen, wie ein Blick in die vierbändige *Papstgeschichte der neuesten Zeit* von Josef Schmidlin zeigt.

Besonders aufschlussreich ist der vierte Band, der sich mit dem Pontifikat Pius' XI. von 1922 bis 1939 beschäftigt und unmittelbar danach erschien. In dem Kapitel «Konklave und Papstkrönung», das Schmidlin im Jahr 1937/38, also noch zu Lebzeiten Pius' XI., verfasste, gibt er über die einzelnen Wahlgänge und die Abstimmungsergebnisse detailliert Auskunft. Dazu stützt er sich auf Tagebücher und Konklaveaufzeichnungen verschiedener Kardinäle. Schmidlin berichtet, dass von sechzig wahlberechtigten Kardinälen dreiundfünfzig ins Konklave einzogen. In den vier Wahlgängen des ersten Tages, des 3. Februars 1922, konzentrierten sich die Stimmen im Wesentlichen auf die Kardinäle Pietro Maffi (neun bis zehn), Pietro Gasparri (zwischen acht und zwölf), Raffael Merry del Val (zwischen zwölf und siebzehn), Pietro La Fontaine (zwischen einer und neun) und Achille Ratti (drei bis fünf Stimmen). Am zweiten Tag, dem 4. Februar, wuchs die Zahl der

Stimmen für Gasparri durch einen Verzicht Maffis auf vierundzwanzig
Stimmen an, während sich La Fontaine in den vier Wahlgängen von sieben
auf zweiundzwanzig Stimmen steigerte, weil Merry del Val die Aussichts-
losigkeit seiner Kandidatur erkannte. Ratti erhielt in diesen vier Wahlgängen je zweimal vier und zweimal fünf Stimmen. Am dritten Tag, dem 5. Februar, zeigte sich, dass Gasparri über die vierundzwanzig Stimmen nicht
hinauskam, weshalb seine Ergebnisse drastisch sanken: Seine Wähler wech-
selten zu Ratti, dessen Stimmenzahl von elf auf siebenundzwanzig stieg,
während La Fontaine schließlich dreiundzwanzig Stimmen erreichte. Am
vierten Tag, dem 6. Februar, steigerte sich Ratti auf mehr als dreißig Stimmen, während La Fontaine von achtzehn auf neun zurückfiel. Am folgenden
Tag wurde Achille Ratti im vierzehnten Wahlgang mit zweiundvierzig Stimmen und der damit erreichten Zweidrittelmehrheit zum Papst gewählt.

Eine dritte Ebene der Information über Papstwahlen bezieht sich auf
die historische Forschung, die über die Auswertung von einzelnen Konkla-
vetagebüchern hinausgehen muss. Bis zur Papstwahlordnung Johannes
Pauls II. von 1996 und seinem Archivgesetz von 2005 konnte man die Unterlagen der Konklaven mit den Ergebnislisten der einzelnen Wahlgänge
und allen anderen einschlägigen Informationen, die sich im Vatikanischen
Geheimarchiv oder der Vatikanischen Bibliothek befinden, ohne jede Einschränkung konsultieren. Die Öffnungspraxis der vatikanischen Archive ori-
entierte sich dabei nicht an feststehenden Fristen, nach denen Dokumente
automatisch für die Forschung freigegeben werden, sondern ein amtieren-
der Papst bestimmte, wann alle Akten eines Pontifikats zugänglich wurden.
So wurden 1985 die Bestände zum Pontifikat Benedikts XV. geöffnet, im
Jahr 2006 folgten alle Unterlagen der Regierungszeit Pius' XI. Mit besonderer Spannung wird derzeit die Freigabe der Akten aus dem Pontifikat
Papst Pius' XII. erwartet.

Ohne diesen uneingeschränkten und unzensierten Aktenzugang hätte
etwa Ludwig Freiherr von Pastor seine monumentale *Geschichte der Päpste*,
die alle Pontifikate von der Wahl Martins V. 1417 bis zum Tod Pius' VI. 1799
umfasst, niemals schreiben können. Besonders spannend ist, dass Pastor
die Wahl eines jeden dieser Päpste detailliert nachzeichnen kann. Mitunter
druckt er im Anhang sogar Listen mit den Ergebnissen der einzelnen Wahlgänge ab. So ist, um nur ein Beispiel zu nennen, die äußerst komplizierte
Wahl Innozenz' XI. im Sommer 1676 aufgrund der offiziellen Unterlagen
ganz genau nachzuvollziehen.

## Neue Geheimnisse seit Johannes Paul II.

Durch die Bestimmungen Johannes Pauls II. soll der wissenschaftlichen Aufarbeitung von Papstwahlen aber künftig ein für alle Mal ein Riegel vorgeschoben werden. In der Konstitution *Universi Dominici gregis* von 1996 heißt es dazu: «Ferner ordne ich an, dass der Kardinal-Camerlengo der Heiligen Römischen Kirche am Ende der Wahl einen Bericht anfertigt, der auch die Zustimmung der drei assistierenden Kardinäle finden muss, worin er das Abstimmungsergebnis jedes Wahlganges feststellt. Dieser Bericht wird dem Papst übergeben und dann im dafür vorgesehenen Archiv in einem versiegelten Umschlag verschlossen aufbewahrt, der ohne ausdrückliche Erlaubnis des Papstes von niemandem geöffnet werden darf.»[4]

In seinem Archivgesetz präzisiert der Papst diese Vorschriften und schließt Konklaveakten grundsätzlich von jeder Benutzung durch die historische Forschung aus. Er geht aber noch einen Schritt weiter: Nicht nur das Material über die Papstwahl, sondern auch die schriftlichen Nachlässe der Päpste und der Kardinäle, die sogenannten Spogli dei Cardinali, bislang eine viel benutzte Quelle, sollen für immer im Vatikanischen Geheimarchiv verborgen werden, genauso wie alle Dokumente, die sich auf die Ernennung von Bischöfen sowie Funktionsträgern des Heiligen Stuhls und der Vatikanstadt beziehen. Damit ist es im Grunde unmöglich, auch künftig eine der vielleicht interessantesten Fragestellungen neuzeitlicher Kurien- und Kirchengeschichte, die der kurialen Personalpolitik, zu bearbeiten.

Man fragt sich, was Johannes Paul II. bewogen hat, nicht nur seine eigene Papstwahl, sondern auch alle Unterlagen, die sich in irgendeiner Weise auf eine päpstliche Personalentscheidung wie die Ernennung von Bischöfen, Apostolischen Nuntien oder Mitarbeitern der Römischen Kurie beziehen, für alle Zeiten der Benutzung zu entziehen.

Die oft undurchsichtige und heftig kritisierte vatikanische Personalpolitik, insbesondere was die Ernennung von Bischöfen im Pontifikat Johannes Pauls II. angeht, wird also niemals wissenschaftlich präzise aufgearbeitet werden können, wenn das Archivgesetz so bestehen bleibt. Die Gläubigen werden nie erfahren, wie es eigentlich zur Wahl Johannes Pauls II. oder zur Ernennung Joachim Kardinal Meisners zum Kölner Erzbischof gekommen ist. Würden diese Quellen zugänglich, dann könnte man beispielsweise auch die Frage beantworten, ob Karol Wojtyła seine Wahl zum Papst tatsächlich dem besonderen Engagement des Wiener Kardinals Franz König zu verdanken hat, und wäre nicht ewig auf Spekulationen angewiesen. Dann stünde vielleicht aber auch das spätere Verhalten Johannes Pauls II. Kardinal König gegenüber, dem er mit Hans Hermann Groër eine äußerst fragwürdige Persönlichkeit auf den Wiener Erzbischofsstuhl nachfolgen ließ, noch einmal in einem ganz anderen Licht. Kurz: Statt der vielbeschworenen Transparenz wird durch diese Archivpolitik Geheimniskrämerei betrieben und wilden Spekulationen Tür und Tor geöffnet, was der bisherigen Tradition der großzügigen Öffnung der Bestände des Vatikanischen Geheimarchivs für die Forschung widerspricht.

# 7. Wie funktioniert ein Papstrücktritt?

## «Dagegen-Papst»: Der Rücktritt Benedikts XVI.

«Aus dem Vatikan, 10. Februar 2013. Liebe Mitbrüder! Ich habe euch zu diesem Konsistorium nicht nur wegen dreier Heiligsprechungen zusammengerufen, sondern auch, um euch eine Entscheidung von großer Wichtigkeit für das Leben der Kirche mitzuteilen. Nachdem ich wiederholt mein Gewissen vor Gott geprüft habe, bin ich zur Gewissheit gelangt, dass meine Kräfte infolge des vorgerückten Alters nicht mehr geeignet sind, um in angemessener Weise den Petrusdienst auszuüben. Ich bin mir sehr bewusst, dass dieser Dienst wegen seines geistlichen Wesens nicht nur durch Taten und Worte ausgeübt werden darf, sondern nicht weniger durch Leiden und durch Gebet. Aber die Welt, die sich so schnell verändert, wird heute durch Fragen, die für das Leben des Glaubens von großer Bedeutung sind, hin- und hergeworfen. Um trotzdem das Schifflein Petri zu steuern und das Evangelium zu verkünden, ist sowohl die Kraft des Körpers als auch die Kraft des Geistes notwendig, eine Kraft, die in den vergangenen Monaten in mir derart abgenommen hat, dass ich mein Unvermögen erkennen muss, den mir anvertrauten Dienst weiter gut auszuführen. Im Bewusstsein des Ernstes dieses Aktes erkläre ich daher mit voller Freiheit, auf das Amt des Bischofs von Rom, des Nachfolgers Petri, das mir durch die Hand der Kardinäle am 19. April 2005 anvertraut wurde, zu verzichten, sodass ab dem 28. Februar 2013, um 20.00 Uhr, der Bischofssitz von Rom, der Stuhl des heiligen Petrus, vakant sein wird und von denen, in deren Zuständigkeit es fällt, das Konklave zur Wahl des neuen Papstes zusammengerufen werden muss.

Liebe Mitbrüder, ich danke euch von ganzem Herzen für alle Liebe und Arbeit, womit ihr mit mir die Last meines Amtes getragen habt, und ich bitte euch um Verzeihung für alle meine Fehler. Nun wollen wir die Heilige Kirche der Sorge des höchsten Hirten, unseres Herrn Jesus Christus, anempfehlen. Und bitten wir seine heilige Mutter Maria, damit sie den Kardinälen bei der Wahl des neuen Papstes mit ihrer mütterlichen Güte beistehe. Was mich selbst betrifft, so möchte ich auch in Zukunft der Heiligen Kirche Gottes mit ganzem Herzen durch ein Leben im Gebet dienen.»[1]

Was Benedikt XVI. im Apostolischen Palast ankündigte, kam wie ein Blitz aus heiterem Himmel: ein Papstrücktritt. So etwas hatte es sechshun-

*Am Abend des 28. Februar 2013 flog Benedikt XVI. mit dem Hubschrauber vom Vatikan
in die Päpstliche Sommerresidenz Castel Gandolfo. Es war der erste Papstrücktritt nach
sechshundert Jahren.*

dert Jahre lang nicht gegeben. Diese Option war, wenn überhaupt, nur theoretisch bekannt und wurde allenfalls in kirchenrechtsgeschichtlicher Spezial-
literatur traktiert. Zu Recht wurde in diesem Schritt eine Sensation gesehen.
Pius XII., Paul VI. und sogar Johannes Paul II. hatten zwar die Möglichkeit
eines Rücktritts in Erwägung gezogen und mit Vertrauten besprochen, sie
schreckten aber aufgrund der Würde des Papstamtes und der praktischen
Probleme, die mit einem solchen Schritt verbunden waren, davor zurück.

Deshalb nahm auch kaum jemand die Überlegungen zu einem Rücktritt wirklich ernst, die Benedikt XVI. schon lange vor seinem Amtsverzicht
wiederholt in Interviews geäußert hatte. So hielt er 2010 in einem Gespräch
mit Peter Seewald fest: «Wenn ein Papst zur klaren Erkenntnis kommt, dass
er physisch, psychisch und geistig den Auftrag seines Amtes nicht mehr be-
wältigen kann, dann hat er ein Recht und unter Umständen auch eine Pflicht
zurückzutreten.» Freilich dürfe man «nicht davonlaufen», «wenn die Gefahr
groß ist», sondern müsse eine «friedliche Minute» abwarten.[2]

In den *Letzten Gesprächen* mit Peter Seewald im Sommer 2016 machte er
dann noch einmal deutlich, dass ihn die Reise nach Mexiko und Kuba «doch
sehr angestrengt» habe. «Auch der Arzt hat mir gesagt, Sie dürfen nicht

mehr über den Atlantik fahren ... so wusste ich: Das schaffe ich nicht mehr.»[3]

Ungeachtet dieser Äußerungen galt: Päpste könnten zwar theoretisch zurücktreten, sie tun es aber in der Praxis nie. Sie sterben im Amt. Eine Papstwahl gibt es nur, wenn der Vorgänger in den Grotten von Sankt Peter beigesetzt ist. Der Papst ist tot, es lebe der Papst.

Als Benedikt XVI. tatsächlich auf sein Amt verzichtete, kritisierten ihn die Anhänger seines Vorgängers Johannes Paul II. heftig: Der polnische Papst habe sein Amt als Stellvertreter Jesu Christi auf Erden wie der Herr selbst durch alles Leiden und Sterben hindurch bis nach Golgota ertragen. Jesus Christus sei schließlich auch nicht vom Kreuz herabgestiegen und davongelaufen, hatte Johannes Paul II. selbst gesagt. Dessen zunehmender Verfall und Verstummen sowie die immer stärker werdende «Bevormundung» durch sein Umfeld sind dagegen gute Argumente für einen Papstrücktritt.

Kritik an Benedikt XVI. kam auch von ganz anderer Seite. «Dagegen-Papst» nannte ihn die *Süddeutsche Zeitung* am 17. November 2014.[4] Im gerade erschienenen vierten Band seiner gesammelten Werke hatte er entscheidende Passagen in einem Text zu wiederverheirateten Geschiedenen verändert, der ursprünglich aus dem Jahr 1972 stammt. Damals hatte er eine Zulassung zur Kommunion für möglich gehalten. Im neu geschriebenen Schluss lehnte er diese Möglichkeit entschieden ab. Damit positionierte sich der «Papa emeritus» in der aktuellen Debatte und den Diskussionen der Bischofssynode eindeutig zu Ehe und Familie, was eigentlich nicht seinem offiziell geäußerten Anspruch entspricht, sich aus der Öffentlichkeit herauszuhalten. Doch schon wiederholt hat sich gezeigt, wie schwer es für Benedikt XVI. ist, keine kirchenpolitischen Signale zu senden.

Das ironische Wortspiel Matthias Drobinskis vom «Dagegen-Papst» greift Befürchtungen auf, um Franziskus und Benedikt XVI. könnten zwei konkurrierende Machtzentren an der Kurie entstehen, mit Papst und Gegenpapst an ihrer Spitze. Benedikt XVI. selbst sieht sich im Status eines Mönchs, der seine Klausur nur auf persönliche Einladung des regierenden Papstes verlässt. Als sich während der Bischofssynode konservative Kardinäle hilfesuchend an ihn wandten, wies er sie zurück. Doch die Traditionalisten jubelten, als er in einem Grußwort an eine Versammlung von Anhängern des umstrittenen außerordentlichen lateinischen Messritus schrieb: «Ich bin sehr glücklich, dass der ‹Usus antiquus› jetzt im vollen Frieden der Kirche lebt, auch bei Jugendlichen, und dass er von großen Kardinälen unterstützt und gefeiert wird.»[5] Gemeint war unter anderem Kurienkardinal Raymond Burke, der Benedikt XVI. eingeladen und zuvor Papst Franziskus mehrfach öffentlich kritisiert hatte. Am 8. November 2014 berief ihn Franziskus zum Kardinalpatron des Malteserordens – und entfernte ihn damit von seinem letzten einflussreicheren Posten an der Kurie als Präfekt des obersten Gerichtshofs des Vatikan.

Konservative Kreise in Kirche und Kurie sehen sich unter Franziskus in der Defensive. Sogar Verschwörungstheorien sind im Umlauf: Auf Benedikt XVI. sei massiv Druck ausgeübt worden, sein Rücktritt deswegen ungültig. Joseph Ratzinger sah sich im Februar 2014 gezwungen, in einem offenen Brief solchen Gerüchten entgegenzutreten. «Es gibt nicht den geringsten Zweifel an der Stichhaltigkeit meines Rücktritts», führte er aus. «Die einzige Voraussetzung für die Stichhaltigkeit ist die volle Freiheit meiner Handlung. Spekulationen hinsichtlich der Ungültigkeit des Rücktritts sind einfach absurd.» Von einer «Doppelherrschaft» an der Spitze der katholischen Kirche könne keine Rede sein.[6]

## Der Papa emeritus als zweiter Papst

Zu Missverständnissen über seine künftige Rolle dürfte Benedikt XVI. allerdings auch selbst beigetragen haben. Er ist der erste zurückgetretene Papst überhaupt, der sich den Titel «Emeritierter Papst» beziehungsweise «Römischer emeritierter Pontifex» zugelegt hat, weiterhin auf der Anrede «Eure Heiligkeit» besteht und an seinem Papstnamen festhält. Ferner trägt er die eigentlich dem Papst vorbehaltene weiße Soutane.

Seit der Wahl seines Nachfolgers Franziskus im März 2013 waren daher bei verschiedenen liturgischen Großereignissen, etwa bei der Seligsprechung Pauls VI., zwei weiß gewandte Männer auf dem Petersplatz zu sehen. Da lag der irrige Eindruck nahe, es gebe nun zwei Päpste, denn die symbolische Kommunikation durch Kleidung und Rituale ist für den sozialen Status nicht selten wirkmächtiger als alle abgezirkelten theologischen Texte. Joseph Ratzingers Argument, die weiße Papst-Gewandung trage er aus rein «praktischen Gründen» weiter, weil «im Moment des Rücktritts» eben «keine anderen Kleider verfügbar» gewesen seien, kann nicht wirklich überzeugen. Gab es im gesamten Vatikan tatsächlich keine einzige schlichte

*Wie begrüßen sich zwei Päpste, wenn sie sich treffen? Bis 2013 war die Antwort auf diese Scherzfrage völlig klar: Gar nicht, weil es nicht gleichzeitig zwei Päpste geben kann. Durch den Rücktritt Benedikts XVI., der die päpstlichen Gewänder und Ehrentitel beibehält, passiert es nun ab und zu, dass zwei Männer in Weiß einander begegnen.*

schwarze Soutane, die dem zurückgetretenen Papst gepasst hätte? Und war nicht zwischen der Entscheidung zum Amtsverzicht und seinem Vollzug ausreichend Zeit, sich ein passendes nicht-weißes Gewand anfertigen zu lassen? Die Ergänzung Ratzingers, er trage «im Übrigen … die weiße Kleidung auf eine deutlich andere Art und Weise als der Papst»,[7] trifft grundsätzlich zwar zu, aber die feinen Unterschiede sind für die meisten Gläubigen kaum erkennbar.

Auch der neue Titel «Emeritierter Papst» wirkt irritierend. Die Emeritierung war vor allem an deutschen Universitäten üblich. Weil mit ihr zahlreiche Probleme und Kompetenzstreitigkeiten zwischen aktiven und emeritierten Lehrstuhlinhabern verbunden waren, wurde sie in den vergangenen Jahrzehnten weitgehend durch die Pensionierung ersetzt. Professor war man ursprünglich auf Lebenszeit. Während die Pensionierung den Eintritt in den Ruhestand und den Verlust der mit dem Professorentitel verbundenen akademischen Rechte bedeutet, befreite die Emeritierung lediglich von einer Reihe professoraler Alltagspflichten, etwa von der Lehr- und Prüfungsverpflichtung oder der Mitwirkung in der akademischen Selbstverwaltung. Zahlreiche professorale Rechte und Mitgliedschaften blieben dem Emeritus jedoch erhalten. So konnte er weiter Qualifikationsarbeiten betreuen, sein Dienstzimmer nutzen und Lehrveranstaltungen anbieten.

Es mag sein, dass dem ehemaligen Theologieprofessor Ratzinger die akademische Tradition des Professor emeritus vor Augen stand, als er sich für den Titel Papa emeritus entschied. Doch dieses Modell kommt für den Petrusdienst gerade nicht infrage, weil es bei der Niederlegung des Papstamtes nicht darum gehen kann, die lästigen Pflichten loszuwerden – die Audienzen, die Verwaltung der Kurie, die Sanierung der Vatikanbank oder die Aufklärung der Skandale um die Missbrauchsfälle und Vatileaks –, die Rechte, wie sie der universale Jurisdiktionsprimat und das unfehlbare Lehramt mit sich bringen, und die Anrede «Eure Heiligkeit» jedoch zu behalten.

Als Vorbild für den emeritierten Papst kommen daher nur die emeritierten Bischöfe und Weihbischöfe infrage, die es etwa seit einem halben Jahrhundert in der katholischen Kirche gibt. Während vorher ein Bischof in der Regel bis zu seinem Tod im Amt blieb, müssen die Oberhirten seit dem Zweiten Vatikanischen Konzil dem Papst ihren Rücktritt anbieten, sobald sie das fünfundsiebzigste Lebensjahr vollendet haben. Nach Annahme des Gesuches erhalten sie den Titel eines Altbischofs oder eben eines emeritierten Bischofs. In diesem Sinn scheint zumindest Papst Franziskus den neuen Titel seines Vorgängers zu verstehen.

Für einen Diözesanbischof ist die Emeritierung ein Vorgang, der dem Charakter des Amtes entspricht, denn es hält in Erinnerung, dass zwar das Amt vergangen ist, die Bischofsweihe aber als Sakrament, bei dem nach der katholischen Dogmatik ein Character indelebilis, ein unauslöschliches Merkmal, ein für alle Mal übertragen wird, bestehen bleibt. Ein zum Bischof geweihter Priester bleibt sein Leben lang Bischof, so wie auch die Taufe nicht tilgbar ist, sondern lebenslänglich gilt. Die mit der Bischofsweihe übertragenen sakramentalen Vollmachten sind mit der Person wesenhaft verbunden. Ein Bischof kann daher mit der Emeritierung von den Alltagspflichten etwa bei der rechtlichen Leitung einer Diözese entbunden werden, seine sakramentalen Befähigungen und der ihm zustehende Titel «Bischof (emeritus)» bleiben davon jedoch unberührt.

Denn auch in diese Richtung scheint Benedikt XVI. gedacht zu haben. In seiner letzten Generalaudienz am 27. Februar 2013, einen Tag vor dem

Wirksamwerden seines Rücktritts, führte er aus: «Die Schwere der Entscheidung lag gerade auch darin, dass ich nun vom Herrn immer und für immer beansprucht war. Immer – wer das Petrusamt annimmt, hat kein Privatleben mehr. Er gehört immer und ganz allen, der ganzen Kirche. Sein Leben wird sozusagen ganz entprivatisiert.» Diese Auffassung des Petrusamtes habe auch Auswirkungen auf seinen Status und seine Rolle nach seinem Rücktritt als Papst. «Das ‹immer› ist auch ein ‹für immer› – es gibt keine Rückkehr ins Private. Meine Entscheidung, auf die aktive Ausführung des Amtes zu verzichten, nimmt dies nicht zurück. … Ich gehe nicht vom Kreuz weg, sondern bleibe auf neue Weise beim gekreuzigten Herrn. Ich trage nicht mehr die amtliche Vollmacht für die Leitung der Kirche, aber im Dienst des Gebetes bleibe ich sozusagen im engeren Bereich des heiligen Petrus.»[8]

Das «für immer», wie Benedikt XVI. es verwendet, erinnert an das «ein für alle Mal» der Bischofsweihe. Aber diese Parallele ist falsch, denn das Papstamt wird nicht durch ein Sakrament übertragen. In dem Augenblick, in dem der Gewählte die Wahl annimmt, ist er Papst – wie Johannes Paul II. in seiner Papstwahlordnung unterstreicht. Hier wird kein sakramentaler Character indelebilis verliehen wie bei der Taufe oder dem Weihesakrament. Der Papst übernimmt eine nichtsakramentale Funktion, ein Bündel von Rechten und Pflichten, einen Dienst, der erlischt, wenn er den Rücktritt von seinem Amt erklärt.

Titularerzbischof Georg Gänswein, langjähriger Privatsekretär Benedikts XVI., hat jüngst eine neue Deutung des Papstrücktritts vorgelegt. «Seit dem 11. Februar 2013 ist das Amt des Papstes deshalb nicht mehr das, was es vorher war», schreibt er. Eine zweitausendjährige Institution, die auf Kontinuität angelegt ist, grundlegend verändert an einem Tag? Gänswein behauptet, Joseph Ratzinger habe durch seinen Rücktritt zwar seinen Stuhl geräumt, den Petrusdienst aber dadurch nicht verlassen. «Er hat das personale Amt stattdessen ergänzt um eine kollegiale und synodale Dimension, als einen quasi gemeinsamen Dienst.» Deshalb habe er die «neue Institution» eines Papstes emeritus eingeführt, deshalb trage er zu Recht den weißen Talar, führe er den Papstnamen Benedikt XVI. weiter und müsse nach wie vor als «Heiliger Vater» angesprochen werden.[9]

Diese Argumentation ist nicht nur historisch, sondern auch theologisch und kirchenrechtlich äußerst problematisch. Ein Blick in ein klassisches Lehrbuch der Dogmatik genügt, um die Abwegigkeit dieser Einlassungen zu erkennen. Im *Grundriss der Katholischen Dogmatik* von Ludwig Ott steht als

Glaubenssatz, dass Christus dem Apostel Petrus den Primat über die ganze Kirche «unmittelbar und persönlich» übergeben habe und der Nachfolger des Petrus im Primat der jeweilige römische Bischof als Person sei.[10] In diese Richtung argumentiert auch Kardinal Gerhard Ludwig Müller, der Präfekt der Kongregation für die Glaubenslehre, in seinem Lehrbuch der Dogmatik: «Da das innere Wesen des Bischofsamtes eine personale Zeugenschaft ist, verkörpert sich das Prinzip der Einheit des Episkopates selber in einer Person. Nach katholischer Auffassung ist das personale Prinzip der Einheit im Ursprung wie im gegenwärtigen Vollzug im römischen Bischof gegeben.»[11]

Man könnte argumentieren: Da die Funktion des Papstes zumindest theoretisch untrennbar mit dem Amt des Bischofs von Rom verbunden ist beziehungsweise der Papst nur in seiner Eigenschaft als Bischof von Rom Papst sein kann, sind die Gepflogenheiten für die Emeritierung von Bischöfen analog auf den Papst als Bischof von Rom anzuwenden. Dann müsste ein zurückgetretener Papst aber den Titel eines «emeritierten Bischofs von Rom» annehmen, um deutlich zu machen, dass er zwar die sakramentalen Vollmachten wie jeder andere Bischof emeritus behält, aber alle jurisdiktionellen Rechte verloren hat – und vor allem alle Rechte und Pflichten, die nur mit dem Papstamt verbunden sind. Ob das die Sache wirklich einfacher machen würde, steht dahin.

Am deutlichsten fällt die Kritik von Walter Kardinal Brandmüller, Kirchenhistoriker und langjähriger Präsident des Päpstlichen Komitees für Geschichtswissenschaft, aus. Er hält Gänsweins Überlegungen einer «fortwährenden Partizipation» des zurückgetretenen Papstes am Petrusdienst für «erbauliche Spekulationen» und «religiöse Dichtung». Ein «doppelköpfiges Papsttum wäre eine mostruosità». Brandmüller erklärt jeden Versuch, den Petrusdienst auf diese Weise neu zu definieren, für völlig inakzeptabel. Die kirchenrechtliche Tradition kenne das Konstrukt eines Papa emeritus nicht. Durch den Rücktritt Benedikts XVI. sei für die Kirche darüber hinaus eine «äußerst gefährliche Situation» entstanden, die zu einem Schisma führen könnte.[12]

Es kann keine Teilung des Petrusdienstes mit «einem aktiven und einem kontemplativen Teilhaber» geben, wie Georg Gänswein behauptet.[13] Der zurückgetretene Papst selbst bekräftigte nach den Irritationen, die Gänsweins Neuerfindung des Papstamtes ausgelöst hatte, in einem Interview von Ende August 2016: Der «Gehorsam meinem Nachfolger gegenüber stand niemals zur Diskussion.»[14]

Für Katholiken gibt es eben nur einen Papst, und das ist derzeit Franziskus. Benedikt XVI. war einmal Papst und ist es seit seinem Rücktritt nicht mehr. Das Amt des Papstes ist nach dem 11. Februar 2013 noch dasselbe wie vorher. Der Zurückgetretene gibt sein Amt zurück und tritt ab.

Dieser Tatsache hat Benedikt XVI. durch die kluge Wahl des Ortes der Ankündigung seines Amtsverzichtes Rechnung getragen. Das Kirchenrecht sieht dafür bis heute kein Prozedere vor. Einschlägige Normen für einen Papstrücktritt fehlen. Es ist lediglich festgeschrieben, dass der Rücktritt des Stellvertreters Jesu Christi von niemandem in der Kirche angenommen werden kann. Er erfolgt allein vor Gott. Dennoch hat Benedikt XVI. als Ort seiner Rücktrittserklärung das Konsistorium der in Rom versammelten Kardinäle gewählt, von denen ihn viele knapp acht Jahre zuvor zum Papst erhoben hatten.

Übrigens gibt es bis heute auch kein Prozedere für die Beisetzung eines zurückgetretenen Papstes. Was passiert, wenn Benedikt XVI. stirbt? Wird er dann wie üblich öffentlich aufgebahrt, und es folgen neuntägige Exequien? Zelebriert der lebende Papst die für einen verstorbenen Papst vorgesehene Beerdigungsmesse? Läuft dann aber nicht das ganze Zeremoniell bei einem Papsttod ins Leere, weil kein Konklave folgt?

## Ein historisches Rücktrittsmodell

Ein Blick in die Kirchengeschichte zeigt, dass all diese gewundenen und komplizierten Argumentationen zum Rücktritt oder zur Emeritierung eines Papstes im Grunde genommen unnötig sind. Denn die Geschichte des letzten Rücktritts eines römischen Papstes im Jahr 1415 hält ein sehr überzeugendes Modell für den Umgang mit dem zurückgetretenen Papst, für seinen kirchenrechtlichen Status und seine Gewandung bereit. Damals gab es während des Großen Abendländischen Schismas drei Päpste: in Rom, in Avignon und in Bologna beziehungsweise Lodi. Das Konstanzer Konzil beendete 1417 mit der Wahl Oddo Colonnas, der den Namen Martin V. annahm, das Schisma. Während das Konzil Benedikt XIII. und Johannes XXIII. absetzen musste und all ihrer Würden für verlustig erklärte, war der römische Papst Gregor XII. im Interesse der Einheit der Kirche zum Rücktritt bereit. Nach seinem Amtsverzicht wurde er wieder Mitglied im Kardinalskollegium und zum Kardinalbischof von Frascati und Porto ernannt. Er legte die päpstlichen Gewänder ab und das Kardinalspurpur wieder an. Statt der Tiara trug er wieder den scharlachroten Kardinalshut mit dreißig Quasten. Statt mit «Eure Heiligkeit» wurde er wieder mit «Eure Eminenz» angeredet. Statt «Papa emeritus Gregorius XII.» hieß er wieder Angelo Kardinal Correr. Damit konnte es keine Missverständnisse im Hinblick auf seinen Status geben. Er hatte das Petrusamt abgelegt und war zurück in die Reihe der Kardinäle getreten.

Dieses Modell wurde drei Jahrzehnte später beim Rücktritt des bisher letzten Gegenpapstes noch einmal erfolgreich praktiziert. Das Konzil von Basel hatte sich 1439 gespalten, als Papst Eugen IV. (1431–1447) es nach Ferrara verlegen wollte. Ein Teil der Konzilsväter folgte der päpstlichen Weisung. Der andere Teil weigerte sich nicht nur, sondern setzte Eugen IV. als Papst ab und wählte Amadeus VIII. von Savoyen zu dessen Nachfolger. Er nannte sich Felix V. Beide Päpste konnten sich halten. Erst 1449 gelang es, die Einheit der Kirche wiederherzustellen und Felix V. zum Rücktritt zu bewegen. Er wurde Mitglied des römischen Kardinalskollegiums und erhielt den Titel eines Kardinalbischofs von Sabina.

Rücktritt vom Papstamt als Rücktritt ins Kollegium der Kardinäle, Ablegen der weißen Papstgewänder und Wiederanlegen der roten Kardinalsgewandung, Anrede «Eminenz» statt «Heiligkeit», Titel «Emeritierter Kardinalbischof» statt «Emeritierter Papst»: Das ist das in der Papstgeschichte zweimal erfolgreich angewandte Modell, das der Anerkennung des Pontifikats und der Leistungen Benedikts XVI. genauso wenig Abbruch täte wie der Gregors XII. Jedenfalls wären dadurch alle möglichen Missverständnisse von vornherein ausgeschlossen und jede Rede von einem Gegenpapst unmöglich gemacht.

## Entzauberung des Papsttums

Was jahrhundertelang die absolute Ausnahme war, soll nun offenbar zur Regel werden – jedenfalls legen einige Äußerungen von Papst Franziskus diesen Schluss nahe. So beabsichtigt er, dem Schritt Benedikts XVI. seine Einmaligkeit zu nehmen. Bereits im zweiten Jahr seines Pontifikats kündigte er an, auch er werde keinen Augenblick zögern zurückzutreten, wenn er den Eindruck habe, seine Kräfte reichten zur Ausübung des Petrusdienstes nicht mehr aus. «Ich habe das Gefühl, dass mein Pontifikat kurz sein wird. Vier oder fünf Jahre», so bekräftigte er im März 2015. Er glaube, Benedikt XVI. habe durch seinen Rücktritt auch für ihn eine Tür geöffnet. Papst Franziskus verband mit seinen persönlichen Überlegungen jedoch auch eine prinzipielle Aussage: So wie man sich seit dem Zweiten Vatikanischen Konzil an zurückgetretene Bischöfe gewöhnt habe, so werde man sich nach 2013 an zurückgetretene Päpste gewöhnen müssen: «Heute ist der emeritierte Bischof eine feste Einrichtung. Das gleiche muss mit Blick auf den emeritierten Papst geschehen.»[15]

Mit solchen Aussagen entmystifiziert Franziskus – bewusst oder unbewusst – das päpstliche Amt. Er zeigt damit, dass keine zwingende Notwendigkeit besteht, das Papstamt bis zum Tod auszuüben. Die Möglichkeit, zurückzutreten, erinnert vielmehr an weltliche Ämter, denen die transzendentale Überhöhung weitgehend fehlt. Der amerikanische Präsident gilt zwar als der mächtigste Mann der Welt, es gibt aber stets mehrere gleichzeitig lebende Ex-Präsidenten. Der Papst gilt als der einflussreichste Religionsführer, absolut konkurrenzlos auch in der eigenen Kirche, nicht zuletzt durch den Jurisdiktionsprimat und die Unfehlbarkeit, wie sie auf dem Ersten Vatikanischen Konzil 1870 definiert worden sind. Ex-Päpste relativieren das ein wenig.

Eine solche «Entzauberung» des Papstamtes hätte aber ihren Preis. Nach Ansicht mancher Religionssoziologen setzen sich auf dem heutigen Markt des *god sellings* die «harten» Religionen mit klarem Profil und eindeutigem Markenkern sowie vor allem mit einer klaren hierarchischen Struktur und einer starken Führungsgestalt leichter durch als die «soften» postmodernen Beliebigkeits-Religionen.

Dem kommt die katholische Kirche mit der Mystifizierung ihres Oberhauptes entgegen. Nicht umsonst werden der Tod des Papstes, die Begräbnisfeier, die Beisetzung und die Zeit der Sedisvakanz mit einem einmaligen Ensemble von Ritualen und Liturgien inszeniert, das in der Wahl des neuen Pontifex maximus gipfelt. Die Botschaft ist eindeutig: Aus der Krise, die der Tod und auch der Rücktritt des alten Papstes bedeuten, geht die Kirche erneuert und gestärkt hervor. Ein zur Regel werdender Papstrücktritt würde dem Amt einiges von seiner mystischen Kraft nehmen, die es braucht, um als Einheitszentrum der katholischen Weltkirche zu dienen. Diese Befürchtung war einer der Gründe, warum mittelalterliche Theologen und Kano-

nisten das Recht eines Papstes auf einen freiwilligen Rücktritt skeptisch be-
trachteten. Der Papst sollte wie jeder geistliche Amtsträger prinzipiell verpflichtet sein, in diesem Amt auszuharren. Durch die Annahme der Wahl
verleihe Gott das Amt lebenslänglich, hieß es. Auch Verteidiger eines freiwilligen Amtsverzichts des Papstes sahen in einem solchen Schritt den ab-
soluten Ausnahmefall, etwa der französische Theologe Petrus Johannes Olivi,
der angesichts des Amtsverzichts Coelestins V. 1294 erstmals umfassend die
prinzipielle Rechtmäßigkeit eines Papstrücktritts erklärte. Sie warnten vor
einer allzu häufigen Resignation, weil sie sich um die «Solidität» im Petrusamt sorgten.[16]

Wenn wir der *Göttlichen Komödie* glauben, steht das Schicksal eines zurückgetretenen Papstes ohnehin fest. Dante Alighieri lässt seinen Ich-Er-
zähler aus der Hölle berichten:

«Nachdem erkannt ich hatte manch Gesicht,
Sah und erkannte ich den Schatten dessen,
Der feige tat den großen Amtsverzicht.»

Ein Papst, der auf sein Amt verzichtet hat, ist Dante zufolge also in der Hölle
gelandet, und zwar in der Abteilung für die Gleichgültigen, der «Menge jener Schlimmen», die «von Gott und seinen Feinden gleich vergessen» sind.
Dabei hatte der Dichter einen ganz konkreten Rücktritt vom päpstlichen
Amt vor Augen, eben den Coelestins V. im Jahr 1294. Die ersten sieben Ge-
sänge der Hölle, der erste Teil der Göttlichen Komödie, aus dem auch das
Zitat stammt, dürften unmittelbar nach diesem Schritt, spätestens jedoch
1302 entstanden sein.[17]

Die ewige Verdammnis Coelestins V. hatte bei Dante bezeichnenderweise keine theologischen oder kirchenrechtlichen Ursachen. Coelestin V.
hatte nicht gegen eine Glaubenswahrheit oder eine zentrale Rechtsvor-
schrift der Kirche verstoßen. Ein Papstrücktritt war auch nach Ansicht des
Dichters prinzipiell möglich. Was Dante dazu brachte, Coelestin V. das ewige
Seelenheil abzusprechen, waren höchst irdische, machtpolitische Gründe,
denn erst durch die Resignation des Papstes war der Weg frei geworden für
die Wahl des Machtmenschen Benedetto Gaetani zum Papst, der als Bonifaz VIII. (1294–1303) zu einem der gefährlichsten Widersacher des Dichters
werden sollte. Dante engagierte sich in verschiedenen politischen Ämtern
mit Nachdruck für die Unabhängigkeit seiner Heimatstadt Florenz, die
Bonifaz VIII. untergraben wollte. Schließlich setzte sich der Papst mit mili-
tärischer Macht durch. Er ließ Dante 1302 als politischen Betrüger verurteilen

und lebenslänglich aus der Toskana verbannen. Seine Güter wurden konfisziert. Der Dichter hatte also gute Gründe, Coelestin V., der durch seinen Rücktritt Dantes Tragödie erst möglich gemacht hatte, in die Hölle zu wünschen.

Der Machtpolitiker Bonifaz VIII. sah sich 1295 mit einer massiven Instrumentalisierung Coelestins V. durch die sogenannten Spiritualen konfrontiert, die den zurückgetretenen Papst, der bürgerlich Pietro di Morrone hieß, bald zum wirklich spirituellen Papst und «Papa angelicus» stilisierten. Zwar versprach Coelestin V. seinem Nachfolger mehrfach feierlich, «mit niemandem mehr zu sprechen», und ehrte ihn immer wieder mit dem Fußkuss als Zeichen der Anerkennung seiner päpstlichen Würde, er ließ sich aber wiederholt vor den Karren der Gegner des Bonifaz spannen. Diese gaben sich fromm, verfolgten aber auch harte machtpolitische Interessen der französischen Krone, aus deren Abhängigkeit Bonifaz VIII. das Papsttum gerade befreien wollte. Schließlich entzog sich Pietro di Morrone, unterstützt durch einschlägige Kreise, der Kontrolle seines Nachfolgers durch Flucht. Nachdem es Bonifaz VIII. gelungen war, ihn wieder dingfest zu machen, verbrachte er ihn in die Nähe seines Familien-Stammsitzes Anagni südlich von Rom, wo er ihn in einer kleinen Zelle im Turm der Burg von Castel Fumone festsetzte, um ihn – wie es euphemistisch heißt – «vor allen Besuchern abzuschirmen». Faktisch war das nichts anderes als eine Gefangenschaft mit Kontaktsperre. Pietro war Tag und Nacht von Wachen umgeben. Nur so glaubte Bonifaz VIII., die Rechtmäßigkeit seiner eigenen Wahl vor dem «Geschwätz» seines abgedankten Vorgängers schützen und dessen Instrumentalisierung verhindern zu können. Pietro di Morrone starb in der Gefangenschaft am 19. Mai 1296. Nach seinem Tod wurde er als Märtyrer und Engelspapst verehrt.

Die bei den Rücktritten Coelestins V. und Benedikts XVI. aufgetretenen Probleme, die die Einheit der Kirche infrage stellten, lassen es geboten erscheinen, den freiwilligen Rücktritt eines Papstes weiterhin als absolute Ausnahme zu betrachten und gerade nicht zum Regelfall zu machen. Zurückgetretene Päpste stehen eben auf einem ganz anderen Blatt als emeritierte Bischöfe oder pensionierte Oberstudienräte. Papstrücktritte als Normalfall der Kirchengeschichte könnten das Amt noch weiter entmystifizieren, es zu einem «Job» neben anderen machen und so seine Einmaligkeit als Identitätspunkt der katholischen Kirche gefährden.

## Regelungen für einen Rücktritt

Will man den Rücktritt des Papstes dennoch als Regelfall etablieren, dann muss man sicherstellen, dass die genannten Schwierigkeiten nicht mehr auftreten können. Dazu wären eindeutige, rechtlich verbindliche Regelungen zu treffen, die nicht nur die klassische Ekklesiologie vor große Herausforderungen stellen, sondern auch dem zurückgetretenen Papst viel zumuten würden. Zunächst müsste der Status des abgedankten Papstes geklärt werden. Aus historischer Perspektive sollte er wieder in den Stand zurücktreten, aus dem er bei seiner Wahl zum Pontifex maximus kam, in der Regel also in den Stand eines Kardinals. Dazu sollte er in einem liturgischen Akt die weißen Gewänder und alle päpstlichen Insignien ablegen und den Kardinalspurpur oder schlichte geistliche Kleidung anlegen. Ferner stünden ihm die Anrede «Eure Heiligkeit» und der Titel «Emeritierter Papst» nicht mehr zu. Damit wäre auf der Ebene der Titulatur und der symbolischen Kommunikation durch die Kleidung eindeutig geklärt, dass es nur einen Papst gibt und nicht zwei.

Vor allem aber wäre jegliche Instrumentalisierung des abgedankten Papstes gegen seinen Nachfolger von vornherein zu verhindern. Dazu kann es notwendig sein, wie das Beispiel Coelestins V. drastisch vor Augen führt, dass sich der ehemalige Papst absolut aus der Öffentlichkeit heraushält, weder an Gottesdiensten noch an anderen Zeremonien teilnimmt und sich auf gar keinen Fall schriftlich oder mündlich äußert. Das führt nahe an eine kaum zumutbare Kontaktsperre heran.

Wer regelmäßige Papstrücktritte mit den genannten Risiken ernsthaft anstrebt, der müsste auch die Frage nach der Instanz neu beantworten, die die Rechtmäßigkeit und Freiheit dieses Schrittes prüfen, den Rücktritt entgegennehmen und damit die Gültigkeit der folgenden Papstwahl sicherstellen kann. Hier böten sich entweder das Konsistorium der Kardinäle oder das ökumenische Konzil an. Beide müssten über die Kompetenz verfügen, einen Rechtsakt des Papstes beurteilen zu können. Sie wären ihm, wenigstens in diesem Bereich, übergeordnet. Sollte man dann nicht auch einen dementen, psychisch kranken und amtsunfähigen Papst, der nicht mehr über die Fähigkeit zu einer freien Entscheidung verfügt, absetzen können? Der Schritt dazu wäre nicht mehr weit. Damit würde aber die monarchisch-papale Struktur der katholischen Ekklesiologie zugunsten eines kollegialen Modells infrage gestellt – bezeichnenderweise vom Papst selbst.

# Wenn Weihnachten und Pfingsten zusammenfallen: Die Papstwahlordnung von 2059

Vatikan, 12. April 2059. Am heutigen Tag hat Papst Hadrian VII. ein neues Papstwahldekret mit dem Titel *In Nomine Domini* in Kraft gesetzt, das seine Bewährungsprobe in der Praxis freilich erst noch bestehen muss. Regeln kann man viel, ob die Verantwortlichen sich daran auch halten, steht auf einem ganz anderen Blatt, wie über zweitausend Jahre Kirchengeschichte lehren. Auf den Tag genau tausend Jahre, nachdem Nikolaus II. die Papstwahl grundlegend reformiert und das aktive Wahlrecht erstmals exklusiv auf die Kardinäle übertragen hat, promulgiert der Reformpapst Hadrian VII. seine Konstitution.

Die Reaktionen lassen nicht lange auf sich warten und fallen – wie nicht anders zu erwarten – heftig und kontrovers aus. Konservative wittern einen Verrat an der altehrwürdigen Tradition der heiligen katholischen Kirche, den Liberalen gehen die Veränderungen wie immer nicht weit genug. Ein Großteil der gläubigen Katholiken aber zeigt sich erleichtert, dass sich in der Kirche nach quälend langen Reformdiskussionen, die sich seit der Einberufung des Zweiten Vatikanischen Konzils durch Papst Johannes XXIII. 1959 ein ganzes Jahrhundert hingezogen haben, endlich überhaupt etwas bewegt.

Zwei Jahre zuvor hat mit Hadrian VII. erstmals seit mehr als fünfhundert Jahren wieder ein Papst diesen Namen gewählt. Die katholische Welt war noch überraschter als damals im Jahr 2013, als Kardinal Jorge Mario Bergoglio sich Franziskus nannte. Dieser sorgte zwar für einen neuen Stil der Einfachheit und franziskanischen Anspruchslosigkeit an der Kurie und setzte sich im Sinne des Poverello von Assisi für eine arme Kirche im Dienst für die Armen ein, aber wirkliche Reformen konnte er nicht auf den Weg bringen.

Die Hardliner an der Kurie torpedierten alle Reformbemühungen, nachdem Franziskus 2014 in seiner berühmten Gardinenpredigt in der Weihnachtsansprache bei seinen engsten Mitarbeitern schlimmste Kurienkrankheiten diagnostiziert hatte, die von existentieller Schizophrenie über Selbstherrlichkeit bis zum geistlichen Alzheimer reichten. Despektierlich bezeichneten sie Franziskus als «Sozialarbeiter aus Argentinien». Sie hofften, das Pontifikat auszusitzen und nach dem Gesetz der Alterität danach wieder einen Papst ihrer Partei zu bekommen. Und sie wurden zunächst nicht enttäuscht. Ein armer, frommer Papst, der Grundstandards der Bequemlichkeit und europäischen Lebensart ablehnt, war für Kardinäle, die etwas auf sich halten, auf Dauer doch zu anstrengend.

Unter den «normalen» Päpsten, die nach Franziskus wieder im Papstpalast wohnten und wie üblich Urlaub in Castel Gandolfo machten, war das Leben der Eminenzen zwar einfacher und bequemer, die Krise der katholischen Kirche aber spitzte sich weiter zu. Missbrauchsskandale häuften sich, immer neue Geldwäschetransaktionen durch Subunternehmen der Vatikanbank kamen ans Licht – und vor allem kehrten, nicht nur in Europa, immer mehr frustrierte Gläubige wegen ausbleibender Reformen und Pseudo-Dialogprozessen ihrer Kirche den Rücken, Ehrenamtliche für die Mitarbeit in den Gemeinden waren kaum mehr zu finden.

Da schlägt Mitte des einundzwanzigsten Jahrhunderts doch noch einmal die Stunde der Reformer. Hadrian VII. wird im Herbst 2057 nach langem Konklave gewählt. Mehr als dreißig Wahlgänge sind nötig, bis endlich weißer Rauch aus dem Schornstein der Sixtina aufsteigt. Man munkelt von heftigen Auseinandersetzungen unter den Kardinälen. Nach dem «Habemus Papam» auf der Loggia des Petersdoms und vor dem Segen «Urbi et orbi» zitiert der neue Papst aus dem berühmten Schuldbekenntnis, das sein Namenspatron Hadrian VI. (1522–1523) im Jahr 1522, vier Jahre nach Luthers Thesenanschlag und ein Jahr nach dem Wormser Edikt, ablegte. Und alle Welt horcht auf.

«Wir wissen, dass es an diesem Heiligen Stuhl schon seit einigen Jahren viele gräuliche Missbräuche in geistlichen Dingen und Exzesse gegen die göttlichen Gebote gegeben hat, ja dass eigentlich alles pervertiert worden ist. So ist es kein Wunder, wenn sich die Krankheit vom Haupt auf die Glieder, das heißt von den Päpsten auf die unteren Kirchenführer, ausgebreitet hat. Wir alle – hohe Prälaten und einfache Kleriker – sind abgewichen, ein jeder sah nur auf seinen eigenen Weg, und da ist schon lange keiner mehr, der Gutes tut, auch nicht einer.»

Hadrian VII. fügt hinzu, Hadrian VI. habe es in der Zeit der beginnenden Kirchenspaltung nicht bei der Diagnose der Krankheitssymptome von Kirche und Kurie belassen. Vielmehr habe er sich und seiner Kirche sofort die notwendige, wenn auch insbesondere für die römische Zentrale bittere Medizin verordnet, was er selbst genauso zu tun gedenke. Er versichert den Gläubigen auf dem Petersplatz in den Worten seines Namenspatrons, «dass Wir jede Anstrengung unternehmen werden, dass als erstes diese Kurie, von der das ganze Übel ausgegangen ist, reformiert wird, damit sie in gleicher

Weise wie sie zum Verderben der Untergebenen Anlass geboten hat, nun auch ihre Genesung und Reform bewirkt. Dazu fühlen Wir Uns umso mehr verpflichtet, als Wir sehen, dass die ganze Welt eine solche Reform sehnlichst begehrt.» Hadrian VI. betrachtete es 1522 – so fügt der neue Papst auf der Loggia hinzu – als seine erste Aufgabe, «den Unterdrückten zu Hilfe zu kommen, und die Gelehrten und Tugendhaften, die schon lange keiner mehr beachtet, aufzurichten und auszuzeichnen – kurz: alles zu tun, was ein guter Papst und rechtmäßiger Nachfolger des seligen Petrus tun muss». Die «Krankheit» habe sich aber im Laufe der Zeit «so tief eingefressen», die Kirche sei dadurch derartig «deformiert» worden, dass zur Heilung und Reform eine einzige Maßnahme auf gar keinen Fall ausreiche. Vielmehr müssten «viele verschiedene Mittel angewandt» und zahlreiche Reformmaßnahmen ergriffen werden.[1]

Eines dieser Mittel, um künftig gute und rechtmäßige Nachfolger des heiligen Petrus zu garantieren, ist das Papstwahldekret von 2059, durch das der Papst seine Reform verstetigen möchte. Für die Papstwahl selbst hält Hadrian VII. an allen Vorschriften seiner Vorgänger fest, die eine Beeinflussung der Wähler während der Wahl von außen verhindern sollen. Die Entwicklungen, die die Papstwahlen über zweitausend Jahre hinweg genommen haben, weisen Hadrian zufolge grundsätzlich in die richtige Richtung. Er befürwortet die Spiritualisierung der Wahl und des Amtes, die Möglichkeit zur freien Gewissensentscheidung, die Ausschaltung jedes politischen Einflusses von außen. Bedingung dafür ist, so betont auch Hadrian, nach wie vor die absolute Geheimhaltung und Abschirmung des Verfahrens.

Als Ort der Papstwahl hält das Dekret *In Nomine Domini* am Konklave fest, weil es sich über viele Jahrhunderte bewährt hat. Idealerweise findet es auch im Vatikan statt, wobei der ganze Vatikanstaat zum Konklavebereich erklärt wird. Die Vatikanische Mauer und die Kolonnaden des Petersplatzes bilden die Grenze. Während der Zeit der Wahl dürfen sich nur die Wähler selbst und das für ihre Versorgung absolut notwendige Personal hier aufhalten, die alle auf strikte Geheimhaltung vereidigt werden. Die Sixtinische Kapelle bleibt der Wahlort, weil das Jüngste Gericht Michelangelos jedem Wähler die Ernsthaftigkeit seiner Entscheidung drastisch vor Augen führt. Im Notfall, etwa bei massiver Terrorgefahr in Rom oder bei einer Zerstörung des Vatikanischen Palastes durch Erdbeben, Krieg oder einen Anschlag, kann aber auch jeder andere geeignete Ort gewählt werden, der einen sicheren, reibungslosen Ablauf der Papstwahl gewährleistet. Es kommt dafür auch ein abgelegenes Kloster infrage.

Die heftigsten Diskussionen löst die Regelung des passiven Wahlrechts durch Hadrian VII. aus. Hier kehrt der Papst zur Praxis des ersten Jahrtausends zurück. Bischöfe können nicht mehr zum Papst gewählt werden, weil der Wechsel von einer Diözese in eine andere das geistliche Band durchschneidet, das durch die Bischofsweihe zwischen Bischof und Bistum entstanden ist. In Anlehnung an das Konzil von Nizäa von 325, das auch entscheidende Passagen des Glaubensbekenntnisses formuliert hat, versteht Hadrian VII. die Translation als geistlichen Ehebruch und Missachtung des Weihesakraments. Wählbar ist demnach künftig jeder männliche katholische Laie sowie jeder Priester und Diakon. Zu einer Ausweitung des passiven Wahlrechts auf Frauen kann der Papst sich jedoch nicht durchringen.

Gleichzeitig hebt Hadrian VII. die erst in den sechziger Jahren des zwanzigsten Jahrhunderts eingeführte Vorschrift wieder auf, nach der alle Kardinäle die Bischofsweihe empfangen haben müssen. Das gilt ab jetzt nur noch für die Kardinalbischöfe, die wirklich irgendwo in der Welt eine Diözese leiten. Alle anderen Kardinäle sollen wie früher – je nach Aufgabe – lediglich die Priester- oder Diakonenweihe empfangen. Auch Kardinäle ohne Weihe sollen wieder möglich sein. Damit ist der Weg zur Kardinalswürde prinzipiell auch für Frauen offen; die Details werden Ausführungsbestimmungen regeln, die bereits in Vorbereitung sind. Zur Leitung der Vatikanbank, so argumentiert Hadrian VII. anhand eines Beispiels, sei vor allem finanzieller Sachverstand erforderlich und keine besondere Weihegnade. Kardinalpriester und Kardinaldiakone verfügen selbstverständlich über das passive Wahlrecht, da sie noch keine Bischofsweihe empfangen haben.

Beim aktiven Wahlrecht bietet die Konstitution Hadrians VII. einen Kompromiss zwischen Tradition und Erneuerung. Hadrian schafft ein neues Gremium, die sogenannte Kirchenversammlung, deren einzige Aufgabe die Papstwahl ist. Es setzt sich aus zwei Gruppen zusammen, ähnlich wie die Bundesversammlung aus Mitgliedern des Bundestages und gewählten Repräsentanten der Länderparlamente, die in Deutschland den Bundespräsidenten wählt. Die eine Hälfte der neuen Kirchenversammlung bildet das Kardinalskollegium, das damit grundsätzlich das Papstwahlrecht behält. Es wird aber viel stärker internationalisiert, Italiener und andere Europäer sollen nicht mehr überrepräsentiert sein. Die Zahl der Kardinäle eines Landes oder einer Gruppe von kleineren Staaten entspricht künftig der Zahl der dort lebenden Katholiken. Die Obergrenze von einhundertzwanzig bleibt erhalten. Um ein Zeichen gegen die Altersdiskriminierung zu setzen, schafft Hadrian die Obergrenze von achtzig Jahren für das aktive Wahlrecht ab.

Die andere Hälfte der zweihundertvierzig Personen umfassenden Versammlung bilden Vertreter der Laienräte, die nach repräsentativen Prinzipien in den einzelnen Ländern jeweils für fünf Jahre gewählt sind, sodass sie wie die Kardinäle im Falle einer Sedisvakanz unmittelbar für die Papstwahl bereitstehen. Die erste Wahl der Laienvertreter wird 2060 stattfinden.

Auf diese Weise knüpft der Papst an die altkirchliche Praxis der Wahl des Bischofs von Rom durch Klerus und Volk an und erweitert diese um eine internationale Komponente, die dem universal angelegten Petrusdienst des Bischofs von Rom entspricht. Indem Hadrian das Kardinalskollegium als ständigen Senat des Papstes paritätisch einbezieht, sorgt er zugleich für Kontinuität, schließlich sind Kardinäle auf Lebenszeit berufen.

Wie zu hören ist, hat Hadrian VII. lange überlegt, für die Gültigkeit einer Papstwahl wieder das altkirchliche Prinzip der Einmütigkeit vorauszusetzen. In seiner Konstitution legt sich Hadrian dann aber doch auf die Zweidrittelmehrheit als Mindestquorum fest. Alle Vorschriften, die nach einer bestimmten Zahl erfolgloser Wahlgänge eine Papstwahl mit geringerer Mehrheit ermöglichten, erklärt er als der Tradition widersprechend für «aufgehoben, vernichtet, ausgetilgt, widerrufen und ungültig». Mit diesen fünf Verben wählt Hadrian VII. aus dem kirchlichen Sprachgebrauch die feierlichste Form der Aufhebung alter kirchenrechtlicher Bestimmungen.

Auch bei den Wahlarten kehrt Hadrian VII. zu der alten Vielfalt zurück. Zwar soll die geheime Wahl weiter der Normalfall bleiben. Daneben erhält die Kompromisswahl angesichts der großen Zahl von zweihundertvierzig Wählern aus aller Welt eine neue Chance. Mit mindestens Zweidrittelmehrheit können sie ein Vorauswahlrecht auf neun, elf oder dreizehn Wähler übertragen, die miteinander effizienter verhandeln und Kompromisse finden können als die große Gruppe. Diese schlagen einstimmig einen Kandidaten vor, der dann in geheimer Wahl mit Stimmzetteln mindestens eine Zweidrittelmehrheit aller zweihundertvierzig Papstwähler erhalten muss. Kommen die Kompromissäre innerhalb von fünf Tagen nicht an ihr Ziel, fällt das Wahlrecht wieder an die Kirchenversammlung zurück, die dann erneut mit einer Mehrheit von mindestens zwei Dritteln über das weitere Vorgehen entscheidet. Schließlich soll auch die Inspirationswahl zumindest als theoretische Möglichkeit wieder eingeführt werden.

Für den Fall, dass nach dreißig Wahltagen immer noch kein Papst gewählt ist, greift Hadrian VII. auf ein Modell zurück, mit dem manche östlichen Kirchen seit Langem erfolgreich ihre Vorsteher bestimmen. Die Kirchenversammlung erhält die Möglichkeit, mit Zweidrittelmehrheit eine Dreierliste von Kandidaten zu beschließen, die vorher durch Kompromissäre einstimmig nominiert worden sind. Während der Heilig-Geist-Messe wird aus der Apostelgeschichte der Abschnitt über die Nachwahl des Matthias anstelle des Judas (Apostelgeschichte 1,15–26) vorgelesen, dann entscheidet wie bei dieser ersten Apostelwahl das Los. Man überlässt nach einer Vorauswahl die letzte Entscheidung über den geeigneten Papst Gott selbst, menschliche Verantwortung und göttliche Gnade wirken zusammen, so jedenfalls begründet Hadrian VII. seine Entscheidung.

Auch die Frage, was den Papst eigentlich zum Papst macht und ab wann der Papst Papst ist, beantwortet *In Nomine Domini* eindeutig: Der Papst wird Papst durch seine Weihe zum Bischof von Rom, wie es der altehrwürdigen Tradition entspricht. Denn nur als Bischof von Rom kann er den Petrusdienst wahrnehmen. Deshalb datieren die Regierungsdaten der Päpste künftig auch nicht mehr vom Tag der Wahl, sondern vom Tag der Bischofsweihe an.

Weitere Riten sind für die Amtsübernahme laut Hadrian nicht mehr erforderlich, von der Krönung mit der Tiara ganz zu schweigen. Sie sind sekundär hinzugekommen, für das Amt nicht konstitutiv und können entfallen. Der erste und entscheidende öffentliche Akt ist die Weihe des neu gewählten Papstes und die Besitzergreifung seiner Bischofskirche, der Erlöserbasilika San Giovanni in Laterano. Daher verkündet der Kardinaldiakon zwar wie bisher die Wahl des neuen Papstes von der Loggia der Petersbasilika mit der bewährten Formel «Habemus Papam». Der Gewählte zeigt sich auch, um dem gläubigen Volk die Möglichkeit zur Akklamation zu geben. Den Segen «Urbi et orbi» spendet er dort aber nicht, da er noch nicht Bischof und Papst ist.

Vielmehr begibt er sich am ersten Sonntag nach der Wahl in den Lateran. Dort wird er in einer feierlichen Messe nach dem in der katholischen Kirche üblichen Ritus zum Bischof geweiht und nach der Weihe auf der bischöflichen Cathedra in der Apsis der Lateranbasilika inthronisiert. Nachdem er so vom einzigen römischen Bischofsstuhl Besitz ergriffen hat, ist er Bischof von Rom. Nach Abschluss der Messe spendet er auf der Loggia des Lateran seinen ersten Segen «Urbi et orbi».

Am folgenden Sonntag findet im Rahmen eines Gottesdienstes in Sankt Peter die Überreichung des Palliums und des Fischerrings statt, als Zeichen der petrinischen Funktion, die er als Bischof von Rom ausübt. Ein Gebet am Petrusgrab, an dem Pallium und Fischerring als Symbole der Verbindung mit Petrus gelegen haben, schließt die Zeremonie ab. Diese ausdeutenden Riten – so schreibt Hadrian VII. – sollen bewusst schlicht gehalten werden, um den eigentlichen Akt der Amtsübernahme als Bischof von Rom durch die Weihe im Lateran in gebührender Weise zu seinem Recht kommen zu lassen.

Auch die Frage des Papstrücktritts wird in *In Nomine Domini* endlich geklärt. Der Papst soll seinen Rücktritt vor der Kirchenversammlung erklären. Damit legt er sein Amt nieder und in die Hände Gottes zurück. Eine Annahme des Rücktritts ist nicht erforderlich. Der zurückgetretene Papst bleibt wie andere Bischöfe nach ihrem Amtsverzicht ein Bischof emeritus, der durch das Weihesakrament erhaltene Character indelebilis bleibt ihm selbstverständlich erhalten. Er behält die bischöflichen Insignien, auch die Mitra, die päpstlichen muss er hingegen ablegen. Die weiße Soutane und die Anrede «Heiliger Vater» sind Zeichen des regierenden Papstes und kommen dem abgetretenen Pontifex nicht mehr zu. Außerdem wird bestimmt, dass der ehemalige Papst sich vollständig aus der Öffentlichkeit zurückziehen soll, möglichst in ein abgeschiedenes Kloster.

Für die Amtsenthebung eines Papstes wegen Unfähigkeit zur Amtsführung kündigt Hadrian VII. eine eigene Konstitution an. In ihr soll es vor allem um unheilbare Demenz und Geisteskrankheiten gehen, die den Papst des Vernunftgebrauchs berauben, ihn nicht länger Herr seiner selbst sein lassen und deshalb an der Ausübung seines Amtes hindern. Der Papst sieht hier offenbar noch gründlichen Beratungsbedarf durch Kirchenrechtler und Theologen, vor allem im Hinblick auf die Primatsdoktrin des Ersten Vatikanischen Konzils. Wie aus gut informierten Kreisen zu erfahren ist, spielt Hadrian VII. mit dem Gedanken, ein ökumenisches Konzil mit dieser heiklen Frage zu betrauen. Es soll, in der Tradition der Reformkonzilien stehend, nach Konstanz einberufen und als Zweites Konstanzer Konzil in die Liste der allgemein verbindlichen Konzilien der katholischen Kirche aufgenommen werden.

Papstrücktritt oder gar Papstabsetzung sollen nach dem Dekret *In Nomine Domini* von 2059 allerdings nicht zur Regel werden. Um die Einmaligkeit des Papstamtes zu wahren, sollte es idealerweise immer nur einen lebenden Bischof von Rom geben.

Hadrian VII. schafft auch die Geheimhaltungsvorschriften Johannes Pauls II. wieder ab. Historiker sollen künftig, wie es über viele Jahrhunderte üblich war, nach einem angemessenen Zeitraum alle Akten zu einer Papstwahl mit allen Einzelergebnissen im Vatikanischen Geheimarchiv einsehen und auswerten dürfen. «Die Kirche fürchtet die Wahrheit nicht, die aus der Geschichte kommt», zitiert Hadrian VII. geschickt den Santo Subito, seinen heiliggesprochenen Vorgänger Johannes Paul II. Auch alle anderen Dokumente zu Personalentscheidungen der Kurie und des Papstes, insbesondere die Unterlagen zur Besetzung der Bischofsstühle, sind der Forschung wieder grundsätzlich zugänglich. Der Papst nimmt so die Kritik auf, die nach der Öffnung der Bestände zum Pontifikat Pius' XII. im Vatikanischen Geheimarchiv 2020 aufgekommen war. Alle Dokumente, die mit Personalentscheidungen zu tun hatten, waren vor der Benutzung aus den Akten entfernt worden.

Zum Abschluss ruft Hadrian VII. sich selbst, allen seinen Nachfolgern und auch allen kirchlichen Amtsträgern einen alten Ritus bei der Amtseinführung der Päpste in Erinnerung. Seit dem elften Jahrhundert wurde – so schreibt Hadrian VII. – dreimal während der Einsetzungsliturgie auf einer Stange Werg angezündet, ein Büschel aus Flachsabfall, von dem nach dem Verbrennen buchstäblich nichts übrig blieb. Und dreimal wurde dem neuen Papst zugerufen: «Sancte Pater, sic transit gloria mundi!» – «Heiliger Vater, so vergeht die Herrlichkeit der Welt!»

Kein Mensch wird durch seine Wahl im Konklave so hoch erhoben wie der Papst. Er wird zum Stellvertreter Jesu Christi. Als Mensch muss er aber wie jeder andere Mensch vor seinen letzten Richter treten. Dann wird er danach beurteilt, wie authentisch er Jesus Christus in dieser Welt vertreten hat als dessen Stellvertreter: Sic transit gloria mundi!

# Anhang

# Nachwort

«Wenn es den Papst nicht gäbe, müsste man ihn erfinden.» Diesen Satz soll Napoleon im Jahr 1800 ausgerufen haben, als er für die Überwindung der Spaltung der französischen Kirche dringend eine allgemein akzeptierte kirchliche Autorität brauchte. Der Papst ist auch heute unbestreitbar der Identitäts- und Einheitspunkt der katholischen Kirche und gilt darüber hinaus in der allgemeinen Wahrnehmung nicht selten sogar als Zentrum des Christentums insgesamt sowie als moralische Autorität erster Ordnung. Deshalb verwundert es nicht, dass seine Wahl und Amtseinführung über den Katholizismus hinaus weltweites Interesse findet und alle Inaugurationen welchen weltlichen oder religiösen Führers auch immer in den Schatten stellt.

Das Konklave ist deshalb nicht nur ein Dauerbrenner in akademischen Lehrveranstaltungen. Ich habe in den letzten Jahren kaum einen Vortrag gehalten, bei dem dieses Thema nicht spätestens bei der dritten Frage auf der Agenda gestanden hätte. Die Wahl Benedikts XVI. zum ersten deutschen Papst nach einem halben Jahrtausend im Jahr 2005 und der erste Papstrücktritt nach sechshundert Jahren im Februar 2013 haben dem Thema eine zusätzliche Brisanz verliehen. Und dieser Tage wird heftig darüber spekuliert, ob «emeritierte» Päpste nicht künftig zur Regel werden könnten. Schließlich hat sich Papst Franziskus mehrfach in diesem Sinne geäußert. Manche sehen seinen Rücktritt angesichts seines achtzigsten Geburtstags im Dezember 2016 und einer Reise nach Argentinien 2017 sogar unmittelbar bevorstehen.

Das alles war für mich Anlass genug, ein Projekt, das mich spätestens seit der Ringvorlesung «Rituale der Amtseinsetzung. Kulturen politisch-religiöser Inszenierung von Otto dem Großen bis zu Barack Obama» vom Wintersemester 2009/10, die im Rahmen unseres Münsteraner Exzellenzclusters «Religion und Politik» stattfand, intensiv beschäftigt hat, zu einem vorläufigen Abschluss zu bringen. Das vorliegende Buch versucht, in der gebotenen Kürze die sieben wichtigsten Fragen, die im Zusammenhang mit Konklave und Papstwahl immer wieder gestellt werden, auf der Basis des historischen Forschungsstandes möglichst allgemein verständlich zu beantworten. Das letzte Kapitel, eine fiktive Papstwahlordnung des Jahres 2059, weicht bewusst von dieser Form der klassisch historisch-kritischen Historiografie ab.

Folgt man dem kirchlichen Selbstverständnis, wird es auch in Zukunft mehr oder weniger gelungene Realisationen des einen von Jesus Christus eingesetzten Papsttums geben. Erst mit der Wiederkunft Christi am Jüngsten Tag werden auch die Papstwahlen an ihr Ende gelangen. Dann müssen die Päpste und ihre Wähler endgültig vor ihren Richter treten. Folgt man dagegen der etablierten Historiografie, dann kann der Historiker nichts über die Zukunft wissen und aussagen. Für Leopold von Ranke, den evangelischen Historiker des neuzeitlichen Papsttums, ist jede Epoche «unmittelbar zu Gott», ihr Sinn lässt sich nicht aus dem Späteren erschließen, und umgekehrt lässt sich auch aus der Geschichte nichts Sicheres für die Zukunft ableiten.

Aussagen über die Zukunft der Papstwahl scheinen vor diesem Hintergrund theologisch vermessen und historisch unseriös. Trotzdem sind wir – ob wir es wollen oder nicht – ständig von Prognosen umgeben, gerade auch im Hinblick auf die künftige Entwicklung der Religionen. Als sich die fast dogmatisch geglaubte Annahme einer fortschreitenden Säkularisierung und Zurückdrängung des Religiösen aus der Öffentlichkeit als falsch erwies, trat an ihre Stelle die heute ebenso fest geglaubte Prognose einer zunehmenden Attraktivität von Religionen gerade in ihrer harten fundamentalistischen Gestalt. Solche Mutmaßungen erweisen sich schnell als Extrapolationen der eigenen Gegenwart, oder besser: der eigenen Wahrnehmung von ihr. Der Historiker muss sie ebenso ablehnen wie der Theologe.

Mein Blick auf die Papstwahl in vierzig Jahren will jedoch etwas Anderes. Er versteht sich als ein Spiegel, der der Vergangenheit und Gegenwart der Papstwahl als ein zusätzliches Instrument der Erkenntnis vorgehalten wird. Dieser Spiegel zeigt, dass die Traditionen der Papstwahl immer wieder neu erfunden wurden und auch in Zukunft immer wieder neu zu erfinden sind, und bündelt so das, was ich zuvor dargestellt habe, in einer anderen Darstellungsform. Denn die Kirche ist bei allen Ewigkeitswerten eine dy-

namische Institution. Indem dieser Spiegel die Entwicklungen immer wieder an den Ursprüngen der Geschichte misst, ist er zugleich ein Instrument
der Kritik. Der Ausblick auf 2059 hält aber auch den gängigen Zukunfts-
prognosen kritisch den Spiegel vor, da er ausdrücklich die Gegenwart nicht
einfach extrapoliert, sondern einen künftigen Umschwung von einer harten, autoritären Religion zu einer weicheren Gestalt – vielleicht in einer Ge-
neration – mit einkalkuliert. Im Sinne eines Erkenntnis fördernden und ver-
dichtenden Spiegels, nicht einer Prognose, hat der Historiker dann vielleicht
doch das Recht, Zukunft zu produzieren. Er entgeht so der Alternative zwischen heilsgeschichtlicher Dogmatik und unkritischem Positivismus.

Wie immer gehören die letzten und schönsten Zeilen eines Buches dem
Dank. Die finalen Arbeiten an diesem Buch durfte ich in der besonderen Atmosphäre des Wissenschaftskollegs Berlin vornehmen, wo ich als Fellow im
Kollegjahr 2016/17 anregende Gespräche und interessante Einblicke in die
unterschiedlichsten Disziplinen und Fachkulturen erlebe. Nicht zuletzt deshalb möchte ich allen Kolleginnen und Kollegen danken, mit denen ich über
die Jahre immer wieder einzelne Aspekte des Themas diskutieren durfte,
stellvertretend für viele Prof. Dr. Günther Wassilowsky. Mein Dank gilt auch
dem Verlag C.H.Beck mit seinem Verleger Dr. Jonathan Beck für das Ver-
trauen und vor allem meinem langjährigen Lektor Dr. Ulrich Nolte sowie
seiner Mitarbeiterin Gisela Muhn-Sorge für die bewährte und konstruktive
Zusammenarbeit.

Ohne die Unterstützung der Mitarbeiterinnen und Mitarbeiter des Se-
minars für Mittlere und Neuere Kirchengeschichte in Münster würde es dieses «Konklave» aber nicht geben. Sie haben Quellen und Literatur beschafft
und gesichtet, Korrektur gelesen, Änderungsvorschläge gemacht, kritisch
diskutiert, Bilder ausgesucht und mich immer wieder ermutigt, das Buch so
und nicht anders zu schreiben. Namentlich möchte ich Dr. Holger Arning,
Verena Bäumer, Matthias Daufratshofer, Dr. Thomas Fusenig, Michael Neu-
mann, Michael Pfister, Florian Reddeker und Sarah Röttger hervorheben.
Einen besonderen Blumenstrauß verdient aber Dr. Barbara Schüler, in deren kundiger Hand dieses Buch wie bereits zahlreiche andere Publikationen
inhaltlich und organisatorisch bestens aufgehoben war und deren Überlegungen und differenzierte Rückfragen für mich stets anregend und weiter-
führend sind.

Berlin, am 3. November 2016                                        *Hubert Wolf*

# Anmerkungen

## Wie Weihnachten:
## Das Mysterium der Papstwahl

1 «Testor Christum Dominum, qui me iudicaturus est, me eum eligere, quem secundum Deum iudico eligi debere.» Ordo Rituum Conclavis Nr. 52, S. 69. Die in den Anmerkungen verwendeten Kurztitel erschließen sich aus dem Quellen- und Literaturverzeichnis «Zum Weiterlesen».
2 Wassilowsky, Konklavereform, S. 254.
3 Ordo Rituum Conclavis, Nr. 74, S. 92.
4 Ebd., Nr. 108, S. 308–311, hier S. 311.
5 Ebd., Nr. 74, S. 93.
6 Lk 2,1–14, hier 10 f.
7 Schlott, Papsttod, S. 229.
8 Johannes Paul II., «Universi Dominici gregis», S. 518. Im Folgenden werden teilweise eigene deutsche Übersetzungen der lateinischen Konstitution geboten.
9 Ebd., S. 520.
10 Ebd., S. 518.
11 Brennecke, Art. Papsttum, Sp. 866.

## 1. Wer wählt den Papst?

1 Mt 16,13–19. Vgl. Gnilka, Matthäusevangelium, S. 46–80; Luz, Evangelium, S. 452–483.
2 Erstes Vatikanisches Konzil, «Pastor aeternus», S. 811–816.
3 Brox, Papsttum, S. 29.
4 Ebd., S. 28.
5 Ignatius von Antiochien, An die Römer, in: Schriften des Urchristentums. Erster Teil: Die Apostolischen Väter, eingeleitet, herausgegeben, übertragen und erläutert von Joseph A. Fischer, Darmstadt 2011, S. 183–193, hier S. 183.
6 Brox, Papsttum, S. 29.
7 Irenäus von Lyon, Adversus haereses III, 3, 2, S. 31.
8 Ebd. III, 3, 3, S. 31–35.
9 Brox, Papsttum, S. 30 f.
10 Schimmelpfennig, Papsttum, S. 13.
11 «Episcopus ordinetur electus ab omni populo.» Botte (Hg.), Tradition, S. 4.

12    «Merito vir tantus e vasit quem omnis elegit ecclesia, merito creditum quod divino esset
       electus iudicio quem omnes postulavissent.» Ambrosius von Mailand, Epistulae extra
       collectionem 14 (Maur. 63), in: Sancti Ambrosi opera, pars decima, epistularum liber de-
       cimus, epistulae extra collectionem, gesta concilo Aquileiensis, recensuit Michaela Zel-
       zer (Corpus scriptorum ecclesiasticorum Latinorum 82,3), Wien 1982, S. 236.

13    «Qui praefuturus est omnibus, ab omnibus eligatur.» Sancti Leonis Magni Romani
       Pontificis Epistolae X Cap. VI (Patrologiae Cursus Completus. Accurante Jacques-Paul
       Migne. Series Latina 54), Paris 1881, S. 634.

14    «... siquidem in unum totius inclinaverit ecclesiastici ordinis electio, consecretur electus
       episcopus. Si autem, ut fieri solet, studia coeperint esse diversa eorum, de quibus certa-
       men emerserit, vincat sententia plurimorum ...» Symmachus, Die Wahl des Papstes,
       S. 228 f.

15    «... ipse Bonifatius papa reum se confessus est maiestatis, quod in diaconum Vigilium
       sua subscriptione cyrographi ...» LXII. Bonifatius II (530–532), in: Liber pontificalis
       Bd. 1, S. 281.

16    «De adulterio dixerunt, quod oculis non viderent, sed certissime scirent, viduam Rai-
       nerii et Stephanam patris concubinam et Annam viduam cum nepte sua abusum esse et
       sanctum palatium lupanar et prostibulum fecisse.» Liutprand von Cremona, Liber de
       rebus gestis Ottonis magni imperatoris, in: Monumenta Germaniae Historica: Scripto-
       res rerum Germanicarum in usum scholarum separatim editi 41, Hannover/Leipzig 1915,
       S. 159–175, hier S. 167; http://www.dmgh.de/de/fs3/object/goToPage/bsb00000743.html?
       pageNo=167&contextType=scan&contextSort=sortKey&sortIndex=010%3A070%3A00
       41%3A010%3A00%3A00&contextOrder=descending&sort=score&order=desc&zoom=
       1.00&context=Anna&hl=false&fulltext=Liber+de+rebus+gestis+Ottonis+Magni+Impe
       ratoris (letzter Zugriff 03.09.2016).

17    So treffend Fuhrmann, Wahl, S. 768.

18    Nikolaus II., «In nomine Domini», S. 278–280. Danach das Folgende.

19    Herbers, Geschichte, S. 126.

20    Konzil von Konstanz, «Haec sancta», S. 409 f.

21    May, Papstwahlrecht, S. 238 f.

22    Johannes Paul II., «Universi Dominici gregis», S. 521.

23    Ebd.

24    Ebd., S. 522.

## 2. Wer kann überhaupt Papst werden?

1    Die Schilderung der Leichensynode folgt den Berichten in: Heckmann, Fall, S. 223–238;
      Zimmermann, Papstabsetzungen, S. 47–76.

2    Konzil von Nizäa, Kanones, hier Kanon 15, S. 13.

3    Ebd., Kanon 16, S. 13 f.

4    «Marinus, antea episcopus, contra statuta canonum subrogatus est.» Annales Fuldenses
      ad 882, in: Monumenta Germaniae Historica: Scriptores rerum Germanicarum in usum
      scholarum separatim editi 7, Hannover 1891, S. 99; http://www.dmgh.de/de/fs3/object/
      goToPage/bsb00000760.html?pageNo=99&contextType=scan&contextSort=sortKey&
      sortIndex=010%3A070%3A0007%3A010%3A00%3A00&contextOrder=descending&so
      rt=score&order=desc&start=0&context=marinus%2C+antea+episcopus&hl=false&ro
      ws=10&fulltext=marinus%2C+antea+episcopus (letzter Zugriff 28.09.2016).

5    Zitiert nach Wasner, Consecratione, S. 250.

6   Ebd., S. 250 f.
7   Vgl. auch Herbers, Päpstin Johanna, S. 186 f.
8   Johannes Paul II., «Universi Dominici gregis», Nr. 87, S. 568.
9   Ebd., Nr. 90, S. 570.
10  Ordo Rituum Conclavis, Nr. 62, S. 75.
11  Ebd., Nr. 64, S. 75.
12  Benedikt XVI., «Quelques changements».
13  Pius XII., Quelques aspects, S. 924.
14  CIC (1983), Can. 378 § 1. Vgl. Lüdicke (Hg.), Münsterischer Kommentar, S. 378/1–378/7.

### 3. Wo wird der Papst gewählt?

1   Die Schilderung der längsten Papstwahl der Kirchengeschichte folgt Fischer, Kardinäle, S. 322–334 und S. 397–452, sowie den bei Franchi, Conclave, abgedruckten Quellen.
2   Im lateinischen Original steht hier: «In eodem autem palatio unum conclave ... omnes habitent in communi ...». Zweites Konzil von Lyon, Konstitution «Ubi periculum», S. 315. Das gesamte Zitat findet sich auf S. 314–318 (Hervorhebungen im Original).
3   Ebd.
4   Johannes Paul II., «Universi Dominici gregis», S. 522.
5   Ebd.
6   Ebd.
7   Ebd., S. 523.
8   Ebd., Nr. 41, S. 544.
9   Melloni, Konklave, S. 134.
10  Johannes Paul II., «Universi Dominici gregis», Nr. 41 und Nr. 42, S. 544–546.
11  Ebd., Nr. 45, S. 546.
12  Ebd., Nr. 44, S. 546.
13  Ebd., Nr. 51, S. 550.
14  Ebd., Nr. 48, S. 548.
15  So treffend Melloni, Konklave, S. 133.
16  Wassilowsky, Konklavereform, S. 4 f.

### 4. Wie wird der Papst gewählt?

1   Die Schilderung folgt: Pastor, Geschichte, Bd. 7, S. 11–57; Wahrmund, Ausschliessungs-Recht, S. 76–88; Wassilowsky, Konklavereform, S. 75–83.
2   Ganzer, Unanimitas, S. 27.
3   «Le ‹mythe› de l'unanimité»; Moulin, Note, S. 370.
4   Drittes Laterankonzil, «Licet de vitanda discordia», S. 211.
5   Herde, Entwicklung, S. 19.
6   Wassilowsky, Konklavereform, S. 293.
7   Joachim Meisner, Predigt zum ersten Jahrestag der Wahl Benedikts XVI. am 23. April 2006 im Dom zu Köln; https://pt.zenit.org/articles/aus-dem-kardinal-joseph-ratzinger-ist-der-felsenmann-geworden-joachim-kardinal-meisner-zum-ersten/ (letzter Zugriff 01.09.2016).
8   Zitiert nach: Aubert, Vaticanum I, S. 38 Anm. 8.
9   Johannes Paul II., «Universi Dominici gregis», S. 522 f.
10  Ebd., S. 524.

11 Ebd.

12 Ebd., Nr. 66, S. 558.

13 Das Schema folgt der Darstellung von Pierro Giorgio Marcussi/Sabino Ardito, Legislazione Vigente, in: Sede Apostolica Vacante, S. 373–385, hier 379 f.

14 Johannes Paul II., «Universi Dominici gregis», Nr. 75, S. 564.

15 Benedikt XVI., «De aliquibus mutationibus», hier die lateinische Originalfassung.

16 Ebd., hier die auf der Homepage des Vatikan greifbare französische Version «Quelques changements» mit den Fußnoten «a» und «b», die sich auch in der gedruckten Ausgabe in «La Documentation Catholique» vom 11. Juni 2007 finden. In der lateinischen und der deutschen Version mit dem Titel «Einige Änderungen in den Normen bezüglich der Wahl des Papstes» sind diese Fußnoten nicht gesetzt.

## 5. Was macht den Papst zum Papst?

1 Lehnert, Erinnerungen, S. 72 f.

2 «None the less, this was one of the most magnificient ceremonies I have ever attended.» Tom Driberg, Ruling Passions, London 1977, S. 111.

3 Lehnert, Erinnerungen, S. 74 f.

4 «...de praesenti contradimus palatium imperii nostri Lateranense, quod omnibus in toto orbe terrarum prefertur atque precellit palatiis, deinde diadema videlicet coronam capitis nostri simulque frigium nec non et superhumeralem, videlicet lorum, qui imperiale circumdare adsolet collum, verum etiam et clamidem purpuream atque tunicam coccineam et omnia imperialia indumenta seu et dignitatem imperialium presedentium equitum, conferentes etiam et imperialia sceptra, simulque et conta atque signa, banda etiam et diversa ornamenta imperialia et omnem processionem imperialis culminis et gloriam potestatis nostrae.» Die Konstantinische Schenkung, S. 254.

5 Zitiert nach: Wasner, Consecratione, S. 93.

6 Eichmann, Weihe, S. 19 (Hervorhebung im Original).

7 Ebd., S. 20 f.

8 Ebd., S. 28.

9 Zitiert nach: Richter, Ordination, S. 109.

10 Schimmelpfennig, Krönung, S. 217.

11 Emich, Besitz, S. 84.

12 Valenziano, Editio, S. 67.

13 Johannes Paul II., «Universi Dominici gregis», Nr. 88, S. 570.

## 6. Wie geheim sind Papstwahlen wirklich?

1 Brunelli, Papa Ratzinger. Vgl. auch: Das «verbotene» Tagebuch.

2 Johannes Paul II., «Universi Dominici gregis», Nr. 53, S. 552; Übersetzung hier nach: http://w2.vatican.va/content/john-paul-ii/de/apost_constitutions/documents/hf_jp-ii_apc_22021996_universi-dominici-gregis.html (letzter Zugriff 28.08.2016) Nr. 53.

3 Ebd., Nr. 71, S. 562.

4 Ebd.

## 7. Wie funktioniert ein Papstrücktritt?

1  Benedikt XVI., Declaratio.

2  Benedikt XVI., Licht, S. 47.

3  Benedikt XVI., Letzte Gespräche, S. 40.

4  Matthias Drobinski, Der Dagegen-Papst, in: Süddeutsche Zeitung vom 17. November 2014; http://www.sueddeutsche.de/panorama/aeusserung-von-benedikt-xvi-der-dagegen-papst-1.2222774 (letzter Zugriff 01.09.2016).

5  Benedikt XVI. an Giuseppe Capoccia vom 10. Oktober 2014; https://unacumpapanostro.files.wordpress.com/2014/10/rispostabxvi.jpg (letzter Zugriff 30.08.2016).

6  Andrea Tornielli, Ratzinger: la mia rinuncia è valida, assurdo fare speculazioni, in: La Stampa vom 26. Februar 2014 (italienisches Original); http://www.lastampa.it/2014/02/26/esteri/vatican-insider/it/ratzinger-la-mia-rinuncia-valida-assurdo-fare-speculazioni-mk8Mnt6rKqlfBtnWHdnNiM/pagina.html (letzter Zugriff 01.09.2016); Benedikt XVI. beteuert: Rücktritt war freiwillig, in: Focus.de vom 26. Februar 2014; http://www.focus.de/politik/ausland/papst/brief-ans-italienische-zeitung-benedikt-xvi-beteuert-ruecktritt-war-freiwillig_id_3644165.html (letzter Zugriff 01.09.2016).

7  Ebd.

8  https://w2.vatican.va/content/benedict-xvi/de/audiences/2013/documents/hf_ben-xvi_aud_20130227.html (letzter Zugriff 11.08.2016).

9  Gänswein, Papst der Zeitenwende, S. 8–13, hier S. 10 und S. 12.

10  Ott, Grundriss, S. 334–349, hier S. 338.

11  Müller, Dogmatik, S. 621.

12  Brandmüller, Renuntiatio Papae, S. 5 und S. 11.

13  Gänswein, Papst der Zeitenwende, S. 12.

14  Elio Guerriero, Ratzinger, la Confessione: «Troppe stanco, così ho lasciato il ministero Petrino», in: La Repubblica vom 24. August 2016; http://www.repubblica.it/vaticano/2016/08/24/news/la_confessione_di_ratzinger_troppo_stanco_cosi_ho_lasciato_146529292/ (letzter Zugriff 31.08.2016).

15  Papst Franziskus hat sich in diesem Sinn in einem Interview mit dem mexikanischen Fernsehsender «Televisa» am 12. März 2015 abends (Ortszeit) geäußert; mehrere Varianten seiner Aussagen sind greifbar: http://www.zeit.de/gesellschaft/zeitgeschehen/2015-03/katholische-kirche-franziskus-amtszeit (letzter Zugriff 28.08.2016); http://www.tagesspiegel.de/politik/baldiger-ruecktritt-papst-franziskus-rechnet-mit-nur-kurzem-pontifikat/11503054.html (letzter Zugriff 28.08.2016).

16  Hermann, Fragen, S. 112.

17  Dante Alighieri, Die Göttliche Komödie. Aus dem Italienischen von Wilhelm Hertz, München [16]2007, S. 17.

## Wenn Weihnachten und Pfingsten zusammenfallen: Die Papstwahlordnung von 2059

1  «Schuldbekenntnis Hadrians VI.» vom 25. November 1522; deutsche Übersetzung bei Heiko A. Obermann, Kirchen- und Theologiegeschichte in Quellen. Bd. 3: Die Kirche im Zeitalter der Reformation, Neukirchen-Vluyn 1988, S. 92–94.

# Zum Weiterlesen

## Quellen

Codex Iuris Canonici auctoritate Ioannis Pauli PP. II promulgatus, Vatikanstadt 1983; im Auftrag der Deutschen Bischofskonferenz übersetzt und hg. von Winfried Aymans u. a., Kevelaer ²1984 [= CIC (1983)].

Codex Iuris Canonici Pii X Pontificis Maximi iussu digestus, Benedicti Papae XV auctoritate promulgatus, Rom 1917 [= CIC (1917)].

Dekrete der ökumenischen Konzilien (Conciliorum Oecumenicorum Decreta), hg. von Josef Wohlmuth/Giuseppe Alberigo, 3 Bde., Paderborn 1998–2002.

Johannes Paul II., Constitutio Apostolica «Universi Dominici gregis» de Sede Apostolica Vacante deque Romani Pontificis electione, in: Sede Apostolica Vacante. Eventi e celebrazioni, Aprile 2005, hg. vom Ufficio delle Celebrazioni liturgiche del Sommo Pontefice, Vatikanstadt 2007, S. 518–573; auch in: Acta Apostolicae Sedis 88 (1996), S. 305–343. Eine deutsche Übersetzung unter http://w2.vatican.va/content/john-paul-ii/de/apost_constitutions/documents/hf_jp-ii_apc_22021996_universi-dominici-gregis.html (letzter Zugriff 26.08.2016).

Le pontifical Romain au moyen âge, hg. von Michel Andrieu, 4 Bde. (Studi e Testi 86, 87, 88 und 99), Vatikanstadt 1938–1951.

Liber pontificalis. Texte, introduction et commentaire, hg. von Louis Duchesne, 2 Bde. (Bibliothèque des Écoles Françaises d'Athènes et de Rome Série 2, T. 3, 1–2), Paris 1886–1892, Nachdruck 1955.

Ordo Exsequiarum Romani Pontificis, hg. vom Officium de Liturgicis Celebrationibus Summi Pontificis, Vatikanstadt 2000.

Ordo Rituum Conclavis, hg. vom Officium de Liturgicis Celebrationibus Summi Pontificis, Vatikanstadt 2000.

Ordo Rituum pro Ministerii Petrini initio Romae Episcopi, hg. vom Officium de Liturgicis Celebrationibus Summi Pontificis, Vatikanstadt 2005.

Quellen zur Geschichte des Papsttums und des römischen Katholizismus, hg. von Carl Mirbt/Kurt Aland. Bd. 1: Von den Anfängen bis zum Tridentinum, Tübingen ⁶1967.

## Übersichtsliteratur

Adinolfi, Mario, Il conclave, storia, regole e protagonisti dell'elezione più misteriosa del mondo (Passaggi), Matelica 2005.

Baumgartner, Frederic J., Behind Locked Doors. A History of the Papal Elections, New York 2003.

Fuhrmann, Horst, Die Päpste. Von Petrus zu Benedikt XVI., München ³2005.

Fuhrmann, Horst, Die Wahl des Papstes – Ein historischer Überblick, in: Geschichte in Wissenschaft und Unterricht 9 (1958), S. 762–780; erneut abgedruckt in: Horst Fuhrmann, Einladung ins Mittelalter, München ²1987, S. 135–150.

Inizio del Ministero Petrino del Vescovo di Roma Benedetto XVI, hg. vom Ufficio delle Celebrazioni Liturgiche del Sommo Pontefice, Vatikanstadt 2006.

Martens, Kurt, Tu es Petrus, et super hanc petram aedificabo Ecclesiam meam. An Analysis of the Legislation for the Vacancy of the Apostolic See and the Election of the Roman Pontiff, in: The Jurist 73 (2013), S. 29–88.

Melloni, Alberto, Das Konklave. Die Papstwahl in Geschichte und Gegenwart, Freiburg im Breisgau 2002.

Nersinger, Ulrich, Liturgien und Zeremonien am Päpstlichen Hof, 2 Bde., Bonn 2010.

Ökumenische Kirchengeschichte, hg. von Thomas Kaufmann/Raymund Kottje/Bernd Moeller/Hubert Wolf. Bd. 1: Von den Anfängen bis zum Mittelalter, Darmstadt 2006; Bd. 2: Vom Hochmittelalter bis zur Frühen Neuzeit, Darmstadt 2008; Bd. 3: Von der Französischen Revolution bis 1989, Darmstadt 2007.

Pastor, Ludwig von, Geschichte der Päpste seit dem Ausgang des Mittelalters, Bd. 1–16/III, Freiburg im Breisgau ⁸/⁹1926–1933.

Piazzoni, Ambrogio M., Storia delle elezione pontifiche, Casale Monferrato 2003.

Schatz, Klaus, Allgemeine Konzilien – Brennpunkte der Kirchengeschichte (Uni-Taschenbücher), Paderborn ²2008.

Schimmelpfennig, Bernhard, Das Papsttum. Von der Antike bis zur Renaissance, Darmstadt ⁶2009.

Schlaich, Klaus, Einige Beobachtungen zum Recht der Papstwahl, in: Festschrift für Martin Heckel zum siebzigsten Geburtstag, hg. von Karl-Hermann Kästner/Knut Wolfgang Nörr/Klaus Schlaich, Tübingen 1999, S. 237–250.

Schmidlin, Josef, Papstgeschichte der neuesten Zeit, 4 Bde., München 1933–1939.

Sede Apostolica Vacante. Eventi e celebrazioni, Aprile 2005, hg. vom Ufficio delle Celebrazioni liturgiche del Sommo Pontefice, Vatikanstadt 2007.

Stollberg-Rilinger, Barbara (Hg.), Vormoderne politische Verfahren (Zeitschrift für Historische Forschung. Beihefte 25), Berlin 2001.

Stollberg-Rilinger, Barbara, Symbolische Kommunikation in der Vormoderne. Begriffe – Forschungsperspektiven – Thesen, in: Zeitschrift für Historische Forschung 31 (2004), S. 489–527.

Wassilowsky, Günther, Die Konklavereform Gregors XV. (1621/22). Wertekonflikte, symbolische Inszenierung und Verfahrenswandel im posttridentinischen Papsttum (Päpste und Papsttum 38), Stuttgart 2010.

Zizola, Giancarlo, Il conclave. L' elezione papale da San Pietro a Giovanni Paolo II, Rom 1993.

## Wie Weihnachten: Das Mysterium der Papstwahl

Basu, Helene/Althoff, Gerd (Hg.), Rituale der Amtseinsetzung. Inaugurationen in verschiedenen Epochen, Kulturen, politischen Systemen und Religionen (Religion und Politik 11), Würzburg 2015.

Brennecke, Hanns Christof, Art. Papsttum I. Alte Kirche: Religion in Geschichte und Gegenwart⁴ 6 (2003), Sp. 866–870.

Kantorowicz, Ernst H., Die zwei Körper des Königs. Eine Studie zur politischen Theologie des Mittelalters, München 1990.

Paravicini Bagliani, Agostino, Der Leib des Papstes. Eine Theologie der Hinfälligkeit, München 1997.

Schlott, René, Papsttod und Weltöffentlichkeit seit 1878. Die Medialisierung eines Rituals (Veröffentlichungen der Kommission für Zeitgeschichte B 123), Paderborn 2013.

## 1. Wer wählt den Papst?

Botte, Bernard (Hg.), La Tradition apostolique de Saint Hippolyte. Essai de reconstitution (Liturgiewissenschaftliche Quellen und Forschungen 39), Münster ⁵1989.

Brandmüller, Walter, Das Konzil von Konstanz 1414–1418 (Konziliengeschichte. Reihe A: Darstellungen), 2 Bde., Paderborn 1991 und 1997.

Brox, Norbert, Das Papsttum in den ersten drei Jahrhunderten, in: Martin Greschat (Hg.), Das Papsttum I. Von den Anfängen bis zu den Päpsten in Avignon (Gestalten der Kirchengeschichte 11), Stuttgart/Berlin/Köln/Mainz 1985, S. 25–42.

Dunn, Geoffrey D. (Hg.), The Bishop of Rome in Late Antiquity, Farnham 2015.

Erstes Vatikanisches Konzil, Dogmatische Konstitution «Pastor aeternus» vom 18. Juli 1870, in: Dekrete der ökumenischen Konzilien (Conciliorum Oecumenicorum Decreta), hg. von Josef Wohlmuth/Giuseppe Alberigo, Bd. 3, Paderborn 2002, S. 811–816.

Gnilka, Joachim, Das Matthäusevangelium II. Teil. Kommentar zu Kap. 14,1–28,20 und Einleitungsfragen (Herders Theologischer Kommentar zum Neuen Testament), Freiburg/Basel/Wien ²1992.

Hägermann, Dieter, Das Papsttum am Vorabend des Investiturstreits. Stephan IX. (1057–1058), Benedikt X. (1058) und Nikolaus II. (1059–1061) (Päpste und Papsttum 36), Stuttgart 2008.

Herbers, Klaus, Geschichte des Papsttums im Mittelalter, Darmstadt 2012.

Heussi, Karl, Die römische Petrustradition in kritischer Sicht, Tübingen 1955.

Irenäus von Lyon, Adversus haereses/Gegen die Häresien III. Übersetzt von Norbert Brox (Fontes Christiani 8/3), Freiburg/Basel/Wien 1995.

Jasper, Detlev, Das Papstwahldekret von 1059. Überlieferung und Textgestalt (Beiträge zur Geschichte und Quellenkunde des Mittelalters 12), Sigmaringen 1986.

Keupp, Jan/Schwarz, Jörg, Konstanz 1414–1418. Eine Stadt und ihr Konzil, Darmstadt 2013.

Konzil von Konstanz, Dekret «Haec sancta» vom 6. April 1415, in: Dekrete der ökumenischen Konzilien (Conciliorum Oecumenicorum Decreta), hg. von Josef Wohlmuth/Giuseppe Alberigo, Paderborn 2000, Bd. 2, S. 409 f.

Luz, Ulrich, Das Evangelium nach Matthäus. 2. Teilband Mt 8–17 (Evangelisch-Katholischer Kommentar zum Neuen Testament), Düsseldorf/Neukirchen-Vluyn ²1996.

May, Georg, Das Papstwahlrecht in seiner jüngsten Entwicklung. Bemerkungen zu der Apostolischen Konstitution «Romano Pontifici eligendo», in: Ex aequo et bono. Willibald M. Plöchl zum 70. Geburtstag, hg. von Peter Leisching/Franz Pototschnig/Richard Potz, Innsbruck 1977, S. 231–262.

Müller, Heribert, Die kirchliche Krise des Spätmittelalters. Schisma, Konziliarismus und Konzilien (Enzyklopädie deutscher Geschichte 90), München 2012.

Nikolaus II., Lateransynode 1059, April: Dekret über die Papstwahl «In nomine Domini», in: Quellen zur Geschichte des Papsttums und des römischen Katholizismus, hg. von Carl Mirbt/Kurt Aland. Bd. 1: Von den Anfängen bis zum Tridentinum, Tübingen ⁶1967, Nr. 540, S. 278–280.

Piazzoni, Ambrogio M., L'inizio del Pontificato nella storia, in: Inizio del Ministero Petrino del Vescovo di Roma Benedetto XVI, hg. vom Ufficio delle Celebrazioni Liturgiche del Sommo Pontefice, Vatikanstadt 2006, S. 15–89.

Schatz, Klaus, Der päpstliche Primat. Seine Geschichte von den Ursprüngen bis zur Gegenwart, Würzburg 1990.

Schatz, Klaus, Vaticanum I. 1869–1870, 3 Bde., Paderborn 1992–1994.

Schwaiger, Georg, Art. Papsttum I, in: Theologische Realenzyklopädie 25 (1995), S. 647–676.

Stockmeier, Peter, Die Wahl des Bischofs durch Klerus und Volk in der frühen Kirche, in: Concilium 16 (1980), S. 463–467.

Symmachus, Die Wahl des Papstes: Decretum synodale 3–4, in: Quellen zur Geschichte des Papsttums und des römischen Katholizismus, hg. von Carl Mirbt/Kurt Aland. Bd. 1: Von den Anfängen bis zum Tridentinum, Tübingen ⁶1967, Nr. 467, S. 228 f.

Zimmermann, Harald, Das Papsttum im Mittelalter. Eine Papstgeschichte im Spiegel der Historiographie. Stuttgart 1981.

Zimmermann, Harald, Papstabsetzungen des Mittelalters, Graz/Wien/Köln 1968.

## 2. Wer kann überhaupt Papst werden?

Andrieu, Michel, La carrière ecclésiastique des papes et les documents liturgiques du moyen âge, in: Revue des sciences religieuses 21 (1947), S. 90–120.

Benedikt XVI., Motuproprio «De aliquibus mutationibus» (lat.), «Quelques changements dans les normes pour l'élection du Pontife Romain» (frz.), vom 11. Juni 2007; http://w2.vatican.va/content/benedict-xvi/de/motu_proprio/documents/hf_ben-xvi_motu-proprio_20070611_de-electione.html (letzter Zugriff 27.08.2016); die frz. Version auch in: La Documentation Catholique Nr. 2392 vom 16. Dezember 2007, S. 1087.

Boureau, Alain, La papesse Jeanne (Collection historique), Paris 1988.

Broderick, John F., The Sacred College of Cardinals. Size and geographical Composition (1099–1986), in: Archivum Historiae Pontificiae 25 (1987), S. 7–71.

Döllinger, Johann Joseph Ignaz von, Die Papst-Fabeln des Mittelalters. Ein Beitrag zur Kirchengeschichte mit Anmerkungen vermehrt, hg. von Johann Friedrich, Stuttgart ²1980.

Ferraro, Giuseppe, L'Essenza sacramentale del Primato: Osservazioni a propositio dei libri liturgici «Ordo rituum Conclavis» e «Ordo rituum pro ministerii petrini initio Romae Episcopi», in: Ephemerides Liturgicae 121 (2007), S. 281–300.

Fürst, Carl Gerold, «Statim ordinetur episcopus». Oder: Die Papsturkunden «sub bulla dimidia», Innozenz III. und der Beginn der päpstlichen Gewalt, in: Ex aequo et bono. Willibald M. Plöchl zum 70. Geburtstag (Forschungen zur Rechts- und Kulturgeschichte 5), hg. von Peter Leisching/Franz Pototschnig/Richard Potz, Innsbruck 1977, S. 45–65.

Ghirlanda, Gianfranco, Cessazione dall'ufficio di Romano Pontefice, in: La Civiltà Cattolica Nr. 3905 vom 2. März 2013, S. 445–462.

Gössmann, Elisabeth, Mulier Papa. Der Skandal eines weiblichen Papstes. Zur Rezeptionsgeschichte der Gestalt der Päpstin Johanna (Archiv für philosophie- und theologiegeschichtliche Frauenforschung 5), München 1994.

Graulich, Markus, Die Vakanz des Apostolischen Stuhls und die Wahl des Bischofs von Rom – zwei Rechtsinstitute in der Entwicklung, in: Archiv für katholisches Kirchenrecht 174 (2005), S. 75–95.

Heckmann, Marie-Luise, Der Fall Formosus. Ungerechtfertigte Anklage gegen einen Toten, Leichenfrevel oder inszenierte Entheiligung des Sakralen? In: Stefan Weinfurter (Hg.), Päpstliche Herrschaft im Mittelalter. Funktionsweisen, Strategien, Darstellungsformen (Mittelalter-Forschungen 38), Ostfildern 2012, S. 223–238.

Herbers, Klaus, Die Päpstin Johanna. Ein kritischer Forschungsbericht, in: Historisches Jahrbuch 108 (1988), S. 174–194.

Kerner, Max/Herbers, Klaus, Die Päpstin Johanna. Biographie einer Legende, Köln/Weimar/Wien 2010.

Konzil von Nizäa, Kanones, in: Dekrete der ökumenischen Konzilien (Conciliorum Oecumenicorum Decreta), hg. von Josef Wohlmuth/Giuseppe Alberigo, Paderborn 1998, Bd. 1, S. 6–16.

Lüdicke, Klaus (Hg.), Münsterischer Kommentar zum Codex Iuris Canonici unter besonderer Berücksichtigung der Rechtslage in Deutschland, Österreich und der Schweiz. Bd. 2: Cann. 204–459, Münster 1997.

Magister, Sandro, Notice of Danger: A church with Two Popes; http://chiesa.espresso. repubblica.it/articolo/1350457?eng=y (letzter Zugriff 27.09.2016).

Pius XII., «Vacantis Apostolicae Sedis» vom 8. Dezember 1945, in: Acta Apostolicae Sedis 38 (1946), S. 65–99; http://w2.vatican.va/content/pius-xii/la/apost_constitutions/documents/hf_p-xii_apc_19451208_vacantis-apostolicae-sedis.html (letzter Zugriff 27.08.2016).

Pius XII., Quelques aspects fondamentaux de l'apostolat des laïcs, in: Acta Apostolicae Sedis 49 (1957), S. 924–931.

Scholz, Sebastian, Studien zum Bistumswechsel der Bischöfe von der Spätantike bis zum Hohen Mittelalter (Kölner Historische Abhandlungen 37), Köln 1992.

Wasner, Franz, De consecratione inthronizatione coronatione Summi Pontificis, in: Apollinaris 8 (1935), S. 86–125 und S. 428–439.

## 3. Wo wird der Papst gewählt?

Fischer, Andreas, Kardinäle im Konklave. Die lange Sedisvakanz der Jahre 1268–1271 (Bibliothek des Deutschen Historischen Instituts in Rom 118), Tübingen 2008.

Franchi, Antonio, Il Conclave di Viterbo (1268–1271) e le sue origini: Saggio con documenti inediti, Ascoli Piceno 1993.

Johanek, Peter, Studien zur Überlieferung der Konstitutionen des II. Konzils von Lyon (1274), in: Zeitschrift für Rechtsgeschichte. Kanonistische Abteilung 65 (1979), S. 149–216.

Keller, Hagen, «Kommune»: Städtische Selbstregierung und mittelalterliche «Volksherrschaft» im Spiegel italienischer Wahlverfahren des 12.–14. Jahrhunderts, in: Person und Gemeinschaft im Mittelalter. Karl Schmid zum fünfundsechzigsten Geburtstag, hg. von Gerd Althoff/Dieter Geuenich/Otto Gerhard Oexle/Joachim Wollasch, Sigmaringen 1988, S. 573–616.

Kuttner, Stephan, Conciliar Law in the Making. The Lyonese Constitutions (1274) of Gregory X in a Manuscript at Washington, in: Ders. (Hg.), Medieval Councils, Decretals, and Collections of Canon Law. Selected Essays (Variorum Collected Studies Series 126), London 1980, S. 39–81.

Pasquato, Ottorino u. a., Il Conclave e l'elezione del Romano Pontefice, in: Sede Apostolica Vacante. Eventi e celebrazioni, Aprile 2005, hg. vom Ufficio delle Celebrazioni liturgiche del Sommo Pontefice, Vatikanstadt 2007, S. 347–515.

Roberg, Burkhard, Das Zweite Konzil von Lyon (1274) (Konziliengeschichte Reihe A: Darstellungen), Paderborn 1990.

Roberg, Burkhard, Der konziliare Wortlaut des Konklave-Dekrets «Ubi periculum» von 1274, in: Annuarium Historiae Conciliorum 2 (1970) Heft 2, S. 231–262.

Schimmelpfennig, Bernhard, Papst- und Bischofswahlen seit dem 12. Jahrhundert, in: Reinhard Schneider/Harald Zimmermann (Hg.), Wahlen und Wählen im Mittelalter (Vorträge und Forschungen/Konstanzer Arbeitskreis für mittelalterliche Geschichte 37), Sigmaringen 1990, S. 173–195.

Wenck, Karl, Das erste Konklave der Papstgeschichte. Rom August bis Oktober 1241, in: Quellen und Forschungen aus italienischen Archiven und Bibliotheken 18 (1926), S. 101–170.

Zweites Konzil von Lyon, Konstitution «Ubi periculum» vom 16. Juli 1274, in: Dekrete der ökumenischen Konzilien (Conciliorum Oecumenicorum Decreta), hg. von Josef Wohlmuth/Giuseppe Alberigo, Paderborn 2000, Bd. 2, S. 314–318.

## 4. Wie wird der Papst gewählt?

Appelt, Heinrich, Die Papstwahlordnung des III. Laterankonzils (1179), in: Ecclesia Peregrinans. Josef Lenzenweger zum 70. Geburtstag, hg. von Karl Amon/Bruno Primetshofer/Karl Rehberger/Gerhard Winkler/Rudolf Zinnhobler, Wien 1986, S. 95–102.

Aubert, Roger, Vaticanum I (Geschichte der ökumenischen Konzilien 12), Mainz 1965.

Drittes Laterankonzil, Papstwahldekret «Licet de vitanda discordia» vom 19. März 1179, in: Dekrete der ökumenischen Konzilien (Conciliorum Oecumenicorum Decreta), hg. von Josef Wohlmuth/Giuseppe Alberigo, Paderborn 2000, Bd. 2, S. 211.

Ganzer, Klaus, Unanimitas, maioritas, pars sanior. Zur repräsentativen Willensbildung von Gemeinschaften in der kirchlichen Rechtsgeschichte (Abhandlungen der Geistes- und Sozialwissenschaftlichen Klasse der Akademie der Wissenschaften und der Literatur 9), Stuttgart 2000.

Gregor XV., Bulle «Aeterni Patris Filius» vom 17. Dezember 1621, in: Günther Wassilowsky, Die Konklavereform Gregors XV. (1621/22). Wertekonflikte, symbolische Inszenierung und Verfahrenswandel im posttridentinischen Papsttum (Päpste und Papsttum 38), Stuttgart 2010, S. 345–350.

Hammecke, Ralf, Der kuriale Entscheidungsprozeß zur Neuerung der Papstwahl unter Papst Pius X. Ein Beitrag zur Geschichte des Exklusivrechts, Münster 2010.

Herde, Peter, Die Entwicklung der Papstwahl im dreizehnten Jahrhundert. Praxis und kanonistische Grundlagen, in: Österreichisches Archiv für Kirchenrecht 32 (1981), S. 11–41.

Ickx, Johan, Campo Santo Teutonico und Santa Maria dell'Anima als Drehscheiben der Geheimdiplomatie im Umfeld der Papstwahl von 1903, in: Signum in Bonum. Festschrift für Wilhelm Imkamp zum 60. Geburtstag, hg. von Nicolaus U. Buhlmann/Peter Styra (Thurn und Taxis Studien – Neue Folge), Regensburg 2011, S. 347–373.

Jorissen, Hans, Art. Transsubstantiation, in: Lexikon für Theologie und Kirche³ 10 (2001), Sp. 177–182.

Longère, Jean, Le troisième concile de Latran (1179). Sa place dans l'histoire, Paris 1982.

Luhmann, Niklas, Legitimation durch Verfahren, Frankfurt am Main 1983.

Moulin, Léo, Sanior et maior pars. Note sur l'évolution des techniques électorales dans les Ordres religieux du VIᵉ au XIIIᵉ siècle, in: Revue historique de droit français et étranger, 4e série, 36 (1958) Heft 3 und Heft 4, S. 368–397 und S. 491–521.

Paul VI., Konstitution «Romano Pontifici eligendo» vom 1. Oktober 1975, in: Acta Apostolicae Sedis 67 (1975), S. 609–945.

Pius X., Konstitution «Commissum nobis» vom 20. Januar 1904, in: Ralf Hammecke, Der kuriale Entscheidungsprozeß zur Neuerung der Papstwahl unter Papst Pius X. Ein Beitrag zur Geschichte des Exklusivrechts, Münster 2010, S. 471–473.

Ratzinger, Joseph, Das Problem der Transsubstantiation und die Frage nach dem Sinn der Eucharistie, in: Theologische Quartalschrift 147 (1967), S. 129–158.

Reinhard, Wolfgang (Hg.), Römische Mikropolitik unter Papst Paul V. Borghese (1605–1621) zwischen Spanien, Neapel, Mailand und Genua (Bibliothek des Deutschen Historischen Instituts in Rom 107), Tübingen 2004.

Sägmüller, Johann Baptist, Das Recht der Exklusive in der Papstwahl, in: Archiv für katholisches Kirchenrecht 73 (1895), S. 193–256.

Thiessen, Hillard von, Familienbande und Kreaturenlohn. Der (Kardinal-)Herzog von Lerma und die Kronkardinäle Philipps III. von Spanien, in: Arne Karsten (Hg.), Jagd nach dem roten Hut. Kardinalskarrieren im barocken Rom, Göttingen 2004, S. 105–125.

Tusor, Péter, Prolegomena zur Frage des Kronkardinalats, in: Archivum Historiae Pontificiae 41 (2003), S. 51–71.

Wahrmund, Ludwig, Das Ausschliessungs-Recht (Ius Exclusivae) der Katholischen Staaten Österreich, Frankreich und Spanien bei den Papstwahlen. Mit Benützung unpublizierter Acten des K. K. Haus-, Hof- und Staatsarchivs zu Wien, Wien 1888.

Wassilowsky, Günther, Abstimmen über die Wahrheit? Entscheidungskulturen in der Geschichte der Kirche, in: Stimmen der Zeit 233 (2015) Heft 4, S. 219–233.

Weber, Christoph, Senatus Divinus. Verborgene Strukturen im Kardinalskollegium der frühen Neuzeit (1500–1800) (Beiträge zur Kirchen- und Kulturgeschichte 2), Frankfurt am Main 1996.

## 5. Was macht den Papst zum Papst?

Andrieu, Michel (Hg.), Les «Ordines Romani» du Haut Moyen Age, 5 Bde. (Spicilegium Sacrum Lovaniense 11, 23, 24, 28, 29), Löwen 1931–1961.

Bölling, Jörg, Das Papstzeremoniell der Renaissance. Texte – Musik – Performanz (Tradition – Reform – Innovation. Studien zur Modernität des Mittelalters 12), Frankfurt am Main 2006.

Cornwall, John, Papst Pius XII. Der Papst, der geschwiegen hat, München 1999.

Die Konstantinische Schenkung. Lateinischer Text in: Quellen zur Geschichte des Papsttums und des römischen Katholizismus, hg. von Carl Mirbt/Kurt Aland. Bd. 1: Von den Anfängen bis zum Tridentinum, Tübingen ⁶1967, Nr. 504, S. 251–256.

Dykmans, Marc (Hg.), L'Œuvre d'Agostino Patrizi Piccolomini ou le Cérémonial Papal de la Première Renaissance, 2 Bde. (Studi e Testi 293/294), Vatikanstadt 1980–1982.

Eichmann, Eduard, Weihe und Krönung des Papstes im Mittelalter, hg. von Klaus Mörsdorf (Münchener Theologische Studien. III. Kanonistische Abteilung 1), München 1951.

Emich, Birgit, Besitz ergreifen von der Kirche. Normen und Normkonflikte beim Zeremoniell des päpstlichen Possesso, in: Günther Wassilowsky/Hubert Wolf (Hg.), Werte und Symbole im frühneuzeitlichen Rom (Symbolische Kommunikation und gesellschaftliche Wertesysteme. Schriftenreihe des SFB 496, 11), Münster 2005, S. 83–100.

Engels, Odilo, Der Pontifikatsantritt und seine Zeichen, in: Segni e riti nella chiesa altomedievale occidentale (Settimane di Studio del Centro Italiano di Studi sull'Alto Medioevo 33), Spoleto 1987, S. 707–766.

Gussone, Nikolaus, Thron und Inthronisation des Papstes von den Anfängen bis zum 12. Jahrhundert. Zur Beziehung zwischen Herrschaftszeichen und bildhaften Begriffen, Recht, Liturgie in christlichem Verständnis von Wort und Wirklichkeit (Bonner Historische Forschungen 41), Bonn 1978.

Hergemöller, Bernd-Ulrich, Die Geschichte der Papstnamen, Münster 1980.

Hilken, Charles, Death, Burial, and Election of the Popes, in: Allen Duston/Roberto Zagnoli (Hg.), Saint Peter and the Vatican. The Legacy of the Popes, Alexandria (Virginia) 2003, S. 99–107.

Krämer, Friedrich, Über die Anfänge und Beweggründe der Papstnamenänderungen im Mittelalter, in: Römische Quartalschrift 51 (1956), S. 148–188.

Kreuzer, Georg, Art. Zeremoniell, C. Papstzeremoniell, in: Lexikon des Mittelalters 9 (1999), Sp. 557–560.

Ladner, Gerhart B., Der Ursprung und die mittelalterliche Entwicklung der päpstlichen Tiara, in: Tainia. Festschrift Roland Hampe, hg. von Herbert Adolph Cahn/Erika Simon. Bd. 1: Text, Mainz 1979, S. 449–481.

Le pontifical romano-germanique du dixième siècle, hg. von Cyrille Vogel/Reinhard Elze, 2 Bde. sowie ein Kommentar- und Registerbd. (Studi e Testi 226, 227 und 266), Vatikanstadt 1963–1972.

Lehnert, Pascalina, Ich durfte ihm dienen. Erinnerungen an Papst Pius XII., Würzburg ³1983.

Maggiani, Silvano Maria, Dall' Ordo ad coronandum Summum Pontificem Romanum all' Ordo Rituum pro ministerii Petrini initio Romae episcopi, in: Inizio del Ministero Petrino del Vescovo di Roma Benedetto XVI, hg. vom Ufficio delle Celebrazioni Liturgiche del Sommo Pontefice, Vatikanstadt 2006, S. 147–176.

Miethke, Jürgen, Die «Konstantinische Schenkung» in der mittelalterlichen Diskussion. Ausgewählte Kapitel einer verschlungenen Rezeptionsgeschichte, in: Andreas Goltz/Heinrich Schlange-Schöningen (Hg.), Konstantin der Große. Das Bild des Kaisers im Wandel der Zeiten (Beihefte zum Archiv für Kulturgeschichte 66), Köln 2008.

Ordo ad coronandum Summum Pontificem Romanum, in: Michel Andrieu (Hg.), Le pontifical Romain au moyen âge, Bd. 3 (Studi e Testi 88), Vatikanstadt 1940, S. 665–683.

Paul VI., Enzyklika «Evangelii Nuntiandi» vom 8. November 1975; http://w2.vatican.va/content/paul-vi/de/apost_exhortations/documents/hf_p-vi_exh_19751208_evangelii-nuntiandi.html (letzter Zugriff 27.08.2016).

Richter, Klemens, Die Ordination des Bischofs von Rom. Eine Untersuchung zur Weiheliturgie vom Neuen Testament bis zum Pontificale Romanum von 1968, Münster 1972.

Roth, Adalbert, Evoluzione del rito di insediamento del Vescovo di Roma (III–XV sec.), in: Inizio del Ministero Petrino del Vescovo di Roma Benedetto XVI, hg. vom Ufficio delle Celebrazioni Liturgiche del Sommo Pontefice, Vatikanstadt 2006, S. 90–146.

Schimmelpfennig, Bernhard, Die Krönung des Papstes im Mittelalter dargestellt am Beispiel der Krönung Pius' II. (3.9.1458), in: Quellen und Forschungen aus italienischen Archiven und Bibliotheken 54 (1974), S. 192–270.

Schimmelpfennig, Bernhard, Ein bisher unbekannter Text zur Wahl, Konsekration und Krönung des Papstes im 12. Jahrhundert, in: Archivum Historiae Pontificiae 6 (1968), S. 43–70.

Schimmelpfennig, Bernhard, Ein Fragment zur Wahl, Konsekration und Krönung des Papstes im 12. Jahrhundert, in: Archivum Historiae Pontificiae 8 (1970), S. 323–331.

Schimmelpfennig, Bernhard, Papal Coronations in Avignon, in: János M. Bak (Hg.), Coronations. Medieval and Early Modern Monarchic Ritual, Berkeley/Los Angeles/Oxford 1990, S. 179–196.

Scholz, Sebastian, Politik – Selbstverständnis – Selbstdarstellung. Die Päpste in karolingischer und ottonischer Zeit (Historische Forschungen 26), Stuttgart 2006.

Sirch, Bernhard, Der Ursprung der bischöflichen Mitra und päpstlichen Tiara (Kirchengeschichtliche Quellen und Studien 8), Sankt Ottilien 1975.

Valenziano, Crispino, Per la «Editio typica» dell' «Ordo pro Ministerii Petrini initio Romani Episcopi», in: Ephemerides Liturgicae 121 (2007), S. 66–107.

Vian, Giovanni Maria, La donazione di Costantino (L' identità italiana 35), Bologna 2004.

Vita Paschalis II (1099–1118), in: Le Liber pontificalis. Texte, introduction et commentaire, hg. von Louis Duchesne, Bd. 2 (Bibliothèque des Écoles Françaises d'Athènes et de Rome Série 2, T. 3, 2), Paris 1892, S. 296–310.

Zöpffel, Richard, Bis in welches Jahrhundert hinauf lässt sich die Ceremonie der Papstkrönung verfolgen? In: Zeitschrift für Kirchenrecht 13 (1876), S. 1–25.

## 6. Wie geheim sind Papstwahlen wirklich?

Brunelli, Lucio, Così eleggemmo papa Ratzinger, in: Limes 4 (2005), S. 291–300; http://www.limesonline.com/cosi-eleggemmo-papa-ratzinger/5959 (letzter Zugriff 27.08.2016).

Das Geheimarchiv des Vatikan. Tausend Jahre Weltgeschichte in ausgewählten Dokumenten, Stuttgart 1992.

Das «verbotene» Tagebuch des Konklave 2005; http://www.katholisches.info/2011/07/28/das-verbotene-tagebuch-des-konklave-2005/ (letzter Zugriff 27.08.2016).

Johannes Paul II., «Legge sugli Archivi della Santa Sede» vom 21. März 2005, in: Acta Apostolicae Sedis 97 (2005), S. 355–376; https://w2.vatican.va/archive/aas/documents/2005/aprile2005.pdf (letzter Zugriff 27.08.2016).

Lux in arcana. L' Archivio Segreto Vaticano si rivela, Rom 2012.

Rahn, Kerstin, Wie «geheim» kann das Vatikanische Geheimarchiv noch sein? Die Legge sugli Archivi della Santa Sede von 2005, in: Quellen und Forschungen aus italienischen Archiven und Bibliotheken 87 (2007), S. 355–373.

Wolf, Hubert, Des Kaisers neue Kleider? Überlegungen zur Kirchengeschichtsschreibung aus Anlass des 125-jährigen Bestehens des Deutschen Historischen Instituts Rom, in: Gabriele Annas/Jessika Nowak, Et l'homme dans tout cela? Von Menschen, Mächten und Motiven (Frankfurter Historische Abhandlungen 48), Stuttgart 2017, S. 768–779.

Wolf, Hubert, Papst und Teufel. Die Archive des Vatikan und das Dritte Reich, München 2008.

## 7. Wie funktioniert ein Papstrücktritt?

Benedikt XVI., Declaratio vom 10. Februar 2013; http://w2.vatican.va/content/benedict-xvi/de/speeches/2013/february/documents/hf_ben-xvi_spe_20130211_declaratio.html (letzter Zugriff 05.08.2016).

Benedikt XVI., Letzte Gespräche. Mit Peter Seewald, München 2016.

Benedikt XVI., Licht der Welt. Der Papst, die Kirche und die Zeichen der Zeit. Ein Gespräch mit Peter Seewald, Freiburg im Breisgau 2010.

Brandmüller, Walter, Renuntiatio Papae. Alcune riflessioni storico-canonistiche, in: Stato, Chiese e pluralismo confessionale 26 (2016), S. 1–14.

Gänswein, Georg, Der Papst der Zeitenwende. Wie Benedikt XVI. eine neue historische Epoche der Kirche eröffnet hat, in: Vatican-Magazin 10 (2016) Heft 6, S. 8–13.

Graf, Friedrich Wilhelm, Die Wiederkehr der Götter. Religion in der modernen Kultur, München 2004.

Herde, Peter, Coelestin V. (1294) (Peter vom Morrone). Der Engelpapst (Päpste und Papsttum 16), Stuttgart 1981.

Herde, Peter, Cölestin V. «Der Engelpapst», in: Martin Greschat (Hg.), Das Papsttum I. Von den Anfängen bis zu den Päpsten in Avignon (Gestalten der Kirchengeschichte 11), Stuttgart/Berlin/Köln/Mainz 1985, S. 229–247.

Herde, Peter, Bonifaz VIII. (1294–1303). Erster Halbband: Benedikt Caetani (Päpste und Papsttum 43), Stuttgart 2015.

Hermann, Horst, Fragen zu einem päpstlichen Amtsverzicht, in: Zeitschrift der Savigny-Stiftung für Rechtsgeschichte. Kanonistische Abteilung 87 (1970), S. 102–123.

Müller, Gerhard Ludwig, Katholische Dogmatik. Für Studium und Praxis der Theologie, Freiburg im Breisgau ²1996.

Ott, Ludwig, Grundriss der katholischen Dogmatik, Freiburg im Breisgau ⁷1965.

Pulte, Matthias, Der Amtsverzicht Papst Benedikts XVI. vom 11. Februar 2013. Erwägungen aus kirchenrechtlichem Blickwinkel, in: Trierer Theologische Zeitschrift 123 (2014) Heft 1, S. 67–81.

Wolf, Hubert, Des Papstes neue Kleider? In: Frankfurter Allgemeine Zeitung Nr. 270 vom 20. November 2014, S. 14.

Wolf, Hubert, Papstrücktritt als Normalfall? Über die Entmystifizierung einer Institution, in: Herder Korrespondenz Spezial 1/2015, S. 29–33.

## Wenn Weihnachten und Pfingsten zusammenfallen: Die Papstwahlordnung von 2059

Elze, Reinhard, Sic transit gloria mundi. Zum Tode des Papstes im Mittelalter, in: Deutsches Archiv für Erforschung des Mittelalters 34 (1978), S. 1–18.

Franziskus, Die Römische Kurie und der Leib Christi. Weihnachtsansprache für die Römische Kurie vom 22. Dezember 2014; http://w2.vatican.va/content/francesco/de/speeches/2014/december/documents/papa-francesco_20141222_curia-romana.html (letzter Zugriff 02.11.2016).

Gemmingen, Eberhard von, Überlegungen zum Kardinalskollegium und zur Papstwahl, in: Stimmen der Zeit 230 (2012), S. 277–279.

Nissen, Peter, Paus Adrianus VI. 1459–1523. Een biografie, Amsterdam 2000.

Pastor, Ludwig Freiherr von, Geschichte der Päpste im Zeitalter der Renaissance und der Glaubensspaltung, Bd. 4/2, Freiburg im Breisgau 1928, S. 1–157.

Wolf, Hubert, Krypta. Unterdrückte Traditionen der Kirchengeschichte, München 2015.

# Bildnachweis

*Seite 122:* © akg-images

*Seite 124:* © akg-images

*Seite 127:* https://riscriverelastoria.files.wordpress.com/2015/10/sedia-stercoraria-2.jpg (letzter Zugriff 03.11.2016)

*Seite 129:* Aus: Inizio del Ministero Petrino del Vescovo di Roma Benedetto XVI, hg. vom Ufficio delle Celebrazioni Liturgiche del Sommo Pontefice, Città del Vaticano 2006, S. 409

*Seite 131:* Aus: Inizio del Ministero Petrino del Vescovo di Roma Benedetto XVI, hg. vom Ufficio delle Celebrazioni Liturgiche del Sommo Pontefice, Città del Vaticano 2006, S. 369

*Seite 133:* © akg-images/Stefan Diller

*Seite 134:* © akg-images

*Seite 136/137:* Aus: Günther Wassilowsky/Hubert Wolf (Hg.), Werte und Symbole im frühneuzeitlichen Rom (Symbolische Kommunikation und gesellschaftliche Wertesysteme. Schriftenreihe des SFB 496, 11), Münster 2005, Abbildung 5

*Seite 138:* Aus: René Schlott, Papsttod und Weltöffentlichkeit seit 1878. Die Medialisierung eines Rituals (Veröffentlichungen der Kommission für Zeitgeschichte B 123), Paderborn 2013, Abbildung 1

*Seite 139:* © akg-images

*Seite 141:* © akg-images/De Agostini Picture Lib./G. Dagli Orti

*Seite 145:* AP 2005/Luca Bruno

*Seite 156:* Aus: Sede Apostolica Vacante. Eventi e celebrazioni, Aprile 2005, hg. vom Ufficio delle Celebrazioni liturgiche del Sommo Pontefice, Città del Vaticano 2007, Abbildung 43

*Seite 160:* © akg-images

*Seite 168:* © ullstein bild/Reuters/Osservatore Romano

*Seite 171:* © 2015 KNA, www.kna-bild.de

# Personenregister

Da sich bei den Päpsten historisch nicht selten nur schwer entscheiden lässt, wer als rechtmäßiger Nachfolger des Petrus und wer als Gegenpapst anzusehen ist, wird hier nach dem jeweiligen Papstnamen nur die Bezeichnung «Papst» gebraucht.

# Aus dem Verlagsprogramm

Hubert Wolf bei C.H.Beck

*Krypta*
Unterdrückte Traditionen der Kirchengeschichte
2. Auflage. 2015. 231 Seiten. Gebunden

*Die Nonnen von Sant' Ambrogio*
Eine wahre Geschichte
4., durchgesehene Auflage. 2013. 544 Seiten
mit 10 Abbildungen und 3 Graphiken. Gebunden

*Papst und Teufel*
Die Archive des Vatikan und das Dritte Reich
2., durchgesehene Auflage. 2008. 360 Seiten
mit 28 Abbildungen und 1 Karte. Gebunden

*Index*
Der Vatikan und die verbotenen Bücher
2007. 303 Seiten mit 10 Abbildungen
Beck'sche Reihe Band 1749

*Erinnerungsorte des Christentums*
Herausgegeben von Christoph Markschies und Hubert Wolf
unter Mitarbeit von Barbara Schüler
2010. 800 Seiten mit 126 Abbildungen. Leinen

*www.chbeck.de*